面向21世纪本科应用型经管规划教材

企业风险管理

Enterprise Risk Management

邹仲海 等 | 编著

電子工業出版社
Publishing House of Electronics Industry
北京 • BEIJING

图书在版编目（CIP）数据

企业风险管理 / 邹仲海等编著. —北京：电子工业出版社，2016.4
面向21世纪本科应用型经管规划教材
ISBN 978-7-121-28292-8

Ⅰ. ①企… Ⅱ. ①邹… Ⅲ. ①企业管理－风险管理－高等学校－教材 Ⅳ. ①F272.3

中国版本图书馆CIP数据核字(2016)第046483号

策划编辑：姜淑晶
责任编辑：李慧君　文字编辑：杨振英
印　　刷：涿州市般润文化传播有限公司
装　　订：涿州市般润文化传播有限公司
出版发行：电子工业出版社
北京市海淀区万寿路173信箱　邮编 100036
开　　本：787×1092　1/16　印张：13.25　字数：290千字
版　　次：2016年4月第1版
印　　次：2023年12月第9次印刷
定　　价：42.00元

凡所购买电子工业出版社图书有缺损问题，请向购买书店调换。若书店售缺，请与本社发行部联系，联系及邮购电话：（010）88254888。
质量投诉请发邮件至 zlts@phei.com.cn，盗版侵权举报请发邮件至 dbqq@phei.com.cn。
服务热线：（010）88258888。

面向21世纪本科应用型经管规划教材
编委会名单

前言

毫无疑问，我们今天面临的环境已经发生了巨大的变化，而且这种变化还在继续：技术日新月异，生物技术、信息技术、新能源、核电等在给人类的生产生活带来便利的同时，也带来了大量的隐患；人类自身的行为也越来越个性化、多样化；自然界也在人类行为的影响下变得异动频繁，雾霾、暴雨、台风等时常出现。这些复杂多变的环境使企业的经营更加困难，竞争更加激烈，应对风险已经成为企业管理人员的一个重要课题。高息揽储、入不敷出、悄然跑路的互联网金融公司，故事美丽动人、团队包装精美绝伦、迅速亏损关门的“互联网+”创业企业，都给投资人和客户上了一堂堂生动的风险课。

风险管理在20世纪50年代逐渐发展起来，最初是与保险的买卖相联系的。随着金融投资工具的不断创新、企业经营环境的复杂多变，风险管理越来越引起企业界和学界的重视，已经成为一个相对独立和成熟的理论体系。我国从20世纪80年代开始逐步引入风险管理的理论和方法，并在金融学、保险学等专业开设相应的课程。

近些年来，许多学者都编辑出版了风险管理的教材在教学和研究中进行应用。但是，纵观现有的教材，基本上都着眼于风险管理的基本理论和方法，把金融风险作为重点，包括金融衍生产品、保险等，运用大量的数学模型和计算公式，来定量分析风险。还有的教材仅仅包括了风险管理的基本理论和方法，没有结合企业的具体实际阐述分析企业在经营管理过程中所面临的风险的种类、应对方法等。

在作者多年教授风险管理课程的讲义基础上，我们组织编写了本教材。参与本书编写的还有王晓光、郭湖斌、陈志成、汪元锋、潘安、丁国蕾等。基于上述的一些实际情况，我们在编辑本书时，主要考虑了把风险的基本理论和企业实际的经营运作结合起来，在介绍了风险管理基本的概念和方法之后，围绕企业运营中面临的风险进行阐述。

本书共 10 章，分为两个部分，前半部分介绍了风险的基本概念、性质、风险管理理论、基本的风险管理方法等，后半部分则具体介绍了企业的各种损失风险管理、财务资金控制及信息风险控制、供应链风险管理等。

本书在编写过程参考了许多前辈的研究成果和书籍资料，借鉴了许多报刊、杂志以及网站媒体登载的案例数据，在此一并表示感谢。由于编者的水平有限，书中难免存在疏漏，衷心希望广大读者批评指正，以便能够更好地提升本书的质量。非常感谢相关编辑人员对本书提出的大量的有意义的修改建议，使本书更加完善合理。

本书可以作为非保险金融类专业本科生的风险管理课程的教材，也适用于企业中高层管理人员阅读使用。

编　者

目 录

第 1 章　风险概论

【引言】

风险是不确定性，我们关注风险，是因为这种不确定性有带来损失的可能，但风险不等同于损失。要分析风险，首先要明确风险的基本概念、特征、分类及风险的构成要素，这是理解和掌握风险管理理论的出发点。

1.1　风险的概念和特征

1.1.1　风险的概念

我们常说“股市有风险，入市需谨慎”、“风险越高，收益越大”。然而，到底什么是风险？如何认识风险？这是我们首先要搞清楚的问题。

风险是损失的不确定性，这里的损失是指潜在的风险因素、行为或结构会对人、企业和政府等经济主体的生存权益或财产权益产生不利的影响。目前，主流的理论对风险有以下四种解释：

（1）风险是损失的不确定性。这种不确定性又可以分为客观不确定性和主观不确定性。客观不确定性是指不以个体意志为转移的风险事故发生的实际结果与预期结果的偏离，这种偏离是客观存在的，可以用数量化的方法进行计量。主观不确定性是个人对风险的主观评估，同个人的知识、经验、精神和心理状态等方面因素有关，不同的人面临相同的客观风险时，会有不同的评价。特别是个体都有趋利避害的本能出发点，这种主观的偏离自然会存在。例如，个人对一场比赛中胜负的估计，企业对产品未来市场占有率增长或下降的估计，股票购买者对未来商品价格上涨还是下跌的估计等。在对风险事件出现的可能性缺乏数据统计依据和评价方法时，主观概率法不失为评估风险的一种方法。当然，由于主观概率是个人估测的结果，具有极高的个人依赖性，往往存在一定的偏差，这会对风险管理者的决策产生不利的影响。

（2）风险是损失发生的可能性（或机会）。可能性是指客观事物存在或发生的机会，这种损失的可能性可以用概率来衡量。当损失事件发生的概率为 0 时，表明没有损失的机会，结果是确定的，风险不存在；当概率为 1 时，损失事件的发生是一种确定无疑的结果，其存在的状态不容怀疑，其也不是风险；当损失可能性既不为 0，又不为 1，则意味着损失事件发生的概率在 0~1，这就是风险。

（3）风险是实际结果与预期结果的偏差。实际结果具有客观性，而预期结果却往往是趋利避害的，所以实际结果和预期结果往往有偏差。例如，一家保险公司承保 10 万辆汽车，按照过去的经验数据估计，车辆发生事故的概率为 1‰，即 1 000 辆汽车在一年中有 1 辆会发生交通事故，那么，这 10 万辆汽车在一年中就有 100 辆可能会发生交通事故。然而，实际结果不太可能正好就有 100 辆汽车发生交通事故，可能多，也可能少，甚至可能当年这 10 万辆车都没有发生交通事故。实际结果往往会偏离预期的结果，这种实际结果与预期结果的偏差即风险。

（4）风险是实际结果偏离预期结果的概率。也有的学者认为，风险是一个事件的实际结果偏离预期结果的客观概率。例如，统计结果表明，某个国家或地区婴儿的死亡率是 1.99%，而婴儿实际发生的死亡率会与这个预期的死亡率不同，这种实际结果偏离预期结果的概率即风险，这一偏离的客观概率可以运用数学、统计学方法计算出来。

综合以上几种观点，风险是损失的不确定性，是各种造成损失的风险事故发生的不确定性；现实中，尤其是主观期望与客观实际之间的不确定性，这种不确定性有的是可以运用数学、统计学的方法估计出来的。

例如，投资股市买卖股票的风险实际上都符合上面所阐述的四种解释，既包括了股票收益（损失）出现的不确定性，也包括了股票收益变化的不确定性，以及投资主体对未来期望的结果和实际结果的偏差。

警惕那些渐行渐近的股市风险

冲高回落，单边上扬，再冲高再回落，横盘剧烈震荡，这是上周市场演绎的惊险四部曲。

上下跌宕，看似简单，实际却隐匿了诸多与此前市场逐渐相异的信息，那就是风险与机会的比例正在发生某些变化。

一看大盘点位。若回看指数轨迹，一个极其清晰的结论是：投资者如果在 2015 年 2 月的 3 000 点左右进场，都会“逮”住比较明显的赚钱机会。有数据为证，截至 4 月 24 日之前的 60 个交易日，也就是上证指数从 3 351 点上冲至 4 393 点这一区间，申万的 28 个行业分类指数无一下跌。即使是涨幅垫底的三个行业——银行、非银金融和采掘，也分别上涨了 12.07%、24.83%、34.34%；而排名前三的建筑装饰、计算机、纺织服装更是升幅可观，分别达到了 67.45%、65.38%和 64.8%。但目前的情况是，大盘在站上 3 290.90 点后，仅仅用了短短的 31 个交易日，就攀高到了 4 400 多点，且这个过程没有一次像样的调整，风险积累不言而喻。而上周大盘频频跳水剧烈震荡，正是这种风险能量的小幅释放。

二看投资心理的不稳定。一季度，经济仍然承受着较大的下行压力，GDP 同比增长7%，增幅创 6 年以来的新低，投资、消费、外贸、工业增加值等多个指标的增速都出现了放缓。虽然市场对一季度经济有提前预期，但潜在的担忧情绪不可忽视，加上大盘点位较高，最易引发市场对某些信息过度解读，或者形成盘面热点凌乱，难以持续，继而传导为市场的大幅震荡。例如，央行实施降准，上周市场将其演绎为银行券商股周一大跌，周二、周三大涨，周四、周五再度落回原地的“过山车”行情；而中国南北两车周二双双跌停，周五又双双涨停，都表现出了目前投资者市场心理不够稳定的信号。

三看管理层的风险提示。市场上涨之初，中国证监会每周的新闻例会都有提“风险”二字，但单向助多的态度不容置疑。如今，监管层不仅使出多种防风险工具和措施，而且每每不忘对投资者的口头警示。最近，证监会有关负责人再度“喊话”，要投资者量力而行，不要被市场上“卖房炒股、借钱炒股”言论所误导，不要盲目跟风炒作。

最值得关注的是，上周四证监会宣布了最新的 IPO 方案，将即将放行的 30 家上市新股增加为 55 家，同时宣布一个月两次的新股发行将成为 IPO 的新常态。这不仅意味着新股发行的速度会成倍增长，而且意味着注册制可能全面提速，那么高估值的中小股票无疑会成为第一冲击目标。

如此看来，上周无论是大盘点位、投资者心理预期系统，还是管理层的态度取向，都在提示市场随时可能发生的回撤风险。虽然牛市本色依旧，但也不要忘了那句俗语：“淹死的都是会游泳的”，牛市的暗礁险滩也会造成船损人伤。所以，无论你是什么策略，控制仓位和杜绝冒险追高都是眼下规避风险的第一要义。只有这样，你的投资才有可能伴随这轮有望覆盖中国经济转型全过程的牛市，走得更远。

资料来源：江帆. 警惕那些渐行渐近的股市风险[N].中国经济网，2015-4-27.

1.1.2　与风险有关的两个术语

与风险概念有关的两个术语是损失原因和危险因素。这两个术语经常与风险概念交换使用；但严格地说，应该把风险与损失原因和危险因素加以区别。

1. 损失原因

损失原因是指能够带来或造成损失的因素，诸如火灾、暴风、盗窃等，都是造成财产损失的原因。为了规避损失，个体都会对一些造成损失的原因进行罗列或排除。例如，合同的签署，总会有“由于不可抗力造成的合同不能履行，甲方（或乙方）不承担赔偿责任”的情况。同样，在指定险保单的保险责任中，保险人总是列明赔偿哪些原因造成的损失，同时，也列明哪些因素造成的损失不在赔偿之列。

2. 危险因素

危险因素是指引起或增加因某种损失原因产生的损失机会的条件，即危险因素的产生和发展会影响损失原因的进化发展。对有的情况下而言，损失原因和危险因素是同一的。例如，疾病是造成经济损失的原因，它又是增加过早死亡损失机会的一个危险因素。有的情况下，危险因素和损失原因是不同一的，例如，高速公路上高速驾驶车辆是一种造成事故的危险因素，但是，高速公路上的车祸造成的损失并不能简单地归咎于车辆高速行驶。危险因素一般分为以下三类：

（1）物质危险因素。它是引起或增加损失机会的物质条件。例如，车辆性能，设备状况、建筑物结构性能等。

（2）道德危险因素。它是指由于人们怀有犯罪意图或不诚实品质而引起或增加损失机会的条件。主要是个体违背基本的原则和规律做出机会主义的损人利己行为的意图和出发点。

（3）精神危险因素。这一般是指行为人因有了保险而对防损和施救工作产生疏忽。例如，在购买了保险以后，由于保险公司会负责赔偿损失，与没有保险由自己承担损失相比，这容易使被保险人对防损和施救工作产生疏忽。

1.1.3 风险的特征

风险的特征是风险所具有的一些特性。理解风险的特征有助于更好地理解风险管理理论的相关原理，有助于正确认识、识别风险。概括起来，风险的特征主要表现在以下几个方面。

1. 风险具有突发性

尽管风险事故的发生都有一个从量变到质变的渐进过程，但是，由于人们认识的局限或疏忽，往往并未注意到风险因素的渐变过程，致使风险事件的发生具有突然性，即风险什么时候发生，人们并不能准确地判断和预测，所以当风险发生时，使人感到措手不及，难以应付。

2. 风险具有损害性

风险事故的后果往往是带来一定程度的损失，如财产损失、生命及心理影响等。有的损失可以用货币衡量，有的却无法用货币衡量。例如，火灾造成企业财产的损失，企业财产是可以用货币进行衡量的。但是，火灾对人们的生命、健康或心理产生伤害，这种伤害却是无法用货币衡量的。

3. 风险具有客观性

风险是客观存在的，是不以人的意志为转移的。例如，自然灾害、意外事故、疏忽大意等损失风险是客观存在的，是不可能完全排除的。当然，随着人类认识和管理水平的不断提高和改进，人类逐步发现，风险事故的发生是具有一定规律性的，这种规律性为人类认识风险、估计风险、避免风险和管理风险提供了现实的可能性。

4．风险具有不确定性（或随机性）

风险是不确定的，否则就不能称为风险。风险的不确定性主要表现在以下三个方面：

（1）空间的不确定性。风险事故在哪里发生具有不确定性。以火灾风险为例，就所有建筑物来说，都面临着火灾损失的危险，但是，具体到某一建筑物是否发生火灾，其结果则是不确定的，此即空间的不确定性。

（2）时间的不确定性。风险什么时候发生具有不确定性。以死亡风险为例，人总是面临着死亡的风险，但是，对具体的个人而言，什么时候死，是不可预知的。由于人的健康状况、生活环境、职业等不同，每个人面临的各种风险也就不同，因而，个人死亡的时间是无法预知的，此即时间的不确定性。

（3）损失程度的不确定性。损失程度的不确定性主要包括两个方面：① 风险事故导致个人心理上的恐惧和焦虑，使个人的福利水平减少；② 损失导致社会资源不能正常使用，从而造成社会利用的低效率，产品质量、价格水平和价格结构达不到最佳状态。这两个方面造成损失的程度往往是不确定的。例如，人们都知道，每年或大或小都要遭受台风或洪水的袭击，但是，人们却无法预知未来年份发生台风或洪水所造成的财产损失或人身伤亡损失的程度，此即损失程度的不确定性。

5．风险具有动态性

风险的动态性是指风险会随着内外部环境因素的变化而不断发展变化，各种经济活动单位在不同的时期，风险展现的特征、具体情境也不相同。随着经济和科学技术的发展，一些产品在给人们的日常生活带来便利的同时，也使人们面临新的风险。例如，汽车在带来快捷的交通服务的同时，又存在自燃、交通事故等损害财产和造成人身伤害的可能性。

1.2 风险的类型

1.2.1 风险的分类

依据不同的划分标准，风险可以划分为不同的种类。

1．依据风险产生的原因划分

依据风险产生的原因不同，风险可以分为自然风险、社会风险、政治风险和经济风险。

（1）自然风险是指因自然力的不规则变化而给人类的经济生活、物质生产和生命安全等带来损失的不确定性。例如，地震、水灾、风灾、冻灾、旱灾等都属于自然风险。一般来说，自然风险影响的范围比较广，损失程度也会更大。

（2）社会风险是指由于个人或团体的行为，对社会生产和人类生活造成损失的可能性，包括过失行为、不当行为和故意行为等。例如，盗窃、抢劫、玩忽职守和故意破坏等都属于社会风险。一般来说，社会风险造成的损失影响范围较小，损失程度较小。

（3）政治风险又称国家风险，是指在对外投资和贸易、跨国工程建设过程中，因政治原因或订约双方所不能控制的原因，债权人可能遭受损失的风险。例如，输入国家发生战争、革命、内乱、政权更迭、外汇管制、法律变革等都属于政治风险。一般来说，一旦发生政治风险，影响的范围和损失程度等就比较大。

（4）经济风险是指在生产和销售等经济活动中，由于受市场供求等各种关系的影响、经济贸易条件等因素变化的影响，或者经营决策失误，导致经济上遭受损失的可能性。例如，生产的减产、价格的涨落、经营亏损等都属于经济风险。经济风险针对具体的主体，影响可能大，也可能小。

2．依据风险产生的环境划分

依据风险产生的环境不同，风险可以划分为静态风险和动态风险。

（1）静态风险是指在经济条件没有变化的情况下，一些自然现象和人们的过失造成损失的可能性。例如，地震、洪水、台风等自然灾害，以及人们的过失行为等造成损失的风险。

（2）动态风险是指在经济条件变化的情况下，造成经济损失的可能性。例如，价格水平的变化可能使企业、个人遭受损失的可能性；技术的变化可能使一些企业技术由先进转变为落后，造成企业损失的可能性；消费者偏好的转移可能使一些产品滞销而造成企业损失的可能性。

静态风险和动态风险的区别主要有以下几个方面。

（1）损失不同。静态风险对于个体和社会来说，都是纯粹风险。例如，一辆汽车的拥有者面临着可能撞车而带来的经济损失风险，一旦发生撞车，车主会遭受一定的经济损失。如果不发生车祸，车主不会因此获得额外的收益，车主的经济状况也不会因为未发生车祸而好转，这就是静态风险。动态风险则不同，动态风险对于一部分人来说可能是损失，但是，对另一部分人来说则可能获利。例如，消费者爱好的转移，会使旧产品失去销路，同时也会使新产品需求扩大。又如，技术进步会使一部分人或企业受益，也会使一部分人或企业受损。

（2）影响范围不同。静态风险通常只影响少数个体，而动态风险的影响则比较广泛，往往还会产生连锁反应。

（3）特点不同。静态风险在一定条件下具有一定的规律性，是可以预测的；动态风险则因缺乏一定的规律性而难以预测。对于保险公司而言，它们愿意承保的通常是可以预测的静态风险，而不是不断发展变化的动态风险。

下面的例子告诉我们，保险公司拒绝承担风险是其必然的结果。

当心！保险公司可能会拒保

爱车一年内发生4次交通事故，重庆车主赵先生因此被保险公司列为风险客户，其投保诉求遭到拒绝，其爱车将面临无保险“裸奔”上路的险境。为此，重庆市消委会和本报联合对这一现象展开调查，并呼吁保险公司在追求经济效益的同时，也要承担相应的社会责任。

出险4次被拒保

重庆车主赵先生于2013年2月，为其爱车“路虎极光”在一家汽车保险公司购买了一年的汽车商业险，期限为2013年2月16日—2014年2月15日。2014年1月，赵先生提前一个月购买了2014年至2015年度的车险 。恰恰在这一个月内，他的车子出现两次剐蹭事故。让人不解的是，保险公司将这两次事故都记在2014—2015年度的保险周期内；而在这一周期内，赵先生已有两次出险事故。这样，赵先生一年共有4次理赔记录。

在2015年保险周期即将到来的时候，赵先生前去办理保险，结果遭到拒绝。保险公司给出的理由是，车辆出险次数过多，车主已列为公司的风险客户，公司不会为风险客户承保。

无独有偶，重庆车主凌先生去投保时也吃了闭门羹。他的座驾是一辆雷克萨斯，2014年8月车险到期，他前去保险公司续保时，被客服人员告知：因在一个保险周期内出险多达6次，他的爱车已被列入拒绝承保的“黑名单”。

凌先生承认，6次理赔，金额少则几百上千，多则数万元，已远超保费金额，原以为最多是续保时保费不打折，却没想到会被拒之门外。接下来，他又咨询了好几家保险公司，人保 、太平洋 、平安等大公司均不接受，即便有意揽这单业务的小公司，也都开出了较苛刻的条件：一是保费上涨，涨幅50%～80%不等；二是不保不计免赔险，意味着一旦出险将无法得到全额理赔；三是金额1万元以下一律免赔。这让他难以接受，同时也担心小公司的效率及赔付能力。

出险多的车主被列为风险客户

记者先后对大地保险公司、人财保险公司、平安保险公司、太平洋保险公司等多家保险公司进行了调查。

有的保险公司表示，出险次数多，还是可以继续投保的，但费率会打折扣。而有几家就明确表示，出险4次就不能再投保。

一位不愿意透露姓名的保险业内人士表示，拒保主要是为了防止骗保，而作为商业保险公司来说，拒绝拥有不良记录的车辆，也是自己的权利。“事实上，在车险这个项目上，很多保险公司都是亏损的，车险‘只赚人气不赚财气’，保险公司毕竟是商业保险公司，必然要将营利作为经营的目标。保户自己有选择保险公司的权利，反过来，保险公司也有选择保户的权利。”

针对车主被拒保的现状，重庆市保监局相关负责人称：“承保商业车险属保险公司的商业行为，各保险公司会根据自身情况制定承保政策，根据风险情况对客户做出一定选择。”“买保险只是以防万一，车主开任何车辆都要安全第一。”

据这位负责人介绍，重庆每年起码有上千辆车被保险公司拒保。

资料来源：陈大伟. 出险次数多“不陪你玩了”保险公司能给个理由吗？[N].中国消费者报，2015-1-30.

3．依据风险造成的损失的范围划分

依据风险造成的损失的范围不同，风险可以分为基本风险和特定风险。

（1）基本风险大部分是由经济、政治原因和自然灾害引起的，是非单个个人行为或单个组织行为引起损失的风险，是个人无法控制的原因引起损失的风险。一般来说，基本风险造成的的损失比较大，影响的范围也比较广。基本风险既包括纯粹风险，又包括投机风险。例如，失业、战争、通货膨胀、地震、火山爆发、洪水等都属于基本风险。

（2）特定风险主要是由个人或单位疏于管理造成的，风险仅同某些特定的单位和个人相关。例如，火灾、车祸、盗窃等风险就属于特定风险。一般来说，特定风险属于纯粹风险，其影响的范围比较小，一般只影响个人、企业或某一些部门，可以通过个人或风险管理单位的风险预测、风险控制和风险处理等加以管理。保险公司承保的是特定风险，基本风险由于其损失比较大、影响的范围比较广，商业保险公司一般不予承险。

4．依据风险的性质划分

依据风险的性质不同，风险可以分为纯粹风险和投机风险。

（1）纯粹风险是指那些只是损失机会而无获利可能的风险。例如，自然灾害、人的意外事故等都属于纯粹风险。

（2）投机风险是指那些既有损失机会，又有获利可能的风险。例如，购买某股票的投资计划可能使人获利，也可能使人亏损。

投机风险是有可能转化为纯粹风险的。例如，在通货膨胀时期，某商人囤积商品，商人有可能在物价上涨的时候卖出商品而获利；也有可能因为囤积的商品卖不出去而遭受损失，这时投机风险就会转化为纯粹风险。从这一角度来看，纯粹风险和投机风险的界限比较模糊，投机风险随时有可能转化为纯粹风险。纯粹风险具有可保性，投机风险不具有可保性。保险公司承保纯粹风险，而不承保投机风险。

1.2.2 纯粹风险的类型

纯粹风险是只能带来损失，不可能带来收益的不确定性，可以分为可保风险和不可保风险两类。尽管在这两类风险中，保险公司仅承保可保风险，不承保不可保风险，但是可保风险和不可保风险却都在风险管理的范围之内，可见风险管理理论研究的风险比保险公司承保的风险更宽泛。企业和个人面临的纯粹风险大致可以分为以下几种。

1. 人身风险

人身风险是指可能导致人员伤残、死亡或丧失工作、生活能力的风险。人身风险产生的原因是意外事故、年老、疾病、工伤、自然灾害等，这些风险事故的发生都会造成收入的减少或费用支出的增加。一般来说，大部分的人身风险是由国家管理的，社会保障制度是国家管理人身风险的重要方式之一，国家强制举办的养老保险、医疗社会保险、工伤保险、生育保险等，都是对人身风险提供的安全保障。此外，企业、个人也管理着一部分人身保险。例如，企业自愿举办的企业年金、个人自愿投保的商业保险等，它们是国家举办的社会保险的补充保障。

在人身风险中，根据个人生活地区、从事职业等方面的不同，可以将面临人身风险的个人划分为若干个等级。例如，我国保险公司根据各种职业群体面临的不同风险，将个人的人身风险划分为六类风险等级（见表 1.1）。又如，根据我国医疗机构获得的相关统计数据，可见导致男性和女性死亡的 10 项主要原因（见表 1.2）。

表 1.1 我国人身风险的风险等级分类

类 别	职 业
一类	机关团体、事业单位、一般工商企业单位
二类	农业、牧业、造林业、旅馆业、餐饮业、电子业、纺织及成衣业、手工艺品（竹、木、布类）、新闻杂志业、出版业、卫生业、金融保险业、普通服务业
三类	内陆渔业、伐木及木材加工业、铁路运输业、航空运输业、普通制造业、电信业、旅游业、水电燃气业
四类	陆地运输业、普通建筑业、一般体育类、钢铁制造业、非钢铁制造业
五类	水上运输业、特殊建筑业（水力、铁路、电力、管道）、石油天然气业、土石采取业
六类	高空、深水、勘探作业、航空航天业、煤矿业、金属非金属矿业

注：凡表中未列明的行业，可以依据类似上述特点的行业确定风险等级。

资料来源：根据保险条例整理。

表 1.2 我国女性死亡和男性死亡的主要原因

女性死亡的主要原因	男性死亡的主要原因
1 恶性肿瘤	1 恶性肿瘤
2 脑血管疾病	2 脑血管疾病

续表

女性死亡的主要原因	男性死亡的主要原因
3 心脏疾病	3 意外事故及不良影响
4 意外事故及不良影响	4 心脏疾病
5 糖尿病	5 糖尿病
6 肾炎、肾症候群及肾变性病	6 慢性肝病及肝硬化
7 高血压性疾病	7 肺炎
8 肺炎	8 高血压性疾病
9 支气管炎、肺气肿及气喘	9 支气管炎、肺气肿及气喘
10 慢性肝病及肝硬化	10 肾炎、肾症候群及肾变性病

资料来源：根据医疗机构获得的相关统计数据整理。

2. 财产风险

财产风险是指一切导致有形或无形财产损毁、灭失或贬值的风险。财产损失主要包括财产的直接损失和间接损失。例如，企业设备遭受损失，不仅会导致设备丧失价值，即造成直接损失，而且会导致设备无法使用、停产所带来的间接经济损失。

吉林禽业公司火灾调查报告：直接经济损失 1.8 亿

东方网 2013 年 7 月 12 日消息：据国家安全监管总局网站消息，吉林省长春市宝源丰禽业有限公司“6·3”特别重大火灾爆炸事故调查报告日前已经国务院批复结案，今天发布。报告披露，吉林省长春市德惠市的吉林宝源丰禽业有限公司主厂房发生特别重大火灾爆炸事故，共造成 121 人死亡、76 人受伤，17 234 平方米主厂房及主厂房内生产设备被损毁，直接经济损失 1.82 亿元。

资料来源：程琦.吉林禽业公司火灾调查报告：直接经济损失 1.8 亿[N].中国新闻网，2013-7-13.

3. 责任风险

责任风险是个人或团体因为行为上的疏忽，或者过失或故意而造成他人财产损失、人身伤亡，依照法律、法规或合同，个人或团体应当负担经济赔偿责任的风险。例如，汽车驾驶人随时都面临撞人、轧死人而发生交通事故的责任风险。当一位喝酒的汽车司机，在马路上撞死一位行人，司机由于自己的过失而侵害了行人的生命权。该司机对行人的死亡负有不可推卸的法律责任，应当依法给予行人家庭一定的经济损失赔偿，该司机面临的这种赔偿损失的风险就是责任风险。

4. 违约风险

违约风险是指签订合同的一方不履行合同规定的义务，而造成另一方经济损失的可能性。例如，债务人未按规定支付款项，造成债权人无法按期收回借款的损失等；卖方未按照约定的时间发货造成买方损失，都属于违约风险。如今，电子商务的迅速发展在便利交易进行的同时，也由于其具体特点，使得违约的可能性增加，维权的难度加大。根据合同的约定或国家法律、法规的约定，违约方具有赔偿损失的义务，违约风险是商业信用活动中经常面临的风险。

1.3 风险的构成要素

风险要形成，必须具备多重要素，这些要素的作用决定了风险事故的发生和发展。一般来说，风险是由风险因素、风险事故和损失等要素构成的，这些要素之间存在着一定的内在联系，彼此相互作用，形成了风险的发生、发展。

1.3.1 风险因素

风险因素是指引起或增加风险事故发生的可能性，它是导致风险事故发生或产生损失的先决条件。风险因素是风险事故发生的潜在原因。例如，对于个体驾驶汽车而言，车辆性能、个人的驾驶技术、驾驶习惯、路况等，都是导致死亡的风险因素，但是，导致某人死亡的直接原因却是具体的交通事故中的具体原因，例如挤压、碰撞等。根据性质不同，风险因素可以分为实质风险因素、道德风险因素和心理风险因素三种类型。

1. 实质风险因素

实质风险因素是指有形并能直接影响事物物理功能的因素，即某一标的本身所具有的足以引起或增加损失机会和加重损失程度的客观原因和条件。例如，人体生理功能的变化、建筑物所在地的自然地理条件、建材质量、地壳异常变化、恶劣天气、疾病传染等，人类对于实质风险因素，有些可以在一定程度上加以控制，有些在一定的技术条件下是无能为力的。

2. 道德风险因素

道德风险因素是指人们怀有机会主义或犯罪意图、不诚实品质或图谋不轨而引起或增加损失机会的条件。例如，投保人为了骗取保险赔款故意纵火。又如，在人寿保险中，一些身体健康状况差和职业风险度比较高的人，会积极投保高额死亡保险和人身意外伤害保险；一些身体健康状况好和职业风险度低的人不参加保险或只投保生存保险和养老保险，这些情况都构成了人寿保险的逆选择。道德风险因素强调人的恶意行为或故意行为造成的损失，属于机会主义行为。

3. 心理风险因素

心里风险因素是指与人的心理状态有关的原因而引起或增加损失机会的条件。人的过失、疏忽、知识水平有限等，都属于心理风险因素。例如，企业或个人投保财产保险后，放松对财产的保护和管理，将物品乱堆乱放；吸烟者随意丢弃烟蒂，增大了火灾的可能性；火灾发生时，当事人心存侥幸心理，不积极施救，造成损失的扩大等，也属于心理风险因素。

1.3.2 风险事故

风险事故也称风险事件，是指引起损失的直接原因。也就是说，风险事故是促使风险因素由最初的可能变为现实的事件。例如，暴风雨损害庄稼，暴风雨是损害庄稼的风险事件。暴风雨造成公路路面积水、能见度差、道路泥泞，引起连环车祸。这里，暴风雨、能见度差、道路泥泞等是风险因素，而引起连环车祸的风险事故是第一起车祸。前面提到的吉林宝源丰公司火灾的直接原因是主厂房一车间女更衣室西面和毗连的二车间配电室的上部电气线路短路，引燃周围可燃物。当火势蔓延到氨设备和氨管道区域，燃烧产生的高温导致氨设备和氨管道发生物理爆炸，大量氨气泄漏，介入了燃烧。也就是说，电气线路短路是风险的直接原因，是导致火灾的风险事故。

1.3.3 损失

损失是指非故意的、非计划的、非预期的经济价值的减少。这一定义包含两个重要条件：一是非故意的、非计划的和非预期的。任何故意的、计划的、可以预期的事件，造成的经济价值减少，都不属于损失的范畴。例如，恶意行为、折旧、自然损耗①、面对受损的物资可以抢救而不抢救等造成的后果，都不能被视为损失。二是造成经济价值的减少。例如，人的记忆力随着年龄的增长而逐渐衰退，满足非计划、非故意和非预期这一条件，但是却无法计量其经济价值减少的程度，也不能称为损失。损失的两个条件缺一不可，否则，不能构成损失。一般来说，按照损失的内容划分，可以将其分为下列四种。

1. 实质损失

实质损失是指风险事故直接造成的、有形物质的损失，又称为直接损失。例如，火灾烧毁了机器设备、厂房、产成品、原材料等，都是实质的损失。工伤事故导致工人身体的

① 机器、设备遭受自然力的侵蚀而引起的损耗，简称为自然损耗，如机器、设备氧化生锈，房屋、建筑物因为风吹、日晒、雨打的侵蚀而逐渐破旧。自然损耗的大小取决于固定资产本身的结构、抗腐蚀性、维修和修理状况等方面的因素。

器官损伤，自然灾害事故导致财产的损毁、人身的伤亡等，这些损失都属于实质损失。

2．费用损失

费用损失是指由风险事故的发生而引起的施救费用、救助费用、医疗费用、清理场地费用等。例如，由于工厂厂房的损毁，企业必须修理和重置机器设备，这项增加的支出，就是费用损失。这种由风险事故而引起的风险管理单位支付费用增加的损失，形成费用损失。

3．收入损失

收入损失是指由风险事故引起经营收入减少的损失。例如，某养殖场由于疾病的原因导致奶牛产奶量下降，而成本（饲料消耗、人工等）没有发生变化，则带来了收入损失。一般来说，收入损失、费用损失、责任损失等构成企业的间接损失，而收入损失又是比较重要的间接损失，对经济活动主体的影响比较大。

4．责任损失

责任损失是指根据合同、法律法规的规定，行为人应当对他人的财产或人身伤害承担经济赔偿责任的损失。例如，由于订立合同的一方未履行合同规定的义务，造成另一方的经济损失，违约方应当承担另一方经济损失赔偿的责任；由于行为人的过失或故意，导致他人遭受人身伤害或财产损失时，行为人依法应当承担赔偿责任的损失；由于工程设计失误，造成建筑物坍塌的风险事故，某工程设计师应当依法承担一定的责任，工程设计师由于承担一定的赔偿责任而造成的损失，就是责任损失。下面的案例是由于行为人的过失造成的他人人身和生命的损失，故而要承担赔偿责任。

高楼倾倒建筑垃圾砸死人 清扫工过失致人死亡获刑

“我一直帮叶某做小工，有十余年了，工钱从35元一天开始做到现在的130元一天。一直都是这样倾倒垃圾，没有出过事故，我也没想到会伤到人……”没有安全措施，为图省事，郑某一直采取“高空倾倒”的方式处理高楼的建筑垃圾，最终酿成了砸死无辜路人的惨剧。5月5日，记者从浙江台州三门法院获悉，该院一审以过失致人死亡罪判处郑某有期徒刑一年六个月，缓刑两年六个月。

郑某，三门本地人，农民出身。年过半百的她，平日里帮承包工地的叶某打零工，主要是清扫建筑垃圾。2014年5月中旬某日上午，郑某来到叶某承包的建筑工地八楼楼顶清扫混凝土残渣等建筑垃圾。

据郑某交代，她先从中间往两边扫，再将两边的扫进来，扫成一堆一堆，每堆小点的有两三铁铲那么多，大点的一堆有四五铁铲的样子。打扫一段后，就用铲子将垃圾直接倾倒到一楼地面，然后再继续打扫。扫到一大半时，她感到有点疲惫，打扫的速度也开始放慢，当她铲了一铲垃圾正准备往楼下倒时，伸头往楼下一看，发现楼底下有一个人面朝地趴在那儿。

郑某见状慌忙丢下铁铲跑下楼，发现受害人头部血流不止，赶紧给叶某打电话。叶某知晓情况后迅速赶到现场，并拨打了“120”急救电话，但之后受害人因伤势过重经医院抢救无效死亡。经鉴定，受害人顶部粉碎性凹陷性骨折，颅内见硬膜下血肿，广泛蛛网膜下腔出血，脑挫伤，系钝器砸伤致颅脑严重损伤而死亡。

案发后，郑某主动到公安机关投案，并如实供述了案件事实。

承包商叶某坦言，按照行业规定，建筑垃圾应该是用吊机吊下来或人工搬运下来的。为了省钱省力，增加利润，心存侥幸的叶某让清扫工郑某直接将垃圾从楼上倾倒下来。

经调解，受害人家属与叶某、建筑楼联建户达成了调解协议，由叶某、建筑楼联建户共赔偿给受害人家属各项费用共计 45 万元，其中叶某负担 35 万元，包含小工郑某赔偿部分，建筑楼联建户负担 10 万元。

法院经审理后认为，被告人郑某因过失致一人死亡，其行为已构成过失致人死亡罪，公诉机关指控的罪名成立。被告人郑某有自首情节，依法予以减轻处罚。根据被告人的犯罪情节和悔罪表现，依法予以适用缓刑，遂做如上判决。

资料来源：谢盼盼.高楼倾倒建筑垃圾砸死人　清扫工过失致人死亡获刑[N].中国新闻，2015-5-5.

1.3.4 风险因素、风险事故和损失的关系

风险因素、风险事故和损失这三者之间存在着一定的因果关系，即风险因素的存在增加引起风险事故，而风险事故一旦发生，便会导致损失。风险因素、风险事故和损失之间的关系，可以通过风险要素结构示意图来加以说明（见图 1.1）。

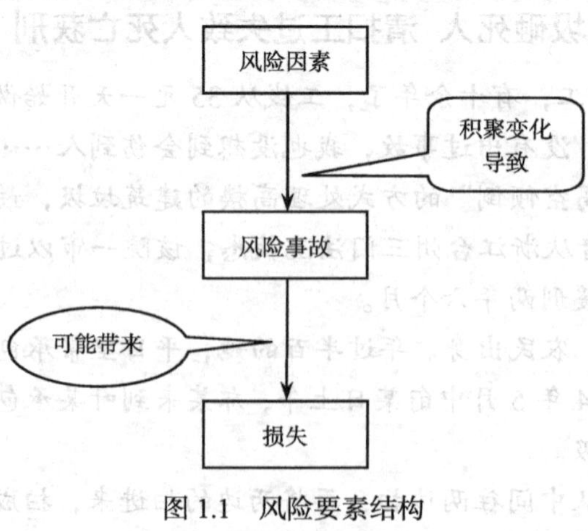

图 1.1　风险要素结构

从风险因素和风险事故间的关系来看，风险因素只是风险事故产生并造成损失的可能

性，风险因素致使引起损失的条件，并不会直接导致损失。风险因素的变化过程有时容易被人察觉，有时则不容易被人察觉，风险因素增加到一定程度或遇到某一特殊情况时，才会引发风险事故，而风险事故一旦发生就会引起损失。由此可以说，风险因素是产生损失的潜在原因，而风险事故是导致损失的直接原因，损失是风险事故所带来的不利后果。

1.4　风险的定量表达

现代金融理论的重大进展是以 20 世纪 50 年代 Markowitz 对风险的定量化为起点的。任何经济行为在一般情况下都是一系列的可能结果。在一系列结果中最重要的两个指标是其大小和偏差。大小表示了该结果的量的度量，偏差表示了结果与预期的差别，可以用来度量和表达风险的大小。

1.4.1　风险型结果的度量

在风险型情况下，企业所面临的经济结果是随机量，在进行决策时，需要采用一定的方法对这些随机量进行处理并加以评价。

1．均值

风险型经济结果的不确定性只是具体结果的不确定性，其统计特征往往是已知的，即不确定结果的概率分布是已知的。面对概率分布已知的情况，可以通过利用变化规律和数学统计学的知识对一个不确定的经济结果进行估计和判断。

例如，某个企业整理了过去的经营结果数据，发现企业在一个新的年度内收益的值和概率值分别如表 1.3 所示。

表 1.3　某企业未来一年的可能收益

	概　率	收益（万元）
	0.1	20
	0.2	23
	0.3	26
	0.3	30
	0.1	40
合计	1.0	139

在不确定的情况下，可以用统计量来描述企业未来收益的情况。从统计学上来看，对其随机量大小的度量是其期望值，或者称为均值。因此，未来期望结果为：

$$E(X)=\sum_{i=1}^{n}x_i p_i$$

式中，X 为可能结果；p_i 为第 i 个结果 x_i 发生的概率，n 为未来可能的结果数量。上例中：

$$E(X)=0.1\times20+0.2\times23+0.3\times26+0.3\times30+0.1\times40=27.4$$

即企业的年均收益为 27.4 万元。

2．随机结果的其他表示方法

在大多数情况下，均值是一种对随机变量比较适合的度量方法。但是，均值不是唯一方法，并且，在有些情况下，如数据高度离散，用均值来描述一个随机变量并不准确。此时，用中位数或模数来度量可能更为合理。

中位数 M_d 是指把所有可能取值按从小到大排列，处在中间位置的那个数。

对于未分组数据。设有 N 个数据，如果 N 为奇数，则中位数取第 $\frac{N+1}{2}$ 位上的变量为中位数；如果 N 为偶数，则取第 $\frac{N}{2}$ 和 $\frac{N}{2}+1$ 位上的两个变量的平均数作为中位数。

模数是指在所有可能的数值中出现的频率最高的那个数。

【例 1.1】 求 72，81，86，69，57 这些数的中位数。

【解】先将这些数据从小到大排列：57，69，72，81，86。总共有 5 个（奇数）数据，然后用 $\frac{N+1}{2}=3$ 确定中位数，于是 $M_d=72$。

上面是对于离散型未分组数据的计算方法。对于分组数据，计算方法类似，可以参考统计学类的教材。

1.4.2 风险的定量表示

在风险管理或其他经济活动中，除了损失或其他经济结果的大小以外，风险是在决策中要考虑的另一个最为重要的指标。只有对经济结果的大小和风险进行综合评价，才有可能做出合理的决策。因此，风险的定量描述在经济活动中也占有十分重要的地位。

1．方差

风险型经济结果的不确定，对其评价是统计意义上的。实际的经济结果一般情况下与统计意义上的收益有偏离。这种偏离有时是有利的，即实际的收益高于统计的期望收益；有时是不利的，即向不利的方向偏离。

风险作为实际结果与预期结果的偏离，用方差（或标准差）表示正好可以表征这一特征。

一个随机变量 x 的方差 $\mathrm{Var}(x)$ 或 $\sigma^2(x)$ 表示为：

$$\mathrm{Var}(x)=E\{[x-E(x)]^2\}$$

其中，$E(x)$ 为 x 的期望值。

标准差 $\sigma(x)$ 表示为：

$$\sigma(x) = \sqrt{\mathrm{Var}(x)} = \sqrt{E\{[x - E(x)]^2\}}$$

表 1.3 中的数据，方差为：

$$\mathrm{Var}(x) = 0.1\times(20-27.4)^2 + 0.2\times(23-27.4)^2 + 0.3\times(26-27.4)^2 + 0.3\times(30-27.4)^2 + 0.1\times(40-27.4)^2 = 27.8$$

标准差为：

$$\sigma(x) = \sqrt{\mathrm{Var}(x)} = 5.28$$

2．风险的其他表示方法

除方差之外，还有其他的方式来度量风险，甚至有时候这些方式可能更能表达出风险在某些方面的特征。

（1）内四分位。内四分位 ε 是随机变量 x 的概率分布函数值为 F=75%时的取值 $X_{0.75}$ 和概率分布函数值 F=25%时的取值 $X_{0.25}$ 之差的一半，即：

$$\varepsilon = \frac{X_{0.75} - X_{0.25}}{2}$$

需要注意的问题是，当 $X_{0.75}$、$X_{0.25}$ 不能指定某个特定的数据时，内四分位 ε 和中位数 M_d 一致，仍采用取前后两个数据均值的处理方法。

（2）半方差。经济主体一般对风险持规避态度，即人类本能是规避风险的。因此，决策者厌恶实际结果向不利的方向偏离。因此，在决策时可以更多地关注预期结果向不利方向偏离的情况，因为从期望的意义上来讲，不利的结果才是真正的风险。风险的这种仅考虑不利结果的表示方法就是半方差。

半方差（Semi variogram）定义如下，令

$$X_i = \begin{cases} X_i - E(X) & X_i < E(X) \\ 0 & X_i \geqslant E(X) \end{cases}$$

则

$$\mathrm{Semi\,var} = E(X_i^{\,2})$$

根据表 1.3 的数据，企业的期望收益为 27.4 万元，则每年收益 20 万元、23 万元和 26 万元为不利情况，因此：

$$\mathrm{Semi\,var} = 0.1\times(20-27.4)^2 + 0.2\times(23-27.4)^2 + 0.3\times(26-27.4)^2 = 9.94$$

（3）平均绝对偏差。由于方差、半方差均为随机变量可能取值与期望值之差的平方加权和，因此对分布范围非常敏感。有时候为了避免这种现象，可以采用平均绝对偏差（MAD）来度量风险。平均绝对偏差是实际结果与期望值之差的绝对值的期望值，即：

$$\mathrm{MAD} = E[|X_i - E(X)|]$$

仍旧以表 1.3 的数据为例：

$$\mathrm{MAD} = 0.1\times|20-27.4| + \cdots + 0.1\times|40-27.4| = 4.08$$

1.5 经济主体的风险态度及度量

毫无疑问，人们对风险加以管理，是人类与生俱来的对风险规避的基本要求和态度，分析人类对风险的态度是管理风险的前提。

1.5.1 风险态度的经济学解释

人们对风险的规避态度，可以用效应理论加以解释。

1．效用理论

效用，即心理满足感，是经济学中最常用的概念之一。一般而言，效用是指对于消费者通过消费或享受闲暇等使自己的需求、欲望等得到满足的一个度量，是经济主体对占用经济资源的主观反应。

资本的效用表现为资本的有用性，即资本报酬；资本报酬的效用表现为对资本使用的心理满意度。效用曲线是在以经济资源为横轴，以代表经济主体满意度的值为纵轴的坐标系中描绘的曲线。曲线的形状反映了经济主体对资本或财富的主观态度。

图 1.2 为一条效用曲线，横坐标 W 代表财富，纵坐标 U 代表效用。

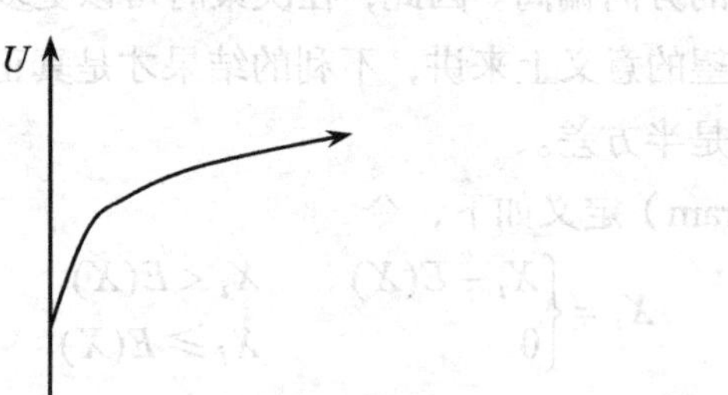

图 1.2 效用曲线

效用曲线是上升型的，表明了人们对财富的永无止境的追求。它说明了这样一个简单的事实：对于任何理性的经济主体而言，拥有越多的财富，就越感到满意；或者损失越大，就越感到不满意。如果经济主体的行为不满足这样的条件，则属于非理性的，其经济行为则无法用效应理论来解释。

2．效用曲线的形状与风险态度

效用曲线上升代表的经济主体更偏好于更多的财富这一基本假设是非常明显的，但是上升型的曲线却有三种基本形状，如图 1.3 所示。

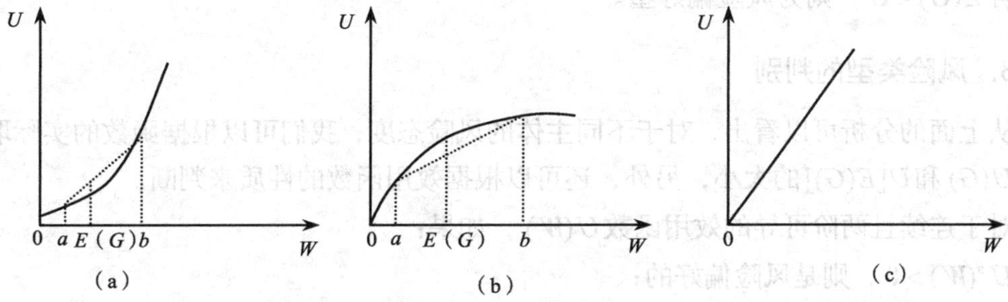

图 1.3　效用曲线的三种形状

我们可以用各种结果的效用的期望值来表示一个经济主体对一个不确定性的量的效用。如果随机变量 X 有 N 个可能的结果 x_i，每个可能的结果出现的概率是 p_i，则变量 X 的效用期望为：

$$U(X)=\sum_{i=1}^{N} p_i U(x_i)$$

对于一个不确定性的事件 G，假设可能会出现 a 和 b 两种结果，其中 a 出现的概率是 α，我们用 $G(a,b:\alpha)$ 来表示。事件 G 的效用的期望值为：

$$U(G)=\alpha U(a)+(1-\alpha)U(b)$$

而事件 G 的期望值为：

$$E(G)=\alpha a+(1-\alpha)b$$

显然，$U(G)$ 是一条连接 $U(a)$ 和 $U(b)$ 的直线，该直线可能在实际效用曲线的上方（图 1.3（a））或下方（图 1.3（b））。

当 $U(G)$ 在效用曲线上方时，有：

$$U(G)>U[E(G)]$$

也就是说，这个不确定的量给该经济主体带来的效用优于期望值 $E(G)$ 的效用。

同样，当 $U(G)$ 实际的效用曲线下方时，有：

$$U(G)<U[E(G)]$$

即这个不确定的量对应的经济主体的效用劣于其期望值 $E(G)$ 的效用。

这样，可以从该不确定性的量的期望结果的效用和实际效用的关系判别经济主体的风险态度。即：

若 $U(G)<U[E(G)]$，则为风险规避型；

若 $U(G)=U[E(G)]$，则为风险中性型；

若 $U(G)>U[E(G)]$，则为风险偏好型。

它与以下表达式是等价的：

若$E(G) > G$，则为风险规避型；

若$E(G) = G$，则为风险中性型；

若$E(G) < G$，则为风险偏好型。

3．风险类型的判别

从上面的分析可以看出，对于不同主体的风险态度，我们可以根据函数的实际取值来比较$U(G)$和$U[E(G)]$的大小，另外，还可以根据效用函数的性质来判断。

对于连续且两阶可导的效用函数$U(W)$，如果：

$U''(W) > 0$，则是风险偏好的；

$U''(W) < 0$，则是风险厌恶的；

$U''(W) = 0$，则是风险中性的。

1.5.2 风险规避程度的 Markowitz 度量

既然人们对风险有规避的态度，那么针对一个具体的风险，人们会如何评价？人们对一个风险的评价决定了他们为规避这个风险愿意放弃的财富数量，这在风险管理中有现实意义，因为人们购买保险就是在付出一定的代价以后来规避风险。

对于风险规避型的经济主体来说，他们愿意放弃一部分财富避免风险。在面临相同的风险时，同是风险规避型的经济主体，为避免风险而愿意放弃财富的数量可能不同，这种差异反映了不同经济主体不同的风险规避程度。在风险一定的情况下，为避免风险而放弃的财富越多，风险规避程度也就越高；反之亦然。

对风险直观的评价就是直接用财富来描述。风险价格就是一种这样的评价。

经济主体面临的风险型结果$G(a,\ b:\alpha)$，其期望结果为$E(G)$，当然，实际结果要么是a，要么是b。这样的不确定性对于风险规避型的经济主体而言，根据前面的分析，我们可以知道，没有确定的$E(G)$优。问题是，对于该经济主体而言，这个风险型结果与什么样的确定型结果无差异呢？

从图 1.4 可以看出，不确定型的量 G 的效用为$U(G)$，而实际效用曲线上 A 点的效用值为$U(G)$。因此对这个经济主体而言，确定型的结果 D 与该不确定型的量 G 无差异。对该经济主体而言，给他一个风险型结果$E(G)\,[\,G(a,b:\alpha)\,]$，相当于一个较小的确定型的 D 所带来的效用。

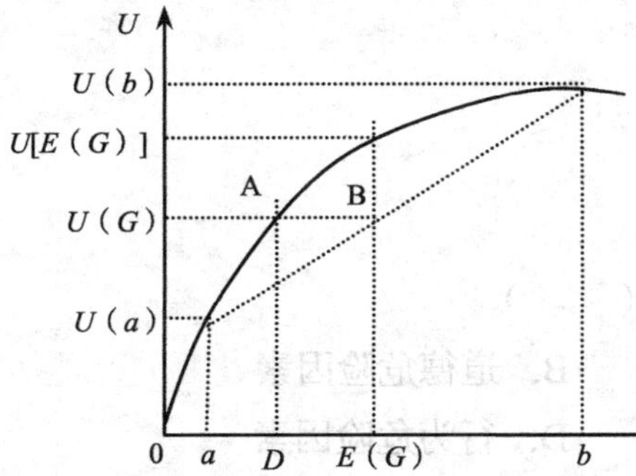

图 1.4　Markowitz 风险价格

风险型结果的期望值 $E(G)$ 与确定型等效结果的差为 Markowitz 风险价格，即：

$$P_m = E(G) - D$$

式中 P_m 为 Markowitz 风险价格。

【例 1.2】　假设一经济主体的效用函数为 $U(W) = \ln(W)$，求其面临风险型机会 G(30，5:0.2）时的 Markowitz 风险价格。

由于 $U''(W) = -\dfrac{1}{W^2} < 0$，显然该经济主体是风险厌恶的。

当面临一个风险型机会 $G(30,5:0.2)$ 时，这一风险型结果的期望值为：

$$E(G) = 0.2 \times 30 + 0.8 \times 5 = 10$$

$$U(G) = 0.2U(30) + 0.8U(5) = 1.97$$

对于确定型的 D，有：

$$\ln(D) = 1.97$$

$$D = 7.17$$

因此，Markowitz 风险价格为：

$$P_m = E(G) - D = 10 - 7.17 = 2.83$$

本章小结

本章阐述了风险的基本概念、类型和构成要素等。通过本章的学习，要对风险有更直观的认识和理解，能够准确地界定风险，掌握风险客观性、突发性、损害性以及随机性 和发展变化性的主要特征，尤其要掌握纯粹性风险的特征，把握风险因素、风险事故和损失之间的内在联系。能够掌握一些数量化的方法来对风险进行定量表达，包括方差、期望、半方差等；能够分析一个经济主体的风险态度。

复习思考题

1. 选择题

（1）以下属于危险因素的有（　　）。

A. 物质危险因素　　B. 道德危险因素

C. 精神危险因素　　D. 行为危险因素

（2）风险的特征有（　　）。

A. 突发性　　B. 损害性　　C. 客观性

D. 不确定性　　E. 动态性

（3）依照产生的原因不同，风险可以分为（　　）。

A. 自然风险　　B. 纯粹风险

C. 政治风险　　D. 特定风险

（4）利用不确定性的量的期望结果的效用和实际效用的关系判别经济主体的风险态度，以下正确的有（　　）。

A. 若$U(G)<U[E(G)]$，则为风险偏好型

B. 若$U(G)=U[E(G)]$，则为风险中性型

C. 若$U(G)>U[E(G)]$，则为风险规避型

D. 若$U(G)>U[E(G)]$，则为风险偏好型

（5）以下方式不能用来度量风险大小的有（　　）。

A. 方差　　B. 内四分位　　C. 半方差　　D. 期望

2. 判断题

（1）损失原因是指能够带来或造成损失的因素。（　　）。

（2）按照产生的环境不同，风险可以划分为纯粹风险和投机风险。（　　）。

（3）风险因素是指引起或增加风险事故发生的可能性，是导致风险事故发生或产生损失的先决条件。（　　）。

（4）连接实用效用曲线上任意两点的直线不可能在实际效用曲线的上方。（　　）。

（5）损失是指非故意的、非计划的、非预期的经济价值的减少。这一定义包含两个重要条件：一是非故意的、非计划的和非预期的，二是造成经济价值的减少。（　　）。

3. 什么是风险？如何认识风险？

4. 风险的特征是什么？

5. 简述风险的类型。

6. 简述纯粹风险的种类。

7. 简述损失的种类。

8. 简述风险因素、风险事故和损失的关系。

9. 简述基本风险和特定风险的不同。

10. 已知某经济主体的效用函数为$U(W)=100W-2W^2$，试确定该经济主体的风险态度，并计算在$G(6,-4:0.5)$时的Markowitz风险价格。

11. 阅读下面的案例，回答问题。

天津港危险品爆炸

2015年8月12日23时30分许，天津港瑞海公司危险品仓库发生火灾爆炸事故。截至13日21时，事故已造成50人死亡，其中包括17位消防人员；住院治疗701人，其中重症伤员增加到71人。

事故发生后，中共中央总书记、国家主席、中央军委主席习近平立即做出重要指示，要求全力救治伤员，查明事故原因，严肃查处事故责任人。中共中央政治局常委、国务院总理李克强立即做出批示，要求全力组织力量扑灭爆炸火势，并对现场进行深入搜救。

事故中，多家进口车企业商品受损，预估受损新车价值超过20亿元。

据报道，离爆炸中心400米左右就是进口汽车停车场。这个将近6个足球场大的停车场当时停满了将近6 000辆新车，其中1/6被彻底烧毁。根据知情人士透露，这一停车场为天津港雷诺汽车仓储场。有消息称，大众汽车也损失惨重，估计烧毁2 748辆。而从现场图片看，很多路虎发现4车型也烧毁严重。另外，距离爆炸点大概1.1公里处的天津滨海东方直升机场在本次事故中被殃及，4架直升机受损严重。

据天津地铁消息，受滨海新区东海路附近火灾事故影响，津滨轻轨9号线于2015年8月13日停止运营，重新运营时间将另行通知。此次爆炸事故中，轻轨9号线终点站距离爆炸地点仅500余米，因而爆炸冲击波造成部分轻轨受损。

六问爆炸

（1）到底是什么发生了爆炸？

主要为硝酸类化学品，容易爆炸。

据现场消防指挥部消息，当时发生爆炸的地点存放着硝酸钾、硝酸钠等硝酸盐物质。这些固体氧化剂遇热、碰撞都容易爆炸。记者现场了解到，目前已检出液碱、碘化氢、硫氢化钠、硫化钠等4种物质。另据厂家反映，出事货场目前还存放至少700多吨氰化钠，这些剧毒化学物分别装在木箱和铁桶中，50公斤一桶存放在集装箱里。

（2）前后两次爆炸威力究竟有多大？

相当于53枚战斧巡航导弹。

8月13日，据中国地震台网方面消息，从波形记录结果看，第一次爆炸发生在8月12日23时34分6秒，近震震级ML约2.3级，相当于3吨TNT；第二次爆炸近震震级ML约2.9级，相当于21吨TNT。地震台网清晰记录到了本次事故，从结果看有两次爆炸，第二次更大一些。

24吨的TNT能产生多大的威力？中国工程爆破协会爆破专家接受记者采访时表示，国外有人做过试验，将1吨的TNT放置于黄土地面能炸37立方米的坑。另外，1个手榴弹装药约50克，1公斤TNT相当于200个手榴弹同时爆炸。

另据专家测算，24吨TNT爆炸的威力约等于53枚战斧巡航导弹，1/714个广岛原子弹。

（3）周边的环境有没有受到影响？

现场空气中未检测到氰化物。

天津市环境监测中心于13日下午发布环境应急监测情况，截至13日上午11时，周边环境空气自动监测数据表明6项常规指标无异常。

值得注意的是，部分监测指标超过标准。监测情况显示，5时30分应急监测采样监测数据显示，甲苯浓度为3.7毫克／立方米，超过了《国家大气污染物浓度综合排放标准（GB16297　1996）》规定的厂界无组织排放浓度限值（2.4毫克／立方米）；VOCs为5.7毫克／立方米，超过了《天津市工业企业挥发性有机物排放标准（DB12／524—2014）》规定的无组织排放浓度限值（2.0毫克／立方米）。

据悉，武警8630部队官兵在距离火点500米处检测出较高浓度的二氧化硫、一氧化碳和氮氧化合物，其中氮氧化合物浓度最高，在5%左右。据介绍，该部队携带着有毒有害气体检测箱，可检测氯化氰和氢氰酸等物质，目前未检测出空气中含有这两类剧毒物质。在距离火点直线距离约2公里处，未发现空气成分出现异常。

同时，目前尚未得到信息证实危化品爆炸对事发地附近海域海水造成污染。

（4）为何大火迟迟未能扑灭？

不能用水扑火，救援难度很大。

据央视报道，截至昨天9点，大火依然在燃烧，未被扑灭。时间已经过去9小时，为何火仍未被扑灭？消防部门对此表示，由于爆炸物为特殊物质，沙土掩埋为最佳灭火方式。不能用水扑火，而沙土掩埋需要一定的时间。

据专家介绍，现场情况非常复杂，有很多易燃物，遇水会爆炸，导致后续救援处置的难度很大。在救援过程中，了解危险品储存的区域至关重要，更要注意防范化学品间的叠加耦合效应。

（5）当事公司如何通过环评？

附近小区居民表示未收到调查问卷。

瑞海物流官网显示，该公司主要提供各类危化品的运输、存储服务。2014年8月，天津市滨海新区塘沽环境保护监测站，曾出具一份关于“瑞海公司跃进路堆场改造工程”环保验收报告。该工程环评简本称，该项目位于天津市滨海新区塘沽北疆港区集装箱物流中心，原属天津爱兰德物流有限公司堆场。瑞海公司租用爱兰德堆场后，把现有物流堆场改造成一个危险化学品和普通货物集装箱堆场，占地面积46 226.8平方米。

据天津市环科院官网，2013 年 5 月 24 日对“天津东疆保税港区瑞海国际物流有限公司跃进路堆场改造工程”进行第二次环评公示。在公示的“征求公众意见具体形式”一项提出，项目拟采用发放调查表的形式进行公众参与，发放数量100份，发放对象为项目周边的居民及企业的工作人员。

不过，记者昨天联系了多名居住在爆炸地点附近的万科海港城业主，他们均表示此前从未收到过任何调查问卷，也并未在小区内见到过相关公示信息。

“谁也不会拿自己生命开玩笑。”业主宫女士说，自己有很多同事都居住在该小区，大家只知道小区附近是港口，有很多集装箱，根本不知道跟危险品距离这么近，也从未收到过任何调查问卷。

（6）波及周边小区，红线为何被突破？

小区拿地在前，改成危险品仓库在后。

这一爆炸影响巨大。爆炸地点附近众多居民楼和办公楼的门窗玻璃被震碎，距离最近的两个小区居民均已全部撤离。

根据国家标准，危险化学品仓库的地点设置有具体规定：库存或货场面积在 550 平方米以上的大中型仓库，大中型危险化学品仓库应选址在远离市区和居民区的当在主导风向的下风向和河流下游的地域；大中型危险化学品仓库应与周围公共建筑物、交通干线（公路、铁路、水路）、工矿企业等距离至少保持 1 000 米。

发生爆炸的危险品经营企业距离最近的居民小区不足 1 公里。记者 13 日中午看到，距离爆炸地点最近的两个小区——万科海港城和启航嘉园的居民已全部撤离。而爆炸地点依然冒着浓烟并有火光。

昨天，万科回应称，海港城（清水蓝湾）所在区域为天津港国际物流生活服务区，属住宅用地。万科 2010 年 4 月获取土地，当时周边为普通物流仓库，之后并未获悉它被改造为危险品仓库的情况。

资料来源：独孤紫天.天津爆炸致 50 死：天津滨海新区到底是什么发生了爆炸[N].现代快报，2015-8-14.

结合上述材料，思考以下几个问题：

（1）如何定义危险品？

（2）爆炸发生的风险如何控制？

（3）从风险的产生来看，有哪些经验和教训？

第2章 风险管理的基础理论

【引言】

理论来源于实践，又需要回到实践中去接受检验和发展。风险是一种不确定性，人们对风险的认识和把握有其发生发展的过程。风险管理理论从无到有，总结了人们风险管理的实践经验和教训，融合了现代多学科的知识，并且借鉴新方法、新技术，不断丰富和完善，指导着企业和个体风险管理的实践。

风险无时不在、无处不在。人类社会的历史，就是一部不断地同各种风险抗争的历史；而风险管理理论的产生却是社会生产力和科学技术发展到一定阶段的产物。大到一个国家，小到个人，都要毫无选择地面对风险、应对风险。而且，一个国家预防、管理各种风险，特别是突发事件的能力，往往是衡量一个国家管理水平的重要标志之一。控制和减少风险事故的发生，提高风险管理的水平，可以有效地利用社会资源，实现资源优化配置；反之，就会造成社会资源配置的浪费和不必要的经济损失。

2.1 风险管理概述

风险管理是涉及个体以及群体，包括社会、政治、经济领域的重要课题。从风险管理主体的角度来看，国家、企业、社会组织、家庭和个人都需要管理各种风险。风险管理涉及了政治、经济、工作、生活的方方面面，相关的学科知识和理论体系包括运筹学、概率统计学、系统论、控制论、计算机技术等为风险管理提供了先进的技术手段。

2.1.1 风险管理的概念

风险管理是研究风险发生概率和风险控制、应对技术的一门新兴科学，是指风险管理主体通过风险识别、风险衡量、风险评估、风险决策管理等方式，对风险实施有效控制和妥善处理损失的过程。

1. 风险管理的主体

风险管理的主体是风险管理单位，它可以是个人、家庭和企业，也可以是政府、事业单位和社会团体，也就是说，任何人、任何组织，都是风险管理的主体。不管风险管理单位的所有制性质、组织结构、规模有何不同，风险管理所依据的管理理念、管理技术和管理方法却是相同的，都是寻求以最低的管理成本获得最佳的处理风险事故的方案。但是，不容忽视的问题是，风险管理的主体不同，风险管理的侧重点也会有所不同，对待风险的态度也不一样。个人、家庭的风险管理是对人身风险、家庭财产和责任风险的管理；企业的风险管理是对企业生产风险、销售风险、财务风险、技术风险、信用风险和人事风险的管理；政府的风险管理是以维护政府机构业务活动和人民生活安定为出发点的，是对整个社会生命、财产和责任风险的管理。风险管理单位进行风险管理有利于减少社会资源的浪费，有利于社会资源的优化配置。

2．风险管理的核心

风险管理的核心是降低损失，即在风险事故发生前防患于未然，预见将来可能发生的损失，或者在风险事故发生后，采取一系列消除事故隐患和减少损失的办法。从风险管理的流程看，风险管理的每个环节都是为了减少损失。识别风险是为了减少风险事故的发生；衡量风险是为了预见风险事故可能造成的损失，预先做好减少损失的安排；控制风险是为了降低已经发生的风险事故所造成的损失。

3．风险管理的对象

风险管理的对象可以是纯粹风险，也可以是投机风险。

传统的风险管理理论认为，风险管理的对象是纯粹风险，而不包括投机风险，即投机风险不在风险管理的范畴之内。纯粹风险是指具有损失机会而不可能获得利益的风险。投机风险是指既有可能获利，也有可能损失的风险。目前，一些专家认为，风险管理不仅应该包括纯粹风险，而且还应该包括投机风险。这是因为，尽管纯粹风险和投机风险具有不同的特征，但是缺乏适当的标准将纯粹风险和投机风险完全区分开来。不管引发损失事件的原因如何，风险管理已经越来越重视对投机风险的管理，风险管理的对象已经扩展到了投机风险方面。

4．风险管理的过程

风险管理的过程也是决策的过程。风险管理过程包括了风险识别、风险衡量和风险评价、方案制定、选择实施等一系列的过程和环节。这一过程实际上是为了确定最终的风险管理方案，选择从事风险应对的人、财和物。从这一角度来看，风险管理过程实际上是一个管理决策的过程。

2.1.2　风险管理的特点

风险管理具有较强的实用性，其特点主要有以下几个方面。

1. 风险管理的对象具有特殊性

风险管理的对象是突发事件、意外事故等可能造成损失的风险因素、风险源和损失。风险管理的对象具有专门性，是专门针对某一风险单位的决策管理，这也就决定了风险管理的对象具有特殊性。

2. 风险管理的范围具有广泛性

风险管理是涉及许多领域的管理，风险管理的范围不仅会涉及人们可预测的范围，而且还会涉及人们无法预期的领域。一个单独的事件可以同时影响社会的不同领域，而且其后果会远远超出当时影响的范围。风险的复杂性和普遍性决定了风险管理的范围是非常广泛的，包括了企业和个体的一切活动所涉及的人、财、物、环境、变化等。风险管理学是涉及多门学科的交叉学科。

3. 风险管理理论具有较强的应用性

风险管理的研究对象是导致损失的风险因素、风险源和风险事件，风险管理理论是对风险管理实践一般规律的概括和总结。尽管如此，风险管理的基本理论可以指导风险管理的具体实践。

4. 风险管理具有全面性

风险管理是一种全面性的管理。风险管理的具体内容反映了风险管理单位对风险因素、风险源和损失不确定性的识别、衡量和管理决策。如果风险管理单位对风险的认识、处理缺乏全面性，只处理某一方面的风险隐患，而不考虑其他方面的风险隐患，其风险管理的决策就有可能失败。

2.1.3 风险管理的目标

显然，风险管理要应对不确定型。风险管理的目标是以最低的管理成本获得最大的安全保障，减少风险事故对风险管理单位造成的损失和不利影响。风险管理是需要支付成本的，其带来的安全保障是否与风险管理的成本相适应，是风险管理的重要内容之一。如果制定的风险管理方案成本过高，这样的方案就不具有经济性。风险管理成本是影响风险决策管理和风险管理目标的重要方面。在不同的经济和社会环境、不同的经营理念和不同的风险管理方案下，风险管理单位制定的风险管理目标也是不同的。

2.1.4 风险管理的作用

有效的风险管理对保障风险管理单位的财产和人身安全，防止巨大的经济和人身损失的发生具有积极的作用，风险管理的作用主要体现在以下几个方面。

1．预防风险事故的发生

风险管理可以将许多风险隐患、危害消灭在萌芽状态，预防风险事故的发生，保护风险管理单位的财产安全和人身安全。

2．减少风险事故造成的损失

风险管理可以使风险管理单位充分认识到自身所面临风险的性质和严重程度，并采取相关的风险管理技术，以减少风险事故造成的损失。

3．转嫁风险事故造成的损失

风险管理单位通过缴纳一定的费用，有计划地将重大风险事故造成的损失转移给保险公司或其他管理单位，从而转移风险事故造成的损失。一旦风险管理单位发生重大风险事故，转移风险的机制可以使风险管理单位获得及时、有效的经济补偿。现代风险管理克服了传统的以保险为单一转嫁风险机制的局限性，综合利用各种控制、转嫁风险的措施，使风险管理单位处理风险的方式日趋完善。

4．保证风险管理单位的财产稳定

例如，我国一些中小企业在发生重大工伤事故后，往往会由于承担赔偿责任而破产。这一事例说明，企业发展需要风险管理来维持财务的稳定。风险管理有助于防止风险管理单位由于资金紧张而陷入困境，保证了风险管理单位的财务稳定，有利于风险管理单位长期、稳定地发展，降低风险管理单位的管理成本，提高风险管理的经济效益。

5．营造安全的社会环境

风险管理通过自身的运营机制，防范了许多重大风险事故的发生，有利于营造安全稳定的生产、生活和工作环境；有利于企业提高经济效益，激发员工工作的积极性；有利于家庭成员解除后顾之忧，安心工作；有利于社会的稳定，优化社会资源的配置。

2.2　风险管理方法

尽管风险管理方法种类繁多，但从其对风险处理的过程来看，如果不考虑保险，那么风险管理的方法可以归纳为两大类，即风险控制与风险财务安排。前者直接对风险加以改变，而后者不试图改变风险，只是在风险中的损失发生时，保证有足够的资金资源来补偿。

保险作为一种特殊的风险管理方法，也是应用得非常广泛的风险管理方法。保险既有风险控制的特征，也有财务安排的思想。因此，为避免混淆，一般的风险控制方法就称为非保险的风险控制（特别是非保险的风险转移），分为改变损失的风险控制和不降低损失的风险控制，一般的财务安排方法也称为非保险财务安排。以下分别对四种主要的风险管理方法进行阐述。

2.2.1 改变损失的风险控制

如上所述，风险控制是对风险加以改变的一类风险管理方法。改变风险就是试图将风险由大变小或变无。改变风险的途径有两种，一种是通过对损失加以改变来达到风险控制的目的，另一种则不改变损失（保持损失不变）而直接改变风险。

1. 损失控制

避免损失早已成为人类最关注的事情之一，改变损失的风险控制方法是人类最早采用的风险管理技术。原始人住在山洞里，有时爬到树上以躲避野兽来保护自己，可能洞里其他的财产如食物等损失了，但性命保存了下来。损失控制就是通过改变风险的损失来控制风险的一类方法。

通过对风险和损失的概念分析，我们知道风险和损失并没有直接关系。那么，为什么要在风险管理中去控制损失呢？改变损失对风险管理具有重要意义。

（1）控制损失可以控制风险。作为风险控制手段，当然需要改变风险，而改变损失则可以达到这一目的。

控制损失的途径有两个：一个是改变损失频数，另一个是改变损失程度。前面我们已经知道，可以用方差的大小来表征风险的大小。损失频率和损失程度中的任何一项改变，方差就会发生改变，因此风险也将改变。事实上，改变损失是试图降低损失频率和损失程度，这样都可以使风险降低。

【例 2.1】 某企业仓库存货面临火灾风险。一旦失火，将造成 100 万元的财产损失。根据以往统计资料分析表明，该存货失火的概率为 1%。

显然，对该企业而言，损失的期望及方差分别为：

$$E(L)=0.01\times100+0.99\times0=1$$

$$\sigma^2(L)=0.99\times(0-1)^2+0.01\times(100-1)^2=99$$

即在采用损失控制技术前，企业仓库存货火灾的平均损失为 1 万元，而风险为 99（损失分布的离散程度较高），风险较大。

现假如企业通过损失控制，使火灾的发生概率降低为 0.5%，其他不变。此时，企业损失的期望及方差为：

$$E(L)=0.05\times100+0.995\times0=0.5$$

$$\sigma^2(L)=0.995\times(0-0.5)^2+0.005\times(100-0.5)^2=49.75$$

可见，方差从 99 下降到了 49.75，风险减小了。

同样，如果损失控制的努力使得在火灾发生时，企业的存货财产损失降低至 50 万元（损失概率不变），风险同样会发生改变。

当然，如果企业可以同时降低损失频率和损失程度，存货火灾损失的风险将得到更大程度的降低。

（2）控制损失可以降低风险管理的成本。损失与风险没有直接的关系，但损失与风险管理却是具有密切联系的。事实上，损失决定了风险管理的成本。

考虑保险公司对企业财产火灾风险的保险。如果一家企业的财产火灾的平均损失额较大，而另一家的损失额较小，则保险公司将向损失额较大的保险公司收取更高的保险费。因为平均损失是保险费的重要组成部分。

通过损失控制，可以降低风险的平均损失结果，从而降低风险管理的成本。例如，在前面企业存货火灾风险的例子中，风险控制的手段导致了期望损失额的减小。其中，损失频率的降低使火灾的平均损失从 1 万元降到了 5 000 元。

我们已经把风险管理定义为"以最低的代价"应对风险。既然损失控制能够降低风险，那么，损失控制应该是风险管理的重要内容。

2．风险避免

从技术上讲，当决定不让风险发生时，就是采用了风险避免的应对措施。采用风险避免措施时，企业不愿意面临一丝一毫的风险。例如，一家公司本来考虑要生产一些产品，但是，由于产品在生产过程中存在危险，就放弃了生产。在一些医疗领域，由于医疗事故频繁的索赔导致在这些领域中的从业者匮乏，对于许多本来有志于从事这些领域工作的人来说，为避免索赔风险，干脆选择放弃该行业，这也是采取风险避免的措施。

虽然在某些具体情况下，风险避免是风险管理的唯一选择，但是，它却是一个消极的方法。如果经常应用风险避免的方法，那么企业可能在很多情况下无所作为，从而无法实现它的最基本目标。

风险避免方法的过于消极限制了它的适用范围。具体而言，风险避免有如下问题。

（1）风险可能无法避免。在企业经营中所面临的风险有些是不可避免的，就像地震、海啸、暴风等自然灾害对人类来说就是不可避免的。

（2）避免风险可能代价高昂。风险的存在往往伴随着收益的机会，避免风险就意味着放弃收益的机会。在企业经营的实践中，任何经济行为都必须存在一定的风险。有时，经营的潜在收益较高，为避免风险而放弃收益代价太高。例如，投资股票有损失的可能，如果坚决不进行股票买卖，虽然可以避免亏损的风险，却也放弃了收益的机会。

（3）避免一种风险可能产生另一种风险。采用改变工作性质或方式的措施来避免风险时，很可能会导致另一种风险的产生，甚至是更大的风险。例如，人们为了避免乘坐飞机带来的风险时而改为乘坐汽车，但是从安全性的角度来看，汽车事故的概率远远大于飞机，不乘坐飞机避免了飞机失事，而乘坐汽车又将面临发生汽车事故的风险。

因此，在某种意义上说，风险避免是应对风险的最后一种办法。它只有在其他方法都无效时才被考虑使用。当风险存在灾难性的潜在后果，并且风险无法减缓或转移时，则必须应用风险避免。一般来说，在风险的损失频率和损失程度都很高时，这种情况就会出现。

3. 风险减缓

从某种意义上说，风险避免彻底消除了某种损失发生的可能性。当然，过分的消极因素也成为这种方法的最大障碍。

风险减缓是用来说明一系列使风险最小化的努力，特别是使损失最小化的大量措施。风险减缓的方法也包含了在损失预防和损失控制两方面的措施。宽泛地来说，损失预防的努力是尽量防止损失的出现，虽然阻止所有损失的出现是不可能的，但是确实有些损失可以预防。另外，如果损失实实在在地发生了，则通过损失控制方法来尽力降低损失的严重程度。显然，这两个方面是为了降低损失发生的频数和严重程度。前者是损失预防，后者是损失控制。

2.2.2 不降低损失的风险控制

损失控制在风险管理中具有非常重要的作用，但是，对损失控制的努力并不能完全解决风险问题。在很多情况下，对损失频数和损失程度进行改变以后，对风险还可以进一步加以控制。不改变损失的风险控制方法包括风险集中和非保险的风险转移。

1. 风险集中

风险是实际结果与预期结果的偏离。因此，如果实际结果与预期结果越接近，那么风险就越小。根据统计中的大数法则，风险单位越多，每个风险单位的实际损失就越接近于预期的损失。换句话说，只要风险单位足够多，损失的风险就会小（和预期差距越小）。因此，风险集中就是通过把风险单位尤其是同质的风险单位集合起来以降低风险的风险控制方法。

以掷币赌局为例。两个人参加一个掷币赌局，双方约定，硬币抛掷上去再落下来，如果是正面朝上，甲赢得 10 元；如果反面朝上，乙赢得 10 元。假如硬币本身从上面落下时正面朝上和反面朝上的机会是一样的，则对甲而言，参加这个赌局的可能结果是赢 10 元（+10 元）和输 10 元（–10 元），但平均结果是不赢不输，对乙也是一样的。

尽管我们可以很明确地知道，这个赌局的期望收益结果为 0，但是，对于参加一次这样的赌局的人来说，实际结果要么是+10 元，要么是–10 元，而不可能是 0，输赢肯定是

10 元。这时，实际结果和预期结果相差较大，因而风险也较大。参加两次这样的赌局，实际结果有三种可能：赢两次（+20 元）、输赢各一次（0），输两次（–20 元）。这时平均每次的输赢最多是 10 元（有可能没有输赢，与预期结果一样），与参加一次赌局的实际结果输赢肯定为 10 元相比，比预期结果要接近些。

随着参与这个赌局次数的增加，输赢的次数也越来越接近。例如，参加 10 000 次这样的赌局，可能输 5 005 次，赢 4 995 次，参赌者多输掉 10 次，或 100 元，相对于每个赌局，输赢仅 0.01 元，与平均结果 0 已经非常接近，风险很小。进一步增加赌局的次数，每局的平均结果更接近于预期的结果 0，风险也逐渐接近于消失。

在企业面临的纯粹风险管理问题中，一个风险单位相当于一次赌局。随着企业风险单位数量的增加，实际损失与预期损失也不断接近，风险不断下降。这就是风险单位集中降低风险的原理。

应当注意的是，风险集中必须保持每个风险单位的独立性（风险单位之间是不相关的）。也就是说，风险单位集中后，一个风险单位发生损失不会影响其他风险单位是否会发生损失。因此，风险的集中一般并不是风险单位在时间和空间上的集中，而是一般要求在财务上进行集中。时间和空间上的集中只会减少风险单位的数量，从而增大风险，而且也往往是不可行的（如将不同地点的厂房集中到同一地点）。

风险集中原理也是保险机制运行的基础。保险公司把不同企业的财产风险集中以后，财产的实际损失和预期损失的偏差就大大降低了。如果承保的财产数量足够多，保险公司承担的风险就会非常小。

风险集中的一种变通是风险单位的分割，就是把面临损失的风险单位在时间或空间上进行分离，而不是将他们全部集中在可能毁于同一次损失的同一地点。因此，风险单位分割对风险的控制原理与在风险集中的情况是完全一样的。

在实践中，企业也可以利用风险单位的分割方法，采用多种手段来降低风险。

2. 非保险风险转移

风险转移是经济主体将自身面临的风险转嫁给他人承担的风险应对方法。保险是风险转移的常见方式，人们通过购买保险，将风险转嫁给保险公司。显然，转移之后风险并没有发生改变，而是承担风险的主体发生了变化。所以，转移风险必须付出代价，甚至这种代价还会增加损失。

除购买保险之外，我们还可以通过以下方式来达到转移风险的目的。

（1）转移风险源。风险源一般包括造成财产损失和造成生命财产损失两种情况，转移了这些风险源，就可以转移风险。转移风险源可以通过出售承担风险的财产来实现，如出售容易遭受火灾、贬值以及责任损失的财产，就转移了风险源。而需要使用时，可以采用租赁、外包的形式来进行。当然也可以采用合同外包的形式转移风险源。

（2）签订免责协议。责任风险造成的后果可能非常严重，对于这样的风险，应对措施非常有限。签订免责条款是比较有效的风险转移方法。例如，医生在手术前通常要求病人或家属签字，一旦出现手术失败等原因，医院不承担责任。

（3）利用合同中的转移条款来约定风险承担主体，把本来承担的风险转移给另一方。

2.2.3 非保险财务安排

与风险控制的一类方法不同，对风险在财务上加以安排的方法并不试图改变风险，而且也不会改变风险，而是在风险造成损失时，保证有足够的资金来弥补损失，使企业或个人能尽快恢复原先的状态。所以，风险的财务安排是以财务方法应对风险，这一类方法又称为损失补偿的筹资措施，其关键是要有恰当的筹资方式，保证损失发生后补偿资金的可得性。

保险作为一种特殊的风险管理手段，从它对损失加以补偿的功能来看，它又具有风险的财务安排特征。实际上，在风险管理的实践汇总中，许多风险管理的决策问题最终都是在风险转移和风险自担之间做出选择，也就是在保险和其他的财务安排方法中进行选择，此时是完全把保险作为风险转移方法来对待的。

1. 风险自担的筹资措施

风险自担是风险财务安排最为基本的形式。顾名思义，风险自担就是由企业自己承担风险，并对风险所导致的一切后果特别是损失后果负责。

在采用风险自担的方式以后，最为重要的是必须对风险的损失后果有恰当的应对措施准备。这些应对措施是以资金准备为主的，即在损失发生时有足够的资金对损失加以补偿。所以，解决补偿资金的来源问题最为关键。

实践中，风险自担中对损失补偿的资金来源主要有以下几种。

（1）现收现付。对损失频率较高而损失程度较低的风险，一旦损失发生，企业可以用现有的现金流量或当前财产加以补偿，而无须有专门的财务安排。这种看似无所作为的损失补偿方法称为现收现付法。当然，采用这种方法并不是真的无所作为，风险经理必须在对风险加以准确识别和评价后，才能确定这种方法是否适用。

（2）计提准备。对企业面临的风险进行分析后，发现风险导致的可能损失无法从企业现有的现金流量和财产中补偿，而必须专门筹集资金。此时，企业可以在年度财务预算中计提部分资金，作为意外损失准备金，一旦发生损失，就可以动用该准备金进行补偿。

（3）专用基金。对大多数企业而言，风险单位数量有限，因此实际损失结果与预期损失相差甚大，特别是一些重大损失，不是每年都会发生的，可能是几年或几十年才发生一次。损失预算一般只能补偿经常性的损失，对那些许多年才发生一次的重大损失，每年预算预留的资金常常是不足以补偿的。这时，可以采用基金的形式，企业每年从现金流量中提取一定的资金，逐年累积，形成意外损失补偿的专用资金。

（4）专业自保公司。在对风险的财务安排方法与保险的比较中，人们发现，保险费可以作为企业经营的必要成本从应税所得中扣除，而作为应对风险损失的资金或专用资金一般是不能免税的。因此，人们自然就希望有一种机制，使得风险经理在风险管理中既能保持风险自担的好处，又能使风险管理的成本获得税收上的利益。专业自保公司就是这样一种机制下的产物。

专业自保公司可以理解为是由非保险企业建立的专门保险公司，主要向母公司及其子公司提供保险。母公司及其下属企业通过向自己的保险公司购买保险，把不可免税的损失准备金变成可以免税的保险费。当然，实际上现在许多国家的税务当局仍然不把企业支付给专业自保公司的保险费作为必要的经营成本，因此，建立专业的自保公司在税收上的利益很有限。但专业自保公司还能给企业带来其他方面的便利，所以它已经成为风险管理中的重要手段。

2．利用合同的筹资措施

风险自担是一种完全由风险管理主体自身承担风险及其损失的财务安排方式。在企业经营的实践中，有时也可以利用合同，在发生损失时由他人提供补偿损失的资金。

利用合同的筹资措施之一是订立保证合同。保证合同分为合同保证和忠诚保证。合同保证是对合同中履行义务的一方履约的保证，以免其不履行义务时使合同中的另一方遭受损失。忠诚保证是保证当被保人发生不诚实行为，导致另一方雇主遭受损失时，由保证人负责赔偿责任。

利用合同的另一种筹资措施是购买保险。企业通过向商业保险公司购买保险，双方通过保险合同形成合同关系。一旦被保险企业的财产或责任发生保险责任范围的损失，由保险公司赔偿损失。

2.2.4　保险

保险是一种特殊的风险转移方法，它在风险管理中的应用非常广泛。保险本身是一种非常成熟的风险管理方法，在传统的风险管理教科书中，对保险的叙述也形成了成熟的内容体系，此处只做简单的介绍。

1．保险的基本原理

如上所述，保险是一种通过转移风险来应对风险的方法。从一定意义上讲，保险又是一种应对风险的财务安排。

保险不仅仅是风险转移的手段，它也广泛运用了风险集中的方法。我们在风险控制方法中已经看到，风险集中是降低风险的有效手段。从风险管理者的角度来看，风险向保险组织转移了；而从保险组织的角度来看，保险组织把大量的风险汇聚起来，风险得到极大分散，根据大数法则，保险组织仅仅通过风险的集中就降低甚至消除了风险。

这其实回答了为什么保险组织愿意承担风险的问题。人们纷纷把风险转移给保险组织，保险组织似乎承担着大量的风险，实际上，恰恰是大量风险的集中，反而使保险组织并不承担很大的风险。因此，从社会总体来看，通过保险转移风险者，当然降低了风险；而保险组织作为承担风险者，通过风险的集中降低了风险。保险使得社会总体上的风险得到极大的降低。

正是由于保险组织在风险管理中的有利地位，使得广大企业和个人可以把损失风险转移给保险组织。保险组织向所有成员收取保险费来补偿少数成员遭受的意外事故损失。因此，少数不幸成员的损失由包括受损者在内的所有成员分摊。

从风险管理者的角度来看，通过购买保险把损失的风险转移给了保险组织。应该注意的是，所转移的只是风险，而不是损失。许多人都错误地认为通过购买保险可以把损失转移出去，这实在是对保险的误解。

从保险不能转移损失的意义上来说，保险是应对风险可能的损失的一种财务安排。一旦损失发生，企业可以从保险组织得到资金，对损失加以补偿。

保险作为应对风险可能损失的一种财务安排，还可以从保险成本和损失的关系加以理解。正如我们前面已经看到的，保险费中不仅包含了可能的损失，而且还有保险组织的经营成本和必要的利税以及社会负担等支出。因此，从长远来看，保险不仅不能转移损失，反而加大了损失。

2. 保险中的有关概念

保险涉及方方面面的关系，包括保险的主体和客体等。为了更好地理解保险问题，必须要清楚这些关系。其中的有些概念已经提及，这里一并列出。

（1）保险人和被保险人。从法律意义上讲，保险是一方同意补偿另一方损失的合同安排。同意赔偿损失的一方是保险人，也就是保险公司，或者一般的保险组织；被赔偿损失的一方是被保险人，也就是有风险管理需求的个人或组织。保险合同就是保险单，被保险人通过购买保险单把损失风险转移给保险人。

（2）保险标的。保险标的是保险的对象，是保险中确立保险人责任的主要依据。保险标的可以是财产（财产保险），也可以是人的生命或健康（人身保险），还可以是各种各样的责任（责任保险）或其他可以投保的对象。

（3）保险经纪人和保险代理人。保险业的成功运作，取决于保险人和被保险人之间的密切关系。但是，保险人和被保险人的直接联系往往不太方便，联系保险人与被保险人的中间组织便应运而生。

保险的中间业务组织分为两类，一类是代表保险人寻找客户，推销保险产品的，这类组织就是保险代理人；另一类是代表被保险人寻找保险产品的，这类组织就是保险经纪人。

（4）保险费和保险金。保险费是保险的价格，被保险人为购买保险向保险人支付保险费。保险金一般指保险公司向被保险人赔付的资金。例如，在养老保险中，被保险人达到规定的年龄后，保险金或养老金就成为其主要的生活来源。

根据《中华人民共和国保险法》的表述："本法所称保险，是指投保人根据合同约定，向保险人支付保险费，保险人对于合同约定的可能发生的事故因其发生所造成的财产损失承担赔偿保险金责任，或者当被保险人死亡、伤残、疾病或达到合同约定的年龄、期限时承担给付保险金责任的商业保险行为。"其中明确由保险人支付的是保险金。

（5）保险合同。保险合同是确定保险人和被保险人权利义务的协议，是保险关系双方订立的一种在法律上具有约束力的协议。协议一方支付对方保险费，另一方在保险标的发生约定事故时，或者约定的期限到达时，承担经济补偿责任或履行给付保险金义务。保险合同是反映法律通则的复杂的法律文件。保险合同也称为保险单或保单。

（6）理赔。理赔是保险工作的重要一环。一旦发生保险责任范围的损失，保险公司就必须做出赔偿。理赔就是认清责任、赔偿损失的过程。

（7）投保人与受益人。投保人是购买保险的人，而受益人是一旦保险标的发生保险责任范围内的损失得到保险赔偿的人。很多情况下，投保人和被保险人是同一个主体，即投保人就是受益人，但确实存在这些主体不一致的情况。例如，一位父亲以自己的人身投保，指定其子女为受益人。一旦自己身故或受伤，由其子女领取赔偿金。这里，这位父亲就是投保人，而其子女为受益人。

在人身保险中，投保人与被保险人也有不一致的情况，这里涉及以谁的生命或健康为保险标的，也就是谁为被保险人的问题。投保人也可以不以自己的生命和健康为保险标的。例如，丈夫为妻子购买人身保险，受益人为子女，这时，妻子就是被保险人。

2.3 风险管理理论概述

风险是伴随着人类的产生、发展而不断发展的，人类社会的历史就是一部对抗风险、管理风险的历史，而风险管理理论的产生和发展则是科学技术、生产力发展到一定阶段的产物。探寻风险管理理论产生和发展的历史，可以加深对风险管理这门学科的理解。

中国企业进入"风险管理"时代

进入2012年下半年，全球经济的疲软态势尚未出现扭转，国内市场的"不确定因素"也进一步加大各行业经济发展的风险。当前，面对需求萎靡和盈利缩水的双重压力，由于缺乏完备的风险管理系统和相关经验，很多企业在大环境颓势下"身陷泥潭"一般动弹不得。业内人士认为，企业应该尽早地建立风险管理机制，并且实事求是地进行调整，这样才会使得企业管理提升到新的层面。

企业风险正在加大

“目前国内企业所存在的主要风险还是宏观经济形势整体下滑。”南京大学商学院教授宋颂兴在接受《国际金融报》记者采访时表示，“目前对于经济下滑主要争议是中国经济到底会‘硬着陆’还是‘软着陆’的问题。如果是‘硬着陆’，可能会带来比较大的问题。有些企业不一定可以承受‘硬着陆’而面临大困境。但是如果是‘软着陆’，情况会有所变化。有竞争力的企业，可以调整模式适应市场的企业，可能会使企业管理上升到新的层面”。

国内企业普遍表现出较差的弱市风险抵御能力，“风险管理”也自然成为今年不少商学院课程中所强调的“重头戏”。业内人士强调，为了及时和正确地应对可能会面临的危机，企业首先要有“居安思危”的意识，尽早建立风险管理系统，从而认清自身面临的来自各方的风险，对症下药，提早规避。

风险管理机制缺失

正略钧策管理咨询合伙人崔自力在接受《国际金融报》采访时也指出，“由于风险管理的价值在我国市场经济运营中发挥的作用还不够明显，企业的风险管理还不能从效益当中体现。所以推行风险管理还存在很大困难。但是，当前宏观经济环境正在调整结构，企业需要关注市场风险和战略风险，现在机会在细分市场，企业战略定位的重要性又一次加强。”

对于不同行业在风险管理上的不同侧重点，崔自力说：“金融行业需要高度关注金融体系改革带来的政策风险；房地产行业则既需要关注货币政策与财政政策的变化，还要关注区域性的土地调控政策；总之，环境波动较大的时期高度关注外部风险是非常必要的，内部运营的风险相对处于从属位置。”

机会和风险“拔河”

在经济不景气的背景下，部分企业为了“铤而走险”，选择一些风险较大的项目“放手一搏”，从而谋求高收益率。对此，业内专家表示，机会并不会随着风险而水涨船高，企业要冒风险一定是有机会诱导。

宋颂兴指出，企业要加强风险管理，就会在规避风险的同时失去一些机会，如果不想放弃机会，就要承担更大的风险。“权衡机会和风险的比重很难，所以说管理是一门艺术，需要理论加实践，从宏观到微观，逐步深入仔细钻研。”

崔自力则表示，企业具体采用哪种方式来进行风险管理，其实可以从三个角度来考虑。一是行业的风险管理要求高低；二是企业的规模大小，越是大企业风险管理的难度越大、价值越高；三是企业外部监管的要求高低，上市公司、金融企业往往对风险管理有较高要求。

崔自力强调，“风险管理不是要求越高越好，企业实事求是地调整风险管理策略才是最恰当的，风险管理不是一蹴而就，也不是一劳永逸，动态地调整策略，逐步深入地导入风险管理建设，都是比较好的方式。”

资料来源：赵怡雯.中国企业进入“风险管理”时代[N]. 国际金融报, 2012-8-1.

2.3.1　风险管理理论的产生和发展

自古以来，风险管理就已经存在，它是人类为了生存而必然采取的措施之一。史前人类结为部落，共同承担风险、分担责任、共同分享劳动成果的管理方式，就是风险管理的一种方式。只是这种风险管理的方式，尚未以学科理论的方式确定下来。

风险管理思想自古有之。我国早在夏朝就有了旨在积谷防饥的粮食储备制度，夏箴中记有：“天有四殃，水旱饥荒，甚至无时，非务积聚，何以备之？”公元前 916 年和公元前 400 年，国外提出了共同海损制度和船货押贷方法。1906 年，美国 US 钢铁公司董事长 B.H.凯里从公司多次发生的事故中吸取教训，提出“安全第一”的管理思想，并将公司原来的“质量第一，产量第二”的经营方针改为“安全第一，质量第二，产量第三”，这一改变保障了企业财产和雇员的安全。他的管理思想在实践中获得了较大的成功，并震惊了美国实业界。1912 年，芝加哥创立的“全美安全协会”研究制定了有关企业安全管理的法律草案。亨利·法约尔与 1916 年在其《工业管理与一般管理》一书中尽管没有使用“风险管理”这一词汇，但实际上已经将风险管理的思想引入了企业经营管理体系。

20 世纪 50 年代，风险管理以学科的形式发展起来，并形成了独立的理论体系。风险管理理论最早起源于美国，并在美国获得了广泛的发展。推动风险管理理论进一步发展的原因主要有两大事件。1948 年，美国钢铁工人工会与厂方就养老金和团体人身保险等损失问题进行谈判。由于厂方不接受工会所提出的条件，导致钢铁工人罢工长达半年之久。1953 年 8 月 12 日，美国通用汽车公司在密歇根州得佛尼的一个汽车变速箱工厂因火灾而损失惨重。这一切都提醒人类，在利用科学技术迅猛发展带来便利的同时，也要重视科学技术带来的巨额损失风险，重视对引起事故的各种风险因素进行科学、规范的分析和管理。1950 年，美国的加拉格尔（Gallagher）在调查报告《费用控制的新时期——风险管理》中，首次使用了风险管理一词。20 世纪 50 年代以后，风险管理的方法进一步扩大，特别是到了 20 世纪 60 年代，很多学者开始系统地研究风险管理的方法，并寻求风险管理方法的多样性。

与此同时，有关风险管理的教育也在美国率先展开。1960 年，美国亚普沙那（Upsala）大学企业管理系率先开设“公司风险管理”这门课程。20 世纪 70 年代中期，美国许多大学的工商管理学院及保险系普遍讲授风险管理课程，将风险管理的教育和培训贯穿于经济管理课程之中，许多大学将传统的保险系更名为风险管理与保险系。有关保险团体也纷纷改名，如“全美大学保险学教师协会”更名为“全美风险与保险学协会”。

20 世纪 70 年代初期，风险管理的理念也开始传入日本和中国台湾，但是，风险管理的实务在亚洲的发展却比较缓慢。相比较而言，菲律宾与新加坡则不同，风险管理实务在这两个国家最先获得了广泛的发展。为了适应风险管理实务的需要，风险管理理论方面的研究也随之发展起来。20 世纪 70 年代中期以后，风险管理在欧洲、亚洲、拉丁美洲等一些国家获得了广泛的传播。

中国大陆对风险管理的研究则始于 20 世纪 80 年代后期，一些企业引进了风险管理和安全系统工程管理的理论，运用风险管理的经验识别、衡量和估计风险，取得了较好的效果。企业的风险管理实践推动了风险管理理论的研究，为适应经济发展的要求，我国高等院校普遍开设了风险管理的课程。随着科学技术发展带来的负效应的逐步扩大，随着政府对风险管理的重视，随着企业发展的深化，随着个人风险管理意识的逐步增强，金融产业和金融衍生产品的迅速发展，风险管理的理论和实务在我国也获得了较大的发展。

2.3.2 风险管理理论产生和发展的原因

工业革命以后，蒸汽机、电动机的采用，新技术、新成果在生产领域的广泛应用，在提高了效率的同时也带来了新的、更大的风险，风险事故造成损失的程度和范围也在逐步扩大，这就促使人类进一步提高安全管理意识，加强风险管理。促使风险管理理论的产生和发展的原因主要有以下几个方面。

1. 利润最大化的不懈追求

无论是个人还是企业，能否获得收益或利润是自身生存和发展的前提条件。企业在生产和经营中，追求的目标是实现利润最大化，然而，企业利润的获得是以承担一定的经营风险为条件的。例如，投资损失风险、风险事故造成财产的损毁风险、人员伤亡的风险等。由于企业存在与生产和经营相伴随的损失风险，会迫使企业投资者采取各种措施，尽量避免生产经营中可能出现的各种不利后果，这样，才能保证企业的持续、稳定发展。

2. 巨额损失的可能性急剧增加

随着科学技术的发展，企业生产的规模不断扩大。在企业生产中，任何疏忽大意或不规范操作，都有可能带来巨额的经济损失；在投资决策中，投资决策的失误也会造成企业财产、人员的巨大损失。巨额损失机会的增加，促进了风险管理理论的产生和发展。重大风险事故的不断发生提醒人们，加强对风险事故的管理，可以减少不必要的经济损失。

3. 损失范围的不断扩大

生产的社会化和专业化，使企业之间的联系变得越来越紧密。一个企业或地区发生风险事故，可能会危及整个国家，甚至可能会危及世界经济。例如，20 世纪 20~30 年代的经济危机，使整个世界经济遭受了不同程度的损失，全世界的生产能力衰退。又如，1998 年，由泰铢贬值引起的金融危机，不仅影响到中国、日本、东南亚国家和地区的经济发展，而且也影响到了欧洲、美洲、大洋洲等国家和地区的经济发展。损失范围的扩大是风险管理理论产生和发展的另一个重要原因。

4．风险管理意识的逐步增强

随着生产的发展和人民生活水平的提高，社会福利水平也在不断地提高，国家、企业和个人采取各种措施规避风险的意识和能力增强，这在客观上促进了风险管理理论的产生和发展。各种养老保险、医疗社会保险、失业保险、工伤保险、社会救助等社会保障措施，对于降低风险、解除人们对风险的忧虑和恐惧具有积极作用，又进一步强化了人们利用风险管理措施增进福利水平的意识。风险管理意识的增强，促进了风险管理理论的产生和发展。

5．社会矛盾的更加突出

社会矛盾和政治风险导致企业损失的风险越来越大。例如，战争、民族争端、劳资矛盾等都会使国家、企业和个人面临损失的不确定性增强，而且社会矛盾造成的损失程度越来越大，这一切都会使国家、企业和个人寻求各种方法，以规避国家、企业面临的政治风险。社会矛盾的发展，也促进了风险管理理论的产生和发展。

2.3.3　风险管理的范围和目标

风险管理既是一门艺术也是一门科学，它提供系统的识别和衡量企业所面临的损失风险的知识，以及对付这些风险的方法。但风险管理人员还在很大程度上依靠直觉判断和演绎法做出决策，科学的、使用数量方法的风险管理仍处在初级阶段。一般而言，专职的风险经理的职责范围包括以下内容：

（1）识别和衡量风险，决定是否投保。如果决定投保，则拟定免赔额、保险限额，办理投保和安排索赔事务。如果决定自担风险，则设计自保管理方案。

（2）损失管理。设计安全的机械系统的操作程序，以防止或减轻灾害事故造成的财产损失。

（3）安全保卫和防止雇员工伤事故。

（4）雇员福利计划，包括安排和管理雇员团体人身保险。

（5）损失统计资料的记录和分析。

显然，从这次活动中可以看出，风险经理是企业经理队伍中的重要一员。根据《幸福》杂志对美国 500 家最大公司的一次调查，84%的公司是由中层以上的经理人员负责风险管理，通常是企业的高级财务主管人员，大多数风险经理是专职的。然而，并非所有的风险经理介入上述所有活动，如大多数企业由人事部门主管雇员福利计划；有些企业依靠外界提供管理工程的咨询服务；少数企业的风险经理只限于购买保险故又被称为保险经理。

风险管理部不能与保险简单的相混淆，风险管理着重识别和衡量纯粹风险，而保险只是对付纯粹风险的一种方法。风险管理中的保险主要从企业和家庭的角度论述怎样购买保险。在现代风险管理计划中，也广泛使用避免风险、损失管理、转移风险和自担风险等方法。如今，美国大多数大公司、政府单位和教育机构都有了自己的风险管理计划。风险管理也不等同于安全管理，虽然安全管理或损失管理是风险管理的重要组成部分，但风险管理的过程包括在识别和衡量风险之后对风险管理方法进行选择和决策。总之，风险管理的范围大于保险和安全管理

2.3.4 风险管理理论发展方向的争论

目前，风险管理的特殊职能、作用已经被社会各界普遍认同，并获得了较大的发展。对于风险管理理论未来的发展方向，学术界存在几种不同的看法。一种观点认为，风险管理理论最终将会消亡，持这种观点的人目前只占少数。他们认为，风险管理缺乏一定的规律性和科学性，随着各学科发展的专业化和细化，风险管理理论也会失去其存在的价值，其最终将会融合在更加专业化的其他管理学科中，被其他管理学科所代替。另一种观点则认为，风险管理理论会进入一个令人兴奋的、具有新型业务和责任的时代。持这种观点的人认为，随着科学技术日新月异的发展，科学技术给人类带来的损失风险也会越来越大。由于永远都存在人类无法认识或认识不到的空间和领域，对面临的各种风险进行管理是一种必然的选择，风险管理理论具有广阔的发展前景。还有一些人认为，风险管理理论的发展没有一个确定的方向。这是因为，风险管理的范围比较大，涉及的实际操作知识比较多，因而缺乏一个确定的发展方向。

在风险管理理论中，风险识别、风险衡量、风险评价、风险控制技术和风险融资方法等具有一般规律性和科学性，可以用来指导普遍的风险管理实践。风险管理理论是经过实践检验的，是进行风险管理操作和实践的基础理论。当然，随着风险管理理论研究的深入和各门学科发展的专业化和细化，风险管理理论的内容还需要不断地充实和丰富。

风险管理的研究对象是风险，风险管理理论属于哪一学科的问题，是理论界尚未确定的问题。目前，我国一些高校将风险管理学划入数学、统计学管理，一些高校将风险管理划入金融学管理，还有一些高校将风险管理划入财务管理学等。毫无疑问，任何一门新兴学科都不是空穴来风，必然借鉴学习其他学科的技术和方法，风险管理同样如此。风险管理与金融、保险、投资、数学、财务管理等学科之间既有区别又有联系，既互相影响又互相借鉴，一起发展进步。

本章小结

风险无处不在，无时不在。风险管理是指风险管理单位通过风险识别、风险衡量、风险评估、风险决策管理等方式，对风险实施有效控制和妥善处理损失的过程。风险管理具有特殊性、广泛性、应用性和全面性的特点，对风险管理单位的人身和财产安全具有重要的作用。风险管理理论是在工业革命以后，随着新技术、新成果在生产领域的广泛应用，同时也带来了新的、更大的风险，风险事故造成损失的程度和范围也在逐步扩大，这就促使人类进一步提高安全管理意识，加强风险管理，风险管理理论逐步发展成熟起来。风险管理理论与保险学、投资学、数学和财务管理理论方法有着密切的联系，也有不同点。

复习思考题

1. 选择题

（1）风险管理的内容包括（　　）。

A. 风险识别　　B. 风险衡量

C. 风险评估　　D. 风险决策管理

（2）风险管理的特点（　　）。

A. 风险管理的对象具有特殊性　　B. 风险管理的范围具有广泛性

C. 风险管理理论具有较强的应用性　　D. 风险管理具有全面性

（3）以下方式不能用来达到转移风险的目的是（　　）。

A. 转移风险源　　B. 签订免责协议

C. 利用合同中的转移条款来约定风险承担主体，把本来承担的风险转移给另一方

D. 采用组合方案降低总体风险

（4）风险管理的作用主要体现在（　　）。

A. 预防风险事故的发生　　B. 减少风险事故造成的损失

C. 转嫁风险事故造成的损失　　D. 保证风险管理单位的财产稳定

E. 营造安全的社会环境

（5）下列不是风险管理方法的有（　　）。

A. 风险控制　　B. 财务安排　　C. 风险分析　　D. 保险

2. 判断题

（1）任何组织，都是风险管理的主体。（　　）

（2）风险管理的核心是降低损失。（　　）

（3）风险管理过程也是决策的过程。（　　）

（4）风险管理人员较小程度上依靠直觉判断和演绎法做出决策。（　　）

（5）很多情况下，投保人和被保险人是同一个主体，即投保人就是受益人，不存在主体不一致的情况。（　　）

（6）一旦发生损失，保险公司就必须做出赔偿。（　　）

3. 简述风险管理理论产生和发展的原因。

4. 简述风险管理的主要方法。

5. 如何理解专业自保公司?

6. 如何理解保险金、保险费、代理人、经纪人等概念?

7. 简述风险管理的特点。

8. 简述风险管理的作用。

第3章　企业和企业风险

【引言】

无论是基于古典的分工理论还是今天的组织理论，毫无疑问，企业都是以营利为目的的组织，因此更要关心、关注企业自身经营运作过程中存在的各种不利因素和条件，更加关注风险。企业风险是指企业面临的各种不确定性，可能给企业带来各种损失，也可能是企业新的获利机会。

3.1　企业概述

3.1.1　企业的概念

企业是指适应市场需要以获取盈利、实行自主经营、自负盈亏，依法独立享有民事权利并承担民事责任的商品生产和经营组织。

这一概念有以下几点含义：

第一，企业是以市场为导向、以营利为主要目的，从事商品生产和经营的经济组织。

第二，企业是实行自主经营、自负盈亏、独立核算的社会经济基本单位。

第三，企业是依法设立、依法经营的经济实体。

3.1.2　企业的类型

按照不同的标准，可以把企业划分为不同的类型。

（1）按照生产资料所有制的性质，企业可以分为公有制企业和非公有制企业。

（2）按所属行业，企业可以分为农业企业、工业企业、商业企业等。

（3）按使用的主要经营资源，企业可以分为劳动密集型企业、资金密集型企业、技术密集型企业和知识密集型企业。

（4）按规模，企业可以分为大型企业、中型企业和小型企业。

（5）按组织形式，从生产力的组织形式方面考察，企业可分为简单综合型企业、简单专业化企业、多元专业化企业和跨行业综合型企业；从财产组织形式方面考察，企业可分为单个业主制企业、合伙制企业和公司制企业等类型。

（6）市场体系是由多种类型的市场构成的。从市场交易的客体看，市场体系有商品市场、金融市场、技术市场等多种类型。每个市场都有在其中活动的企业，从而构成不同的企业类型。因此，企业按市场类型可以划分为生产企业、金融企业、服务企业、技术企业等。

小知识：非营利性组织

非营利性组织是指不以营利为目的的组织，它的目标通常是支持或处理个人关心或公众关注的议题或事件。非营利组织所涉及的领域非常广，包括艺术、慈善、教育、学术、环保等。它的运作并不是为了产生利益，这一点通常被视为这类组织的主要特性，同时具有非营利性、民间性、自治性、志愿性、非政治性、非宗教性等重要特征。

非营利组织有时亦称为第三部门（the third sector），与政府部门（第一部门）和企业界的私部门（第二部门），形成三种影响社会的主要力量。非营利组织还是必须产生收益的，以提供其活动的资金。但是，其收入和支出都是受到限制的。非营利组织因此往往由公、私部门捐赠来获得经费，而且经常是免税的状态。私人对非营利组织的捐款有时还可以扣税。

非营利组织是指在政府部门和以营利为目的的企业之外的一切志愿团体、社会组织或民间协会，是介于政府与营利性企业之间的“第三部门”。

资料来源：孙湛宁，百度百科。

3.1.3 企业的本质

企业为什么会存在？1937年，美国经济学家科斯（R. H. Coase）发表的《企业的本质》一文，被认为对这一问题进行探讨的开端。在此之前，关于企业本身的性质是什么，是一个被传统的微观经济学理论忽略的问题。在传统的微观经济学理论中，将厂商的生产过程看成一个“黑匣子”，即企业被抽象成一个由投入到产出的追求利润最大化的“黑匣子”。

目前，关于企业的性质问题，西方经济学家具有不同观点，相互之间也存在一些争论。一部分西方经济学家主要是从科斯所强调的交易成本的角度来分析企业的性质的。任何交易都可以看成是交易双方所达成的一项契约。交易成本可以看成围绕交易契约所产生的成本。根据科斯等人的观点，一类交易成本产生于签约时交易双方面临的偶然因素所带来的损失。这些偶然因素或由于事先不可能被预见到而未写进契约，或者虽然能被预见到，但由于因素太多而无法写进契约。另一类交易成本是签订契约，以及监督和执行契约所花费的成本。

企业的本质是什么？或者说，企业为什么会存在呢？一些西方经济学家认为，企业作为生产的一种组织形式，在一定程度上是对市场的一种替代。可以设想两种极端的情况。在一种极端的情况下，每种生产都由一个单独的个人来完成，如一个人制造一辆汽车。这样，这个人就要和很多的中间产品的供应商进行交易，而且，还要和自己的产品的需求者进行交易。在这种情况下，所有的交易都通过市场在很多的市场主体之间进行。在另一种极端的情况下，经济中所有的生产都在一个庞大的企业内部进行，如完整的汽车在这个企业内部被生产出来，不需要通过市场进行任何的中间产品的交易。由此可见，同一笔交易，既可以通过市场的组织形式来进行，也可以通过企业的组织形式来进行。企业之所以存在，或者说，企业和市场之所以同时并存，是因为有的交易在企业内部进行成本更小，而有的交易在市场进行成本更小。

具体地说，市场主要有哪些优势呢？就在市场上购买中间产品而言，由于大量的厂商一般都从少数几个供应商那里买货，这就有利于这几个供应商实现生产上的规模经济和降低成本。而且，中间产品供应者之间的市场竞争压力，也迫使供应商努力降低生产成本。此外，当少数几个供应商面对众多的中间产品的需求者时，这几个供应商可以避免由于销路有限而造成的需求不稳定所可能带来的损失，从而在总体上保持一个稳定的销售额。

企业则具有配置资源的优势。通过企业来配置资源，实际上是减少了交易次数，减少了交易成本。通过企业的科层控制方式，来调配资源，可以不用讨价还价的交易方式，可以减少甚至消除寻找供应商、监督供应商（销售方）执行的过程，检查质量、数量等的过程，从而可以大大减少和节约交易成本。

介于市场与企业之间的中间性组织

众学者对中间性组织的界定并无统一的看法。早期，威廉姆森从交易的技术结构和体制组织的效率之间的关系层面，从企业和市场之间区分出了中间性组织。他在 1975 年出版的《市场与等级组织》一书中指出："在以完全市场和一体化企业为两端，中间性组织介于其间的交易体制组织系列上，分布是两极分化的。"在威廉姆森的理论里，中间性组织被定义为由于交易的特点具有混合性而产生的一种协调此类交易的制度安排。后来，Richard Larsson（1993）又在威廉姆森分析的基础上对交易的维度进行了修正。Richard Larsson（1993）建议用市场、组织间协调和科层的三极制度框架来代替传统的市场和科层两极制度框架，遵循斯密和钱德勒把市场和企业分别称作"看不见的手"和"看得见的手"的隐喻，他形象地把组织之间协调称作"握手"（Shake hands）。威廉姆森和兰逊两个人从组织成因的角度界定了中间性组织。

后来，日本学者今井贤一、丸川知雄及国内学者王洵都受到了威廉姆森等的启发，他们从交易主体的关系入手，先把企业与市场按不同的角度区分开，再说明介于企业和市场之间兼有二者特征的就是中间性组织。此外，Richard Larsson 扩展了潘罗斯关于企业是一个"生产性资源的集合"理论，把企业之间的合作概念化为在企业之外（市场）的或企业之内（科层）的协调机制之外的第三种协调机制，这种协调机制就是一个“网络”（networks）。Richard Larsson 认为，由于许多需要协调的非相似活动必须通过企业之间的能力互补来进行（如技术上的匹配和交流），所以互补活动的协调既不可能也无必要全部由一个企业承担，也不可能完全通过执行平衡供给和需求功能的市场来承担，而必须由企业之间的合作来承担。于是，不同的活动适用于不同的协调机制，三种协调方式随着企业内外部条件的改变而不断改变。

综合前人观点可以得出，中间性组织是一种制度安排，中间性组织介于市场和科层组织之间兼有二者的特征。中间性组织出现的目的是使交易（这种交易包括组织间和组织内部的交易）的规制成本降到最低。然而，大多数学者都强调了中间性组织是企业和市场的融合，甚至认为中间性组织就是利用价格和权威机制来协调的中间性组织内部关系，其实不然，中间性组织有它独特的第三种协调机制，而并不是两种机制并用或简单的混合。尽管它的独特之处是中间性组织的内部协调，但是它并不代表中间性组织的全部，因为中间性组织的生产和交易功能必须有协调发挥作用的客体才能实现，即需要内部从事这些功能的下一级组织。中间性组织的研究应该注重组织整体。脱离实体就只是脑中虚构的组织。

综上所述，中间性组织是包含内部企业和内部市场这两种下一级组织并对下一级组织以混合性的第三种协调机制加以协调的网络型制度安排。

有一点要清楚，无论是企业还是市场，以及中间性组织，都是资源的配置方式，跟效率和环境有关。

资料来源：根据相关学者的研究整理。

3.2 企业风险概述

3.2.1 企业风险的概念

人类的任何一项活动，都可以分为活动主体、活动客体和外部环境三个部分。活动的风险，就是由这三个部分共同作用所产生，进而导致人们陷入各种各样的逆境。

企业的生产经营活动中存在的风险叫作企业风险，是指由于外部环境的不确定性、生产经营活动（客体）的复杂性和企业生产（主体）的能力有限性而导致企业生产经营失败的可能性。

因此，企业风险受三方面的因素的影响。

1. 外部环境的不确定性

随着社会主义市场经济的发育与完善，企业所面临的外部环境也将日趋复杂，外部环境的不可控性也日益加大。主要包括三个方面：其一，政治、经济和国家宏观经济政策的变化；其二，市场状况的变化以及竞争对手的出现；其三，消费者的消费结构、消费行为和需求偏好的变化。由于这些外部环境因素变化的可（预）测性低，因而具有极大的不确定性，从而在客观上给企业生产经营活动带来风险。

2. 生产经营活动本身的复杂性

随着社会化生产分工的发展，企业产品生产与营销中的链条不断加长，生产与经营中的组织协调与协作日趋复杂，生产经营活动难度加大，从而给企业的生产经营活动带来极大的困难。技术进步速度的加快，以及产品生命周期的缩短，增加了企业进行新产品开发的难度；同时，企业规模扩大的过程也将伴随投入的扩大，从而使企业生产经营活动的资金需要量、对人才素质的要求越来越高。这些，无疑使得企业经营活动日趋复杂，加剧了企业经营失败的可能性，进而导致企业风险。

3. 企业能力的有限性

企业在生产经营活动中受到人、财、物、技术、信息等各生产要素数量、质量和结构上的约束。企业所拥有的生产资源和生产要素是有限的，这与企业所面临的客观风险的无限性之间构成一对矛盾。当外部环境的变化、生产经营活动的复杂性与难度超过企业的能力时，风险便可能发生。企业风险还与企业生产经营活动中“人”的要素有关，即与企业决策者、管理者的素质、能力、风险意识、风险倾向、风险处理技巧有关。对外部环境辨识错误，对生产经营活动估计偏差，对风险决策失误，对风险过程监控不力，以及缺乏对风险心理的承受能力，均可能导致主观风险的产生。

近几年来，钢铁行业面临巨大的生存压力，价格急剧下跌，亏损严重，原因是多方面的，既有宏观的经济结构调整，需求下降，也有行业产能过剩，竞争加剧，还包括企业自身运营成本高、效率低等。

钢铁企业亏损严重 资金断裂风险增加

上海海关统计，2014 年上半年，上海海关关区出口钢材 449.5 万吨，比去年同期（下同）增加 8.1%；价值 333.7 亿元人民币，增长 5.2%；出口平均价格为每吨 7 424.3 元，下跌 2.7%。

一、今年上半年上海海关关区钢材出口的主要特点

（一）6 月出口量连续第 4 个月同比增加，出口均价跌幅有所收窄。

（二）一般贸易方式出口占 9 成以上，加工贸易方式出口显著增加。

（三）国有企业出口出现减少，民营企业比重有所提升。

（四）东盟为最大出口市场，对美国出口增速较快。

（五）钢铁板材出口占 5 成以上，主要品种出口平均价格普遍下跌。

二、今年上半年上海海关关区钢材出口量增价跌的主要原因

（一）主要市场经济回暖需求增长，拉动钢材出口增加。今年6月，美国制造业PMI为57.3，连续第13个月处于扩张区间，经济进一步显现复苏势头。其中，制造业产出指数和新订单指数分别为61和61.2，较5月分别提高1.4和2.4，均创2010年4月以来新高。

发达经济体钢材需求回升，带动了我国钢材出口增加。今年上半年，上海海关关区对主要市场钢材出口均呈增加态势。

（二）国内钢铁行业供需失衡，过剩产能通过降价出口释放。今年以来，铁矿砂、焦煤等原料成本下降大于钢价跌幅，刺激国内钢企开工率保持在较高水平。数据显示，今年前5个月，我国钢材产量为4.5亿吨，同比增加6.1%。但由于国内需求增长缓慢，钢企库存压力持续增大。截至6月中旬，重点企业钢材库存为1 511.3万吨，较上旬增加4%，较去年同期增加11.5%。同时，巨大的库存压低钢材市场价格。5月国内市场钢材价格综合指数平均为95.09，环比下降0.66点，同比下降8.51点。钢铁行业供应严重过剩，迫使企业通过降价出口缓解库存压力。

三、值得关注的问题

（一）我国钢铁产品频频遭遇贸易摩擦，出口环境进一步恶化。近年来，国际市场对我国钢铁产品的“双反”案件和贸易争端明显增多。2013年我国钢铁产品遭遇贸易摩擦25起；今年以来，美国、欧盟、东盟等国家又先后对我国产品发起“双反”调查。6月18日，马来西亚宣布对中国产多款钢材产品进行反倾销调查；6月26日，欧盟对中国大陆及台湾的不锈钢企业展开反倾销调查；7月1日，美国商务部宣布认定我国碳素及合金钢盘条存在补贴行为，将对其征收保证金。全球对华钢铁贸易摩擦的不断升温，导致我钢材出口环境进一步恶化。

（二）国内钢铁企业亏损严重，资金链断裂风险不断增加。随着国内经济结构调整不断深化，钢铁需求将在一段时间内保持低迷状态，钢价回升艰难，行业利润在亏损线上徘徊。今年前5个月，纳入中钢协统计的88家重点大中型钢厂中有26家亏损，亏损额达到89.3亿元。由于行业亏损严重，加之国家严控钢铁等产能过剩行业信贷投放，钢铁企业普遍存在资金紧张，资金链断裂风险不断增大。目前，已有部分钢厂出现停产和倒闭的现象。为了维持贷款不被银行收贷，钢厂势必保持活跃的生产活动，从而加剧行业产能过剩，进一步增加我国钢材出口压力。

资料来源：中研普华.钢铁企业亏损严重　资金链断裂风险增加[N]. 中国行业研究网，2014-8-15.

3.2.2 企业风险与企业困境

企业风险具有二重性，即风险中含有造成损失的可能性，也含有带来收益的可能性。企业风险的二重性，也就决定了风险与逆境之间具有某种逻辑关系。例如，企业困境是由于企业对风险处理不善，造成风险防范失败，或者形成机会损失，或者形成风险损失，最后使企业陷入不利的境况。

一般来说，企业风险与企业困境的基本关系如下。

（1）风险是导致企业陷入困境的重要原因。风险中隐含着失败，如果企业在管理决策过程中无视风险，或者未能正确处理风险，便会在风险中导致失误与失败，最终陷入逆境。

（2）并不是所有风险的最终结果都导致企业陷入困境。这是因为，风险中还蕴含着机会，如果管理者采取了正确的风险态度和风险防范技术，便会最终获得成功，从而成功地避免陷入困境。

（3）并非所有的困境均是由于风险所致。企业困境多种多样，其成因纷繁复杂，虽然风险是导致企业陷入困境的一类重要因素，但风险以外的其他一些因素也可能导致企业陷入困境。

（4）风险具有预期特征和未来特征，而逆境则是在某些特定条件下的风险可能导致的结果。不确定性是风险的一个重要特征，而不确定性是针对未来事件而言的，一旦随着时间的推移，未来事件转化为现时事件或历史事件，则风险自然随着不确定性的消失而消失，而风险的结果——失败或成功则被保留下来，而失败则意味着企业可能陷入困境。

3.2.3　企业风险的本质

企业风险的本质是企业生产经营活动存在的不确定性。因为：

（1）企业存在的目的是为利益相关者创造价值。利益相关者包括股东、债权人、员工、供应商、顾客和政府机构等。企业设立和存续就是为了各个利益相关者创造价值。

（2）企业通过经营活动等为利益相关者创造价值。企业为利益相关者创造价值要在一定的环境下进行，环境因素包括了技术、政治、社会、文化、竞争、法律制度等。

（3）不确定性的产生来源于企业无法准确地确认事件发生的概率以及相应的后果。

（4）不确定性可能代表损失，也可能代表额外的收益。

因此，企业风险的本质是企业在存续过程中面临的各种不确定性，这些不确定性可能是企业发展获利的机会，也可能是造成损失的威胁。我们关注风险，实际上就是要规避可能造成的损失的威胁，利用能够带来收益的机会。

3.2.4　企业风险的类型

企业所面临的风险多种多样，可以从许多角度对风险进行分类。

1. 风险发生领域

从风险发生领域看，企业风险可能分为自然风险与人为风险。

（1）自然风险是指由于自然力的作用而导致企业发生损失的可能性，如由于水灾、地震、台风等人力不可抗拒因素而导致企业发生损失。

（2）人为风险是指由于人类行为失误以及社会经济等人工系统的原因导致企业发生损失的可能性。例如，决策失误、管理不善、计划漏洞、操作疏忽、政策变动、法律约束、人际关系不畅、销售障碍等导致的风险都是人为风险。人为风险应作为企业风险管理的重点。

2. 风险发生后果

按风险发生后果，企业风险可以分为纯粹风险和投机风险。

（1）纯粹风险是指由于风险因素所导致的，只有损失可能而无获利可能的风险，也就是说，纯粹风险只有“损失”一种结果。例如，水灾等自然灾害导致的风险属于纯粹风险。

（2）投机风险是指既有损失可能，又有获利机会的风险，企业的绝大多数投资活动的风险属于投机风险。投机风险具有危险与机会并存性、机会的诱惑性、危险的制约性、风险与收益的对称性等性质，是企业生产经营活动中所面临的主要风险。大多数自然风险属于纯粹风险，但是，并不是所有的纯粹风险都是由于自然风险所致。例如，火灾是一种自然灾害，但生产抢险器材的企业却可能在这种风险中获利；失窃是一种人为风险，但失窃同时又是纯粹风险，因而说明人为风险也可能导致纯粹风险。

3. 风险因素发生的领域

按风险因素发生的领域，企业风险可以分为部分风险和外部风险。

（1）内部风险是指由于企业内部而导致的风险，如由于企业实力弱、开发能力低、信息不畅、决策失误等导致的风险。

（2）外部风险是指由于外部环境不确定性、不可测性和不可控性所导致的风险，如政策变动、市场变化、竞争对手出现等导致的风险。

企业风险还可以分为主观风险和客观风险。主观风险是指由于主观认识、决策者素质与心理因素等主观方面所导致的风险。而客观是内部风险的一种，但两者并不完全等同，例如，由于企业资金实力弱而导致的风险属于企业内部风险，但并不属于主观风险。

4. 企业风险具体类型

另外，企业风险还可以分为以下具体类型：

（1）市场风险是指企业在市场营销过程的风险。

（2）财务风险是指由于企业资本—债务关系决定的风险。其中包括由于资不抵债而造成的破产风险。

（3）投资风险是指企业进行投资活动时，导致活动失败或使企业发生损失的风险。它又可分为项目投资风险和证券投资风险两种类型。

（4）技术开发风险是指导致企业技术开发活动失败、中止、撤销、延期以及达不到预期技术经济指标的风险。

（5）生产风险是指企业生产过程中所发生的风险，如生产质量风险、成本风险、安全风险等。

（6）组织风险是指导致企业生产经营过程中组织不协调、效率低下以及发生人际冲突的风险。

3.3 企业风险预警概述

3.3.1 企业风险预警的概念

预警（Early-Warning）一词源于军事。它是指通过预警飞机、雷达、卫星等工具来提前发现、分析和判断敌人的进攻信号，并把这种进攻信号的威胁程度报告给指挥部门，以提前采取应对措施。预警在自然灾害、宏观管理与环境保护、经济等各个领域都得到了广泛的应用。在自然灾害方面，有地震预测预警、台风预警、泥石流预警等，主要通过先进的预测工具对地震波、热带气流、泥石流多发区的暴雨和地质变动进行探测和分析。如果是成灾信号，则利用电信号与地震波、台风、泥石流的时差向受灾区发出警告，通过建立快速反应机制，最大限度地减少不可抗风险造成的人员伤亡和灾害损失。在社会宏观管理和环境保护领域，有城市安全减灾预警、失业预警、干旱监测预警、耕地生态经济预警、环境预警等。在经济领域，预警研究包含宏观经济预警和微观经济预警两个层面，后者主要是指企业预警。

企业风险预警是指对企业生产经营实践活动过程中存在的风险进行监测、分析、评价、推断、预测，根据风险程度事先发出警报信息，提醒企业决策者警惕风险的持续过程。企业风险预警管理是在考察和分析企业困境现象的活动规律的基础上，探寻企业在顺境状态下，通过对内外环境的预测、估计、推断以及对企业生产经营活动过程的监控来进行风险识别、预警和预控的管理实践活动。

3.3.2 企业风险预警的功能

企业风险预警管理的功能主要集中在以下几个方面：

（1）环境识别功能。即对企业生产经营活动的环境因素进行评估、估测与分析。

（2）判断和推断功能。即对企业生产经营的机会和风险进行推断。

（3）预测功能。即对影响企业生产经营的内外部环境、产品和生产要素市场、竞争对手状况等的发展变化趋势进行综合预测。

（4）跟踪监控功能。即对企业的各项生产经营活动进行全程跟踪监控。

（5）警报提示功能。即根据不同的风险状态、风险程度和风险特征，向决策者和管理者发出警报；同时在某些问题上与决策者进行对话，为决策者提供线索和提示。

（6）对策预控功能。即警告管理中可储存不同风险状态下的决策方案或方案框架，以便在风险一旦发生的情况下，决策者能迅速调用其中的对策来及时防范和处理风险。

3.3.3 企业风险预警的特点

（1）超前性。预警管理的目的在于要变过去那种救火式管理为预防性管理。风险预警管理虽然含有在风险发生情况下的应急处理和补救功能，但它仍然以预先做出警报和超前预防为主。因此，超前性是风险预警的核心。

（2）警示性。当企业生产经营活动的某些方面达到警戒状态时，风险预警管理系统的输出信息应该能通过一些具体的形式来引起决策者、管理者的警觉，因而具有警示性。

（3）及时性。企业风险预警管理系统和企业管理信息系统一样，是一个长期和连续运行的系统，通过对企业生产经营活动进行动态跟踪监控，及时显示企业所处的风险状态。同时，风险预警管理系统的结构和功能应根据实际预警实践积累的经验和实际情况的变化不断进行更新，修正系统存在的缺陷，提高对企业风险预警的敏感性和准确性。

（4）系统性。企业本身是一个复杂的系统，企业风险是企业生产经营的方方面面综合影响而形成的结果。因而，企业建立的风险预警管理系统也是一个复杂的系统，系统所处理的信息涉及企业生产、经营、管理活动的方方面面，同时输出的信息也应当是明确的、系统的、易被决策者以及管理人员识别和接受的信息。

3.3.4 企业风险预警的意义

（1）预先警示。在企业经营实践活动日趋复杂的今天，一些决策者通常忙于一些繁杂的事务，处于不断的“救火”之中，没有精力来思考企业未来可能面临的风险。一旦新的风险事件发生，决策者不得不从另一风险事件的处理中转为处理新的风险事件，从而陷入一种恶性循环。因此，及时通过预警的方式，使决策者对未来风险有所察觉，使之着眼于未来、着眼于预防预控，在真正的风险来临之前即得到警报，无疑具有重要的意义。预警本身也是企业思维方式的转变，使企业从救火式的被动管理向预防控制式的主动管理转变。

（2）过程控制。对风险进行预警，其最终目的还在于对风险进行有效的控制。传统企业偏重于对风险进行事后控制，等到风险事件已发生才采取措施进行补救，但此时风险损失已成为事实。预警的核心在于：企业形成以事前控制为主，并与事中控制和事后控制相结合的风险控制机制，在风险事件真正发生之前，即对风险的成因进行控制，并采取措施使风险事件不至于真正发生或将发生以后的损失减到最小。

（3）自我调节。这是指企业生产经营系统具有的自我控制、调节和规范的机制和功能。

风险预警通过建立预警机制和风险应对措施机制，并将其融入企业管理机制中，使企业的生产经营活动具有适应变化的能力，使企业内部各生产要素做到有效配置和合理使用，进而有效、协调地发展。

3.4　企业风险预警指标体系

进行企业风险预警管理活动的第一步即要根据系统收集的信息，对企业生产经营活动的现状进行分析、评价。它是整个预警系统开展识别、诊断、预控等活动的前提条件。在对企业生产经营活动现状进行评价时，首先要根据评价目标及企业的固有特点，设计一套评价指标，然后确定指标体系中各项指标的权重及其评价的准则。

3.4.1　指标体系构建的思路

企业风险预警评价指标的构成，应该瞄准企业运营的过程，强调对过程的分析。对过程的分析，具有两个重要的作用：一是可以找出企业生产经营过程中的不良因素，通过对不良因素的控制，减少给企业带来的损失。二是可以尽可能减少指标间的重复性和相关性。因为企业产生一定绩效的各因素之间具有内在的联系，所以现行理论研究中采用绩效指标作为风险预警指标。这种做法，一方面可能导致指标数量过多；另一方面各指标之间还存在相互重叠、相关性过大的问题。

因此，应从企业运营过程的角度对预警指标进行设立和归类。值得注意的是这种基于过程的指标设立，忽略了各个部门的一些特征，因而具有一定的普适性。

3.4.2　指标设立的原则与方法

根据实用化、规范化的基本要求及企业风险发生的成因和过程的特点构造对象模块，并建立相应的预警评价指标，运用不同模块的评价指标构成一个对企业整体状态评价的预警评价指标体系。

全面吸收、归纳企业现有经济评价指标和组成评价指标，并根据风险的成因和过程的特点进行归纳、组合。这些评价指标对于评价企业顺境状态中的活动，如要素行动、企业目标是有效的，对风险状态的评价也是不可缺少的。尽可能全面系统地收集企业活动中诸多风险现象的发生背景、发展过程与后果影响等信息。

1．指标设立的基本原则

以系统、科学原理为指导，对所收集的信息进行问题分析与综合。找出导致风险现象产生的主、次作用因素和内、外环境因素，使其表述为风险现象的主要特征量。

（1）超前性，即指标特征量的变化要比企业实际运行状况或企业目标实现程度的变化超前或略有超前，敏感地反映企业风险现象的发生或发展动向。

（2）统计上的迅速性和准确性，即要求指标值的计算简便，易于取得。

（3）独立性，即指标与指标的相关性要小，避免指标间的重复和交叉影响。

2．指标处理的基本方法

企业风险预警系统指标处理方法主要有三类。

（1）第一类是完成指标的筛选和分类，如时间序列分析、主成分分析、判断分析。

（2）第二类是用于多指标综合和指标权重的确定，如常规多指标综合方法、层次分析法。

（3）第三类是完成指标的自学习和预测功能，如自回归滑动平均模型、灰色预测和其他的统计学预测方法等。

不同的指标处理方法适用于不同的预警对象和目标。可以肯定的是过于简单的方法很难准确刻画复杂的企业系统。所有这些方法都需要以企业长期的历史资料为基础，在数据资料分析的基础上得出较为符合的结论。

3.4.3 风险预警指标体系的构建

综合已有的研究成果和企业经营运作的实际，企业风险的预警指标可以从财务风险、人力资源风险、营销风险、企业文化风险、组织风险和投资风险六个大的方面进行构建。

1．财务风险预警指标体系

财务体系可以从企业的营利能力、偿债能力、运营能力、成长能力、资本结构五个方面考虑，其对应的指标如下。

（1）营利能力：净资产收益率、总资产收益率、主营业务利润率。

（2）偿债能力：流动比率、速动比率、经营活动现金与流动负债之比。

（3）运营能力：存货周转率、应收账款周转率、固定资产周转率、管理费用与资产之比。

（4）成长能力：主营业务收入增长率、股东权益比率、股东权益与固定资产比率、利息支付倍数。

（5）资产结构：资产负债比率。

2．人力资源风险预警指标体系

人力资源风险预警指标可以从人力资源总量、工资成本、人力资源结构、专业人力资源工作人员成本、人力资源部门工作效能、员工忠诚度、员工满意度等方面来考虑。

（1）人力资源总量：未来一段时间内需要的人力资源；现有的人力资源；未来一段时间内需要增减的人力资源；由于技术提高或设备改进后节省的人力资源。

（2）工资成本：企业工资总额占营业收入的比重；企业工资总额占企业成本的比重；

科研人员工资总额占企业工资总额比重；销售人员工资总额占企业工资总额的比重；中层以上管理人员工资总额占企业工资总额的比重；生产人员工资总额占企业工资总额的比重。

（3）人力资源结构：知识技能未达到一定要求的人力资源比例；有技能但是未充分利用的人力资源比例；已经开发的人力资源比例。

（4）专业人力资源工作人员成本：人力资源工作人员数量比例；公司每名员工人力资源管理费用；公司人力资源管理费用占营业收入的比重；公司人力资源管理费用占企业成本费用的比重；公司培训费用占人力资源费用的比重；公司培训费用占营业额的比重。

（5）人力资源部门工作效能、员工忠诚度、员工满意度：建议采取问卷调查的形式或让企业员工进行打分的方式获取指标数据。

3．营销风险预警指标体系

营销风险是影响企业营销业绩的主要原因，因此，根据营销的特点，按照市场风险、顾客风险、供应风险、竞争者风险四大指标构成了如下评价指标体系。

（1）市场风险：销售增长率、产品销售率、销售利润率、市场占有率、销售费用水平、行业进入难度、产品生命周期、竞争集中程度。

（2）顾客风险：合同履约率、顾客投诉率、赊账率、应收账款周转率、新顾客增长率、价格敏感度、顾客忠诚度。

（3）供应风险：合同履约率、采购合格率、结算风险率、价格增长率。

（4）竞争者风险：资产负债率、流动比率、市场占有率、企业知名度。

4．企业文化风险预警指标体系

企业文化风险预警指标体系是由一些定性指标构成，它包括行为习惯、道德准则、价值观念、工作态度、生活信念、文化管理六个方面。

（1）行为习惯：勤劳、人际关系、自我约束。

（2）道德准则：忠诚度、信用、个人兴趣。

（3）价值观念：成就感、上进心、服务社会、个人理想与志向、求新求变。

（4）工作态度：责任感、效率、团队合作、工作的新挑战、个人兴趣。

（5）生活信念：生活期望值、报酬对工作的激励程度、收入的满意度、收入差距的可接受程度、工作的稳定性。

（6）文化管理：重视人文环境、重视创新成果、企业纵向和横向沟通程度、制度运行状况、企业对员工的关心程度、产品知名度、员工参与企业决策程度。

5. 组织风险预警指标体系

企业组织风险预警指标是对企业组织管理的运行状况进行监测，包括机构管理、人事管理、组织激励三个方面。

（1）机构管理：指令失效率、信息沟通失真率、部门冲突率与强度、部门目标未达标率；预算突破率。

（2）人事管理：人事变动率、职工违纪率、职工投诉率、缺勤率。

（3）组织激励：群体凝聚力、公平感、职工对组织目标的认同感、工作满意度、人际冲突的频率和强度。

6. 投资风险预警指标体系

投资风险预警指标体系包括宏观经济形势与经济波动风险、金融与资本市场风险、社会风险、技术风险、管理风险、市场风险、生产风险、委托代理风险。

（1）宏观经济形势与经济波动风险：经济发展水平、经济景气指数、通货膨胀。

（2）金融与资本市场风险：利率变化程度、汇率变化程度、资本市场投资收益率、资本市场规模与健全程度。

（3）社会风险：民间风险投资意识、社会稳定有序度。

（4）技术风险：技术先进性、技术可替代性、技术适用性、管理者的素质和经验、管理决策水平。

（5）管理风险：组织制度和结构的科学性与适用性、管理者的素质和经验、管理决策水平。

（6）市场风险：产品的创新度、产品的性价比、产品的生命周期、消费者的需求程度。

（7）生产风险：生产人员构成、生产设备水平、能源与原材料供应。

（8）委托代理风险：道德风险、信息不对称风险。

3.5 企业风险预警管理系统

企业风险预警管理系统建立在企业管理信息系统基础之上，它的主要任务是监测企业外部环境与内部管理的风险的发展变化信息，判断这些风险的发展变化可能会给企业造成的实质性伤害的程度，并向企业管理者提供风险决策支持服务。

预警信息管理分外部信息管理和内部信息管理，外部信息管理的主要目的是收集外部环境的变化情况，减少外部不确定性带来的冲击；内部预警信息管理的主要目的是增强风险防范能力。

3.5.1　风险预警管理系统的功能结构

风险预警管理系统应该具备信息收集、信息处理、预测、警报、决策、监控、信息交换与指标更新等功能。

（1）信息收集系统。该系统收集、存储国内外有关政策、法律、法规、国内外市场状况、消费者需求状况、竞争对手情况等企业外部信息以及企业的经营管理信息。

（2）信息处理系统。该系统负责对信息进行分类、统计、归纳与辨伪。

（3）风险预测系统。该系统中存储风险指标体系，然后根据企业的基本情况，通过预测模型对风险预警指标数据的未来趋势进行预测与模拟。

（4）风险警报系统。该系统主要利用分析推断系统的结论以及综合预测系统的预测结果对机会因素和风险因素进行评估，对企业风险状态进行判别，并根据风险程度发出不同级别的风险警报。

（5）风险决策系统。该系统主要根据发出的警报程度，以及引发警报的原因提供相应的防范对策。

（6）风险监控系统。该系统的主要功能是对风险发生、发展、爆发过程进行跟踪、监控，以确保企业经营管理活动的正常进行。

（7）信息交换与指标更新系统。该系统的功能是将处理信息与外部信息进行交换，对原有的判别指标进行更新。

3.5.2　风险预警管理系统的方法流程

当决策者收到预警信息以后，要根据预警信号在短期内做出大致推断，以揭示预警信号意味着什么，寻找引起风险的原因及根源，运用预控对策提示，研究具体化的对策方案与措施，并尽快加以实施。

在预警管理系统的整个运行过程中，还有许多问题要探讨：一是如何及时地更新预警信息库，补充新的信息，删除陈旧的、被证明是错误的信息。二是如何定期对预警系统、预警准则、预控对策系统进行修正、完善。三是如果出现误警或漏警，如何深入分析原因。一般地，由于不确定性因素的存在，误警和漏警在所难免，但如果频繁出现误警和漏警，便属于不正常现象，一般可推断预警系统的方法有技术性的缺陷存在，应予以修正。

整个预警管理系统的科学方法可保证下述过程的运行：与本企业有关的内外信息通过信息网进入预警信息系统，经存储、处理、甄别和推断后，再分别进入预测系统和预警指标体系中。预测系统运用预测方法对未来内外环境情况进行预测，预警指标体系经过运算而估计出未来的风险状况，输出的结果进入预警准则中进行比较与判别，以便决定是否发出警报以及发出何种程度的警报，然后根据信号显示预控对策信息。主要流程如图 3.1 所示。

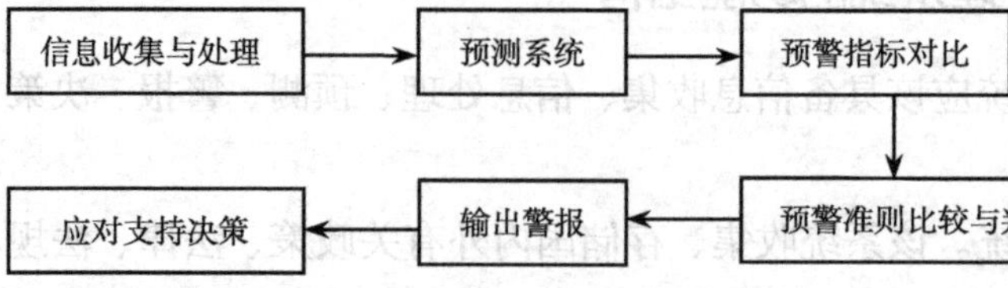

图 3.1　风险预警管理系统动作流程

预警决策系统中有事先准备好的各种风险条件下的应急对策或对策思路，一旦发出风险警报，则根据信息的类型、性质和警报的程度调用相应对策。一般地，预警决策系统中的对策大多是思路性的和提示性的，目的在于当发出警报时决策者不致手忙脚乱、忙中出错，指导企业按照预先决策系统的提示去寻求更具体的实施方案。如果警报信息的发出是由计算机自动处理并提供的，那么计算机的作用只是辅助决策，而不是代替人的决策。因此，预先决策及其实现是人脑和电脑相互结合的过程，系统中首先存储的对策是由人完成的，只是以数据库的形式保存于预先决策系统中的对策库中。计算机负责预警信息的处理、预测、推断及警报的发出和对策的调用，人脑最终还需要将这种粗对策细化和具体化，并运用于实际过程中。

企业风险预警管理系统的方案设计可以从两方面入手，第一，从职能预警中选出部分关键指标综合在一起，构成一个总的企业风险预警指标体系，再建立预警系统。第二，以各个职能预警为单元，共同组合成一个预警系统。例如，企业风险预警管理系统的子系统中有财务风险预警、人力资源预警、营销预警、组织结构预警等。

风险预警管理系统的软件通常采用模块化的结构，整个系统按层次分解为子系统、功能模块、程序模块。它至少应具备三个存储库，即数据存储库、模型存储库和知识存储库。

3.5.3　预警决策支持系统

决策支持系统的应用取决于它的功能和现实管理活动的需要，系统中的专家子系统由知识库、推理机、知识处理以及解释系统四个主要部分组成。知识库用于存储专家知识，即专家分析、判别、处理企业风险的方法、对策。推理机用来从知识中推出结论，推理技术包括正向推理、逆向推理、归纳推理、假设推理、面向目标推理、可确定性推理等。知识处理包括知识的获取、加工、逻辑判断和知识的输出。解释系统用来向用户解释得出结论的依据和过程。

当用户使用专家子系统时，推理机会根据知识库里的知识自动提出一些问题询问用户，并决定是否可以从用户的回答中导出新的事实，并存入计算机内存，然后搜索知识库，触发相应的规则也会存入内存，一旦得出结论，用户便会了解结论产生的依据和过程。

当评价指标超过了预警值域的范围，专家子系统就会启动，判断企业是否遭遇了风险，以及处在何种等级。若风险非常严重，已进入危机状态，则分析危机产生的原因，并在知识库中寻找对策，以解决问题。管理者将为解决该问题而创造出来的各种新对策输入知识库，以便下次有更多可选择的对策。

本章小结

企业是以营利为目的的组织，按照不同的标准，企业可以划分为不同的类型。基于交易成本理论，企业本质是对市场行为的一种部分替代，可以节约交易成本。外包环境的不确定性、企业经营活动的复杂性及企业资源和能力的有限性，都是影响企业风险的因素。企业的风险包括市场风险、投资风险、财务风险、技术风险等。

企业风险预警是指对企业生产经营实践活动过程中存在的风险进行监测、分析、评价、推断、预测，根据风险程度事先发出警报信息，提醒企业决策者警惕风险的持续过程，包括建立指标体系、形成预警系统等。

复习思考题

1. 选择题

（1）企业风险不受下列哪些因素的影响（　　）。

A. 外部环境的不确定性　　B. 生产经营活动本身的复杂性

C. 企业能力的有限性　　D. 同行企业的竞争性

（2）风险预警指标体系不包括（　　）。

A. 财务风险预警指标体系　　B. 人力资源风险预警指标体系

C. 管理风险预警指标体系　　D. 企业文化风险预警指标体系

（3）企业风险预警的特点主要表现在（　　）。

A. 超前性　　B. 警示性　　C. 及时性　　D. 系统性

（4）根据风险程度事先发出警报信息，提醒企业决策者警惕风险的持续过程，包括（　　）。

A. 分析风险体系　　B. 建立指标体系

C. 形成预警系统　　D. 处理风险体系

（5）企业风险预警系统指标处理方法不包括（　　）。

A. 完成指标的筛选和分类　　B. 用于多指标综合和指标权重的确定

C. 完成指标的自学习和预测功能　　D. 检验指标的有效性

2. 判断题

（1）企业是指适应市场需要以获取盈利、实行自主经营、自负盈亏，依法独立享有民

事权利并承担民事责任的商品生产和经营组织。（　　）

（2）风险是导致企业陷入困境的主要原因。（　　）

（3）企业风险的本质是企业生产经营活动存在的不确定性。（　　）

（4）企业风险中含有造成损失的可能性，但没有带来收益的可能性。（　　）

（5）人类的任何一项活动，都可以分为活动主体、活动客体和外部环境三个部分。（　　）

3. 如何理解企业？

4. 如何对企业进行分类？

5. 企业的本质是什么？

6. 企业的风险有哪些？

7. 如何理解企业的困境？

8. 企业风险预警的指标体系如何体现具体企业的不同？

9. 阅读罗纳德·科斯的《企业的性质》原文，思考企业为什么会存在风险。搜索网址：http://wenku.baidu.com/link?url=_boMrTr6qH9ENK1SxsV9ym2b0hHO2dGHpd3ewlio-GcDWlvqk3uTA0QFFrt3yxE65B7wNRVFIM-VOGrY1TOONomhltOz4dllBRNuD4reg53sO。

第4章 风险管理的组织实施

【引言】

和其他管理工作类似，进行风险管理也要遵循一定的流程，其中包括衡量风险管理的成本与收益，确立风险管理的目标，按照目标分解和任务分工建立组织机构，组织人、财、物实施风险管理。风险管理的基本流程包括风险识别、衡量与评价、风险管理决策及实施等几个步骤，企业风险管理组织则是实施风险管理流程的主体。显然，风险管理的目标是以最低的管理成本获得最大的安全保障，以减少风险事故造成的损失和对环境产生的不利影响。而风险管理要支付成本，因此要对其进行成本—收益的核算，由此确定的风险管理目标才科学。风险管理目标是经济单位存在和发展的保证，是进行风险决策管理的向导。

4.1 风险管理成本与收益的衡量

风险管理目标是风险管理单位在不同的风险管理方式之间进行成本—收益衡量的结果。风险管理需要付出一定的代价，其带来的安全保障效果如何，需要进行风险管理的成本—收益分析。成本—收益分析对选择风险管理方法至关重要。

4.1.1 风险管理收益

风险管理收益是指风险管理单位因采取风险管理措施而减少的损失。通常风险管理的收益是以货币衡量的，可以用以下公式表示：

风险管理收益=风险管理不存在的损失–风险管理存在的损失–风险管理成本

如果风险管理收益大于零，则风险管理方案是可行的，可以确定为风险管理目标；如果风险管理收益小于零，则风险管理方案是不符合实际的，不能确定为风险管理目标；如果风险管理收益等于零，则可以采取该风险管理措施，也可以不采取该风险管理措施。

一般来说，风险管理的收益在短期内往往是难以实现的，这就需要风险管理者具有科学的态度和长远发展的战略眼光，运用正确的方法，能够大致地估算出风险管理的收益。

4.1.2 风险管理成本

风险管理成本是指风险管理主体为规避各类风险进行风险识别、方案设计、实施等一系列过程的花费总和。对风险管理成本的预测是在综合分析风险管理技术、管理方式、管理设备等因素的基础上，利用历史与现有的资料，对未来的成本水平进行估算。风险管理成本预测主要包括以下几个部分。

1. 风险预防成本

风险管理单位如果采取非保险方式预防风险，则需要在预防、防范风险方面支付资金，这部分支出就是预防风险成本。例如，为防止游客在乘船时落水，游船公司要配备救生衣，这部分支出就是风险预防成本。

2. 保险成本

如果采取保险方式转移风险，风险管理单位需要支付给保险公司保险费，这部分支出就是风险管理的保险金成本。例如，小轿车拥有者会购买保险，需要支付给保险公司 5 000 元的保险费，这 5 000 元保险费就是风险管理的保险金成本。

3. 保险以外防止损失扩大的成本

风险管理实务中，大量损失的风险是保险公司不予承保的。风险管理单位未保险的财产、人员等，在遭受损失时，需要支付的减少损失进一步扩大的费用，就是保险以外防止损失扩大的成本。此外，因损失造成的相关服务成本、风险控制成本以及其他项目管理的成本等，也属于保险以外防止损失的成本。例如，获得法律保护的成本、给付第三方管理者用于雇员医疗保健的成本、防止损失和遏制破坏措施带来的成本等，都属于保险以外防损的成本。

4. 财务危机成本

由于遭遇风险事故会造成风险管理单位资金紧张、难以继续发展等风险，都属于财务危机成本。例如，由于风险事故的发生，银行不支付贷款的成本。又如，风险管理单位为渡过难关，对外借款而支出的费用。财务危机成本是风险管理单位应对风险事故、减少损失必须支付的管理成本。

4.1.3 风险管理的成本—收益分析

风险管理的成本—收益分析是风险管理单位确定风险管理目标的基础。风险管理单位在进行风险管理成本—收益分析时，需要综合考虑影响风险管理的各方面因素。在考虑影响风险管理的因素时，越细致、越详尽地描述影响风险管理的因素，确定的风险管理目标就越接近现实，就越能够反映风险管理目标的全貌。

例如，某石化企业为了防范火灾风险进行风险管理，投保了一份免赔额为 50 万元、保险金额为 800 万元的保险合同，年保费支出为 50 万元。假设担保当年该厂就发生了火灾，实际损失为 800 万元。那么，该企业的风险管理收益为：

风险管理收益=800 万元–50 万元–50 万元=700 万元

同样，假设当年就发生了火灾，损失 45 万元，那么该企业的风险管理收益为：

风险管理收益=0–45 万元–50 万元=–95 万元

换句话说，如果企业不进行风险管理（听任问题发生），那么此种情况下企业的损失只有 45 万元，而进行了风险管理却导致了额外的 50 万元损失（保险费）。当然，如果不进行风险管理购买保险，那么这种担心问题发生造成损失的心理成本是难以估量的。

这是一个比较典型的案例，保险公司的保险金额为 800 万元，石化厂发生的损失也是 800 万元，而且投保当年就发生了保险责任范围内的风险事故，其风险管理收益为 700 万元。尽管如此，这并不妨碍我们对于风险管理成本—收益分析的理解。假设企业在缴纳保险费 10 年以后发生了火灾，造成损失为 800 万元，则企业仍然可以获得风险管理的收益。不考虑资金的时间价值，该企业的风险管理收益为：

风险管理收益=800 万元–50 万元–10 × 50 万元=250 万元

上例说明，企业采用以保险方式转移风险的管理目标是切合实际的，企业确定风险管理目标的科学基础是进行成本—收益分析。风险管理单位只有以成本—收益分析为依据，才能确定适合风险管理单位实际情况的风险管理目标。

4.2　风险管理目标的确定

风险管理主体只有确立明确的风险管理目标之后，才能根据目标管理风险，才能对风险管理的绩效做出客观的评价。然而，需要注意的是，在不同的经济和社会环境、不同的经营理念和思想观念、不同的风险态度指导下，风险管理主体确定的风险管理目标也是不同的。

风险管理具有多目标属性。企业都是多目标的，包括利润、成本、市场占有率、社会责任等。风险管理的职能也是这样的。在众多的目标中，以下几个方面是最重要、最常见的：

（1）保证资源在损后的充足性。

（2）应对纯粹风险的成本最小化。

（3）保护职员免遭重伤和死亡。

（4）满足法律和合同的义务。

（5）消除心理的紧张不安。

4.2.1 确定风险管理目标的原则

在风险管理主体确定风险管理目标时，需要遵循一定的原则，这些原则主要包括以下几个方面。

1．现实性

风险管理单位确定的风险管理目标，应该适合政府、企业与个人生产和生活实际的需要，能够解决现实社会存在的危及政府、社会、企业和个人安全的问题。确定风险管理目标的首要原则是现实性，着力于处理亟待解决的现实问题。

2．明确性

风险管理单位确定的风险管理目标必须明确、具体，不能含混不清。例如，明确规定实施风险管理的时间、地点，规定严格的操作程序、明确的规章制度，明确未来需要达到的目标，这样可以规范工作程序，约束人的不安全行为，防止道德风险的发生。

3．层次性

风险管理单位确定的风险管理目标要具有层次性，应该依据工作的流程或根据风险管理目标的重要程度，将其划分为不同层次的管理目标。这不仅有利于风险管理目标的实施，而且可以根据不同工作环节的风险，实施有针对性的管理措施。例如，企业实施的职位授权制、岗位责任制等，就是针对职业风险而设置的风险管理措施，其目的是达到规范化管理的要求。

4．可量化性

风险管理单位确定的风险管理目标要是具体的数量指标，这样可以使风险管理的目标更加明确。在风险管理中，科学的风险管理目标是可以采用定量的方式进行管理的，因为数量化的目标具有更好的指导意义。而采用定量的方式确定风险管理目标，则需要根据以往对于该风险管理的数据和经验等，深入了解相关的情况，在此基础上确定科学的量化指标。例如，根据 1998 年《巴塞尔协议》的规定，各商业银行的核心资本与风险投资的比例不得超过 8%，这种对风险资本充足率的监管指标就是一个可以定量的指标。

4.2.2 风险管理目标的一般内容

在风险管理实践中，风险管理主体应当依据自身的实际情况制定具体的风险管理目标。依据管理作用的时间不同，风险管理目标可以分为损失前风险管理目标和损失后风险管理目标。

1. 损失前风险管理目标

风险事故造成损失前的管理目标是选择最经济、最合理的方法，减少或避免风险事故的发生，使风险事故发生的可能性和严重性降到最低，并尽可能地降低风险事故对经济和社会的消极影响。具体来说，主要包括以下三个方面。

（1）经济合理目标。风险管理主体——政府、企业或个人，在确定风险管理目标时，所遵循的原则是风险管理成本的最小化和安全保障收益的最大化。为此，风险管理单位在确定风险管理目标时，需要在各种风险管理方式的成本之间进行选择，确定最经济、最合理的风险管理方案。在风险管理方式中，最重要的风险管理方式是内部控制和购买保险合同。这两种风险管理方式的共同之处是能够减少企业的实际损失，从而增加企业的价值。但是，内部控制面临的最大问题是，最佳的内部控制方案也只能最大限度地减少不确定因素，不可能完全消除不确定因素。消除风险不确定因素的方法，就是不生产，但这在实际生活中是不可能的。风险管理成本最小化原则要求企业在损失控制上投入足够的资金，直到损失控制的边际收益与损失控制的边际成本相等为止。超过这一点的额外损失控制费用，就会增加风险管理的成本。在这种情况下，消除损失的风险管理成本就无法达到最小化。应该承认，在各种风险管理方式中，最重要的两种风险管理方式之间具有替代关系。例如，风险的内部控制与保险之间、风险自担与风险转移之间都存在着替代关系，替代的原则是风险管理成本最小化、收益最大化。

（2）安全系数目标。安全系数目标就是将风险控制在风险管理单位可以承受的范围内。风险不仅会造成财产的损失、人员的伤亡，而且还会影响社会心理和劳动者工作的积极性，对此，各风险管理单位都制定了适合本行业发展的安全系数指标。例如，我国保险法对保险公司最低偿付能力的规定，就是保险公司风险管理的重要财务安全系数指标。具有明确的安全系数目标是一种事前的风险管理。

（3）社会责任目标。风险管理单位遭受风险事故损失，不仅会影响自身的稳定经营，而且还有可能给社会带来较大的损失。究其原因，在今天社会化大生产的环境下，单个企业与外界各种经济组织、个人之间建立了广泛的联系。一个企业遭受损失，受损的不仅仅是企业自身，还会影响到其他企业或周围的组织和个人，甚至会使国家和社会遭受一定的损失。因此，一个风险管理计划不仅要转嫁企业自身面临的风险，还要降低风险给社会带来的损失，应该具有社会责任目标。为了避免风险事故带来的重大损失，国家法律、法规可以要求企业安装安全设备，以避免发生风险事故。

2. 损失后风险管理目标

风险管理不可能消除风险，也不可能完全避免损失。风险事故发生以后，风险管理的目标是消除、改变引发事故的风险因素，减少风险事故造成的经济损失。损失后风险管理的目标主要包括以下几个方面。

（1）维持生存目标。风险事故对于风险管理单位来说，可能会威胁到个人或企业的生存和发展，风险事故发生后，风险管理的最低目标是维持生存。例如，一个企业生存的基本要素主要有以下几个方面：生产、市场、资金和管理。企业风险管理计划应该充分考虑风险事故对企业生存基本要素的影响程度，确保风险事故发生后，企业能够继续生存。

（2）保持连续性目标。风险事故发生以后，企业要在尽可能短的时间内恢复生产或经营，这对于需要提供不间断服务的企业来说，维持企业经营的稳定性和连续性，可以占据原有的市场份额，不会因风险事故的发生而失去市场竞争优势。如果企业因为风险事故而失去市场，等企业恢复生产后，其产品就有可能积压卖不出去，这种状况进一步发展下去，就会影响企业资金的周转，进而影响到企业的生存和发展。对个人而言，在遭受风险事故后，要保证自身生产生活的连续性，不能因为风险事故和损失而失去继续生活下去的勇气和条件。

（3）稳定收益目标。稳定收益目标是企业保持持续经营、稳定发展的条件。企业要在市场竞争中立于不败之地，必须完善风险管理机制，建立风险管理资金的收付制度。完善的风险管理机制、稳定的投资收益，有助于增强投资者的信心，使企业保持生产经营的稳步增长。

（4）履行社会责任目标。社会化生产已经将企业与社会置于紧密的联系之中，企业遭受一次严重的意外事故损失，不仅会影响员工的人身安全和经济利益，而且还会影响顾客、供货商、债权人的经济利益，甚至会给税务部门、政府以至整个社会带来不利的影响。尽量减少风险事故给个人、企业乃至整个社会造成的不利影响，是风险管理单位必须履行的社会责任目标。

风险管理：尽在平衡

在风险偏好和风险管理能力之间取得平衡，企业就能更好地保护自己，并获得新的市场机遇。

对于非金融企业来说，在风险和绩效管理领域运用“风险承担能力”这一概念是一种创新。它可以衡量一家公司的韧性和灵活性——既能评估它抓住新机遇的能力，又能在公司运营效率没有严重衰退的情况下，评估它所能承受的经济动荡的范围和类型。

通过使用风险承担能力分析，公司可以在风险偏好和风险管理能力之间取得平衡，既不会太谨小慎微，也不会过于横冲直撞。它们既能够调整风险承受能力，又能够调整对风险的偏好，从而做出成功的投资决定。

所以，这种新的风险管理办法能够帮助公司找到适合它们的道路，帮助他们在风险偏好和风险承担能力之间取得平衡。

培养多维能力

风险承担能力是多层面的，至少包含5个要素：财力、管理能力、动态竞争、操作灵活性及风险管理体系。有效的风险承担能力分析能够帮助企业在战略和运营规划之间建立紧密联系，帮助他们优化资本配置，找到可以用来抓住机遇的额外资源，量身打造出更准确、更强有力的绩效标准。

风险承担能力还拓展了风险管理的传统观念，使之不再仅局限于对财务资源的管理，而是在一个更广阔的场景去关注公司的运营、管理流程、系统、文化以及领导力等，从而提高企业应对挫折的韧性，提升其抓住新机遇的灵活性。也就是说，它能帮助公司同时应对风险的消极面和积极面——既有防守也有进攻。

好公司也会碰到倒霉的事，不过其中有些事情会比另一些事情更易预测。有效的风险承担管理能力能够让公司更有效地应对以下两种类型的不利事件。

第一种事件的发生有那么一点规律可循，对公司影响也有限，如输入价格的波动性、劳工问题或外汇的波动性。这些事件很少突如其来，而且大多数管理团队都有经验处理此类事务。它们对公司财务的影响通常可以通过调整产品销售价格或现金储备的水平来弱化。

第二种是发生概率很低但是后果很严重的事件，包括丧失主要生产设施、自然灾害，或者主要供货商出现问题。这些事件都是企业的噩梦，它们可能导致公司运营戛然而止，甚或使公司完全脱离正轨。

几乎没有几家公司能够留足资金防范这些不常发生的事件。通常，它们能做的只是通过灾后复苏计划、保险计划和业务连续计划来减轻影响。然而，高绩效企业就善于管理这种意外事件，它们能比对手更快找到应对手段，并快速反弹。

沃尔玛公司在自然灾害面前维持业务正常有序的能力已经广为人知。这家零售业巨头在经过一次次飓风和其他严重事件之后，历史性地赢得了它的市场份额，因为它具备从瞬间爆发的动荡中重建，然后迅速恢复供应链并重新开业的能力。正是由于这种能力，在一切停止运转的风暴区域里，沃尔玛成为第一家或就是唯一一家还能营运的商家，它所面临的商机不言而喻。

创造了高风险承担能力的公司能够以协调一致、整合的方式减轻负面事件的影响，加速公司的复苏，从而处置好他们的财务、运营和管理资源。在经济和市场混乱之中，它们能处在更好的位置，发现并掌握先机。

了解风险

当企业的风险承担能力和风险管理能力达到有效平衡时，就具备了获利的可观潜力。如果想充分开发风险承担能力，企业需要对风险有更为动态的认识，即发现机遇而不只是关注潜在的负面影响。提高辨识机遇增长的能力，这正是风险承担能力可以帮助企业超越其他竞争对手之处。

如果没有一定的“风险偏好”，公司就不会成长。所谓“风险偏好”就是公司在执行其战略计划时明确它可以接受的所有风险的总量和类型。公司会在其风险偏好声明中明确承认自己将暴露在哪些不常发生的、难以预测的、后果严重的负面事件面前。

与按照传统风险分析能够回答的问题相比，现在公司必须能够更有效地回答的问题就是：风险偏好是否与他们的风险承担能力刚好匹配？

当一家公司从风险/回报角度优化它的投资组合之时，当它能够在其价值创造活动中将所有可用资源都善尽其用，而又留有足够比例的储备资源以消化冲击的时候，我们就可以说它的风险承担能力与风险偏好达到了平衡。

事实上，风险偏好与风险承担能力是同一枚硬币的两面。风险偏好就是接受自己会面临不确定事件的意愿，风险承担能力就是自己拥有的、能够应对所面临突发事件的风险调控能力。

如果风险承担能力大于风险偏好，那么公司就会失掉机遇，手握巨资却不能让其生钱。当一个企业的风险偏好大于其风险承担能力时，它要么在战略上过度扩张，要么无法实现其战略目标。在这种情形下，公司的战略规划或运营方式都不能持久，财务表现因此而直接受损。由于表现脆弱，竞争对手会竞相攻击它。

因此，企业面临的战略挑战在于如何让这两个要素达到平衡，尤其是在既存在较大的市场不确定性但相对市场机遇也更大的环境中。

对付失调

幸运的是，对于不同原因引发的失衡都有相应的解决办法。例如，如果风险承担能力较低，而风险偏好较高，公司就可以发展他们的能力而收缩偏好。如果风险承担能力高，而风险偏好较低，公司也可以采取类似的方法调转他们的进程。为了实现公司的全部潜力，很多组织都应该寻求风险承担能力和风险偏好同时增长。

当公司的风险偏好大于其风险承担能力，可以利用下述两项战略中的任意一项，重新配置风险偏好和能力：提高能力、抑制“热情”。

提高能力：为了提升风险承担能力，公司可以选择多种措施。囤积现金是一种屡试不爽的可靠方式，可以提高公司的财务灵活性和韧性。各种类型的公司，例如，美国铝业、通用电气等都提到过它们强大的现金头寸。

提高风险承担能力的第二种方式，是有计划地收购另一家风险承担能力过量的公司，收购对了就能迅速提高自身的风险承担能力。不过，由于这种方式要求企业首先具备非凡的能力来完成收购，所以它未必适合每一家公司。同时，企业应该把它当作彻底改变风险承担能力的关键步骤，而不是一种逐步改善的方法。

第三种方式追求卓越的经营是提高风险承担能力的好办法，可以通过增强财力（如通过以更低的运营成本来提高现金流）、灵活运营和动态竞争来实现。这一方法除了能提高企业的风险承担能力之外，还可以迅速提升公司相对于对手而言的整体业绩表现。

抑制“热情”：尽管提高风险偏好和风险承担能力对企业而言，是令其强上加强的最好选择，但事实上还有另一个选择，即降低公司的风险偏好。

埃森哲建议考虑降低风险偏好的公司进行严肃的战略审查，包括评估公司的关注重点和目标。风险偏好过大的公司经常会因为对市场、竞争对手、自身能力的不恰当分析而遭受损失，并且做出决策之时过于乐观。

我们建议企业在战略重估中纳入一份严格的绩效和能力评估，以重新确定多大的风险对你而言才是合适的。另一个相关的选择是设定追求目标的阈值水平，这样他们既能够为现有的风险承担能力重新安排现实可行的风险偏好，也能通过诸如改善债券评级这样的方式来提高风险承担能力。

资料来源：Bill Spinard & Craig Faris. 风险管理：尽在平衡[J]. 何娟娟，译. 世界经理人, 2010（6）.

4.3　风险管理的流程

风险管理的流程主要包括风险识别、风险衡量与评价、风险管理技术选择、风险决策管理、风险管理方案实施和风险管理绩效评价六个阶段，如图 4.1 所示。这六个阶段周而复始，构成了风险管理程序的每个步骤。

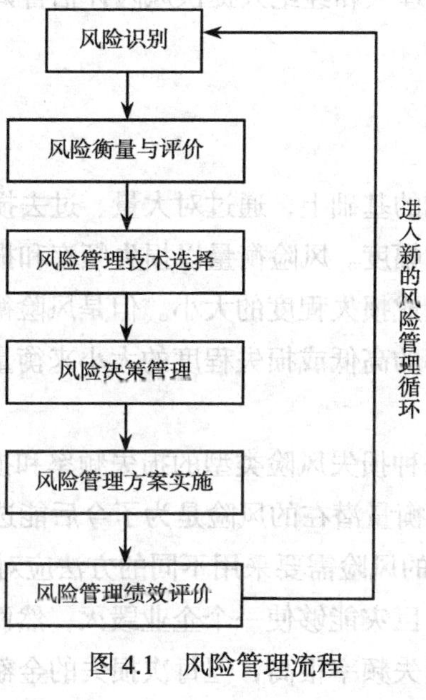

图 4.1　风险管理流程

4.3.1　风险识别

风险识别是对风险的感知和发现。识别风险，有助于风险管理单位及时发现风险因素、风险源，减少风险事故的发生。

风险管理单位通常设法识别下列五种类型的潜在损失风险：

一是财产的实物性损坏损失风险以及额外的费用支出；

二是因财产损失而引起的收入减少损失、其他经营中断损失以及额外费用开支；

三是因损害他人利益而引起的诉讼、额外责任，导致风险管理单位遭受损失的风险；

四是因欺诈、犯罪和雇员不忠诚行为给风险管理单位造成损失的风险；

五是因高级主管人员死亡和丧失工作能力给风险管理单位造成损失的风险。

风险管理人员可以使用保险公司及保险出版机构提供的潜在损失核查清单来识别本企业所面临的各种纯粹风险。此外，还可以使用下列方法识别风险：

（1）对企业财产和生产经营进行定期或经常性的实地检查，及时发现事故隐患。

（2）使用内容广泛的风险分析征求意见表，收集在生产和经营第一线的人员对损失风险的意见。

（3）编制生产和经营的流程图，分析每个环节中的潜在损失风险。它可以描述从原材料入库到制成品售给顾客的全部经营过程，也可以描述单个制造过程——原材料从供货商的仓库运输到制造厂，经过储存、制造、包装等阶段，再把制成品搬运到自己的仓库。

（4）使用财务报表、以往的损失报告和统计资料来识别重大的损失风险。例如，按会计科目分析重要资产的潜在损失及其原因。

（5）请保险公司、保险代理人和经纪人提供风险评估咨询服务，包括分析企业外部环境的风险因素。

4.3.2 风险衡量与评价

风险衡量是指在风险识别的基础上，通过对大量、过去损失资料的定量分析，估测出风险发生的概率和造成损失的幅度。风险衡量以损失频率和损失程度为主要预测指标，并据此确定风险的高低或可能造成损失程度的大小。但是风险衡量是极其复杂的一项工作，风险的高低不能单靠损失频率的高低或损失程度的大小来衡量，必须将这两方面的因素结合起来考察。

风险管理人员必须估计每种损失风险类型的损失频率和损失程度，并按其重要性分类排队。风险管理人员之所以要衡量潜在的风险是为了今后能选择适当的对付损失风险的方法。损失频率和损失程度不同的风险需要采用不同的方法应对。损失频率与损失程度比较，对损失程度的估计更为重要。巨灾能够使一个企业毁灭，然而其损失频率很低。相反，某些损失风险，如汽车损坏，损失频率很高，但每次损失的金额相对要小。汽车碰撞损失的机会大于因碰撞而被起诉的机会，但汽车责任风险的潜在损失程度大于自己汽车受损的程度。当然，对损失频率的重要性也不可忽视。此外，对损失的时间性也要加以区别，持续10 年的每年 1 000 元的损失就不如立即发生一次 10 000 元的损失那么严重，这是由于货币具有时间价值。损失频率乘上平均的损失程度得出预计的平均损失金额，它可以用来与企业缴付的保险费进行比较，为购买保险提供依据。

风险评价是指在衡量风险的基础上，对引发风险事故的风险因素进行综合评价，以此为依据确定合适的风险管理技术。风险评价的目的是为选择恰当的风险处理方法提供依据。风险评价也是风险管理部门对风险综合考察的结果。例如，根据国家所规定的安全指标或公认的安全指标对经济单位进行评价，达不到国家安全标准规定的风险管理单位就不合格。

4.3.3　风险管理技术选择

在对风险进行衡量、评价以后，风险经理必须选择适当的处理风险的技术，即根据风险评价选择风险管理技术。风险管理技术选择的原则是选择所付费用最小、获得收益最大的风险管理办法（见表 4.1）。一般来说，主要有四种技术可供风险管理单位选择，主要包括风险规避、损失控制、风险自担和风险转移。

表 4.1　风险管理技术的选择

风险类型	损失频率	损失程度	风险管理技术选择
1	低	小	风险自担、损失控制
2	高	小	风险自担、损失控制
3	低	大	风险转移
4	高	大	风险规避、风险转移

从表 4.1 可以看出，损失程度小的风险一般采取风险自担、损失控制的方式，损失程度大的风险一般采取风险转移或风险规避的方式。风险管理是需要资金的，风险管理单位为管理风险而筹措资金的方式即风险融资方式，风险融资可以分为风险自担融资、保险融资和非保险融资。风险融资的方式不同，获得风险管理资金的渠道也不同，融资的成本也就不同。选择合适的风险管理技术，可以减少风险事故的发生，可以控制损失、降低损失、节约风险管理费用。

4.3.4　风险决策管理

风险管理决策是风险管理的重要步骤，是风险管理者在众多风险管理方案中选择最佳风险管理方案的过程。例如，在存在消防隐患的地方，可以提出整改方案，其方案有三种：一是如果风险管理单位选择风险自担的办法，就可以选择建立风险管理基金；二是如果风险管理单位选择非保险转移风险的方案，就需要拟定保护自身权益、合法有效的合同；三是如果风险管理单位选择对某一风险进行保险，风险管理人员应当及时选择保险人，选择适当的保险责任限额。风险决策管理就是在成本—收益分析的基础上，权衡利弊，确定适合风险管理单位实际情况的风险管理方案。

4.3.5　风险管理方案实施

风险管理方案实施是风险管理的重要步骤，也是风险管理理论付诸实践的重要步骤。只有实施风险管理措施，风险管理方案才能得以贯彻实施。风险管理方案的有效实施，需要完善的管理制度和工作程序，需要在实施过程中进行检查和监控，以便发现问题，及时解决。

4.3.6 风险管理绩效评价

在风险管理方案付诸实施后，风险管理单位需要对风险管理的绩效进行评价，审视风险管理的方法、程序以及风险管理人员是否很好地适应了风险管理的需求。

通过风险管理评价，可以实现以下几种目标。

（1）动态地调整风险管理方法和流程。风险管理的过程是动态的，风险是不断变化的，新的风险可能产生，原有的风险也可能消失或降低，原来制定的风险管理方案就会发生偏差，就会不适用。定期进行风险管理绩效评价，可以及时发现新的风险，调整风险管理方案。

（2）风险决策管理的正误，需要通过检查和评价来确定。评价风险管理的效果，可以及时发现风险管理中的问题并加以纠正，这是提高风险管理绩效的重要环节。

（3）风险管理评价标准会不适应风险管理的需要，需要重新考量。风险管理评价标准是根据以往风险管理的经验制定的，风险评价标准为风险管理提供重要的参考。但是，这些标准也有不适合新风险、新状况发展要求的情形，需要根据风险管理的实践不断地修改风险评价的标准。

（4）风险管理绩效可以提高风险管理工作的效率，提高风险管理资金的使用效率，确保风险管理单位财产和人员的安全。

4.4 风险管理的组织机构

风险管理组织是实施风险管理的机构。明确风险管理组织的职责和组织机构，以及风险管理组织同其他部门的关系，可以科学、有序地进行风险管理活动，否则，就会影响风险管理方案的实施。

4.4.1 风险管理组织

风险管理组织有广义和狭义之分。从广义的角度来看，风险管理组织是指风险管理单位为实现风险管理目标而设置的内部管理层次和管理机构，主要包括有关风险管理组织的机构、组织活动和相关的规章制度。风险管理组织活动则是指风险管理专职机构制定和执行风险管理计划的全过程，主要包括制定风险管理目标、为实施风险管理目标而进行的风险识别、风险衡量、风险处理和风险管理效果评价等活动。风险管理的规章制度是指体现风险管理的指导思想、政策纲领、方针政策、操作规程，以及有关监察的规定等。从狭义的角度来看，风险管理组织则是指实现风险管理目标的组织结构，包括组织机构、管理体制和领导机构。

4.4.2　风险管理组织机构的职责

由于经营活动、采用技术、所在地区和风险事故发生情况等方面的不同，风险管理单位在机构设置、规模、技术专长和人员素质等方面也有所不同。尽管如此，风险管理组织机构的架构却是大致相同的。

一般来说，风险管理单位的经营活动大致分为五类：一类是生产经营活动，主要包括生产、制造、组装、技术更新和改造等；二类是商业活动，主要包括采购、营销、商品批发和零售等；三类是财务活动，主要包括资本投入、运营、收益，以及制定投资决策方案等活动；四类是安全活动，主要包括对财产、人员安全保护等方面的活动；五类是管理活动，主要包括计划、组织、指挥、协调和控制等方面的活动。

在风险管理单位的五类活动中，安全活动是比较重要的方面。如果没有安全管理活动，风险管理单位的其他活动就无法进行，安全活动是其他活动正常进行的保障。因此，一些规模较大的单位，往往设置专职的风险管理部门，其主要职责有以下几个方面：

（1）清楚风险管理单位所面临的风险，预防风险事故的发生。

（2）预估风险、汇总风险管理信息。更新和维护风险信息库。

（3）确保本单位具有完善的风险内控机制，明确风险管理岗位职责，使风险管理单位的活动受到有效控制。

（4）根据风险事故的状况，决策风险管理方案，监管风险管理措施的实施。

（5）确保风险融资及时到位，防止损失的扩大。

（6）评价风险管理效果，调整、修正风险管理方案。

4.4.3　风险管理机构设置的影响因素

风险管理机构的设置与风险管理单位的经营规模、风险高低等因素密切相关，而同风险管理的水平和质量无关。

1. 风险管理单位的经营规模

一般来说，风险管理机构的设置随着风险管理单位经营规模的大小不同而有所不同。在一些规模比较小的风险管理单位，从事风险管理的人员可能只有一个人，这个人也许并不是专职的风险管理人员；而在一些规模比较大的风险管理单位，则要设置专职的风险管理机构（见图 4.2），专门负责单位的风险管理工作。从图 4.2 可以看出，风险管理机构内部是由保险部门、安全健康和防损部门、索赔部门和保卫部门等组成的。保险部门的主要职责是制定、选择保险方案，寻找合适的保险人。安全健康和防损部门的主要职责是保护职工的身体健康，防止职业病或意外事故的发生，保障风险管理单位的财产安全和人员安全。索赔部门的主要职责是根据损失的状况向保险公司或向造成损失的一方提出索赔请求，并促使对方及时给予赔偿。保卫部门的主要职责是保卫风险管理单位的财产和人身安全，避免企业和个人财产的损失。

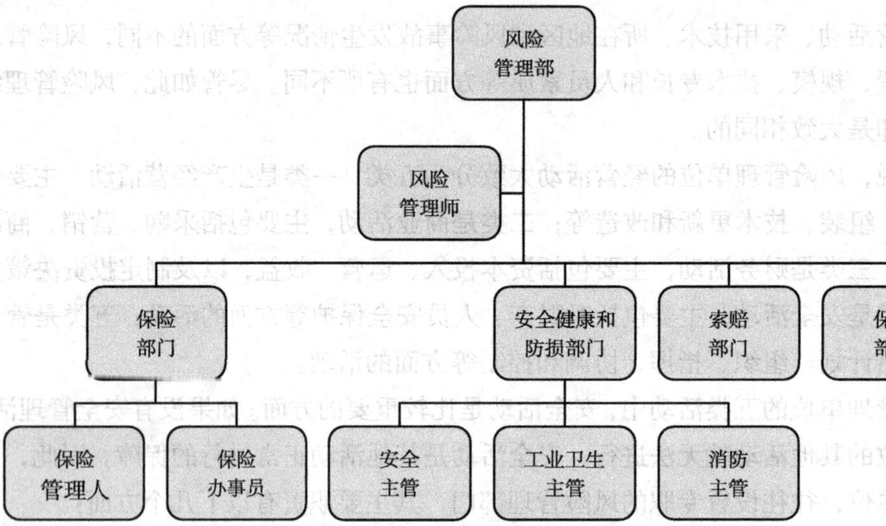

图 4.2　某单位风险管理部门的内部组织机构

2．风险管理单位从事生产经营活动的风险

一般来说，风险管理单位从事生产经营活动的风险高低与风险管理机构的设置密切相关。如果风险管理单位面临的风险比较高，其主要负责人就会比较重视风险管理的作用，相应地就会设置风险管理机构，并将风险管理作为履行工作职责的重要方面；反之，则不重视风险管理的作用。例如，某企业在生产过程中，接触有毒有害物质，容易发生职工中毒事件，或者容易产生职业病，这样的企业就比较重视风险管理，能够在预防中毒、职业病等方面采取积极有效的措施。又如，某企业从事易燃易爆物品的生产，其生产管理就比较重视风险事故的预防和规避，会设置专门的风险管理机构，以应对可能造成的损失。

3．风险管理质量

风险管理质量同风险管理机构内部的组织结构没有必然的联系。例如，一个小规模的单位，可能缺乏专职的风险管理人员，但是，它可能采用了先进的风险管理方法。相反，一个大企业即使有专职的风险管理人员，其管理风险的水平和专业技术能力也可能很低，风险管理机构与风险管理的质量和水平不具有相关性。这也就是说，即使一个单位具有专门的风险管理机构，也不一定代表其风险管理的质量和水平就高。此外，日益增多的第三方风险管理服务，如保安公司提供的服务等，可以使兼职的风险管理人员扩大其风险管理的职能，可以起到防范风险的作用。

4.4.4　风险管理机构与其他部门的关系

风险管理是一项复杂而系统的工程，往往需要企业其他管理部门的配合和合作。风险管理部门与其他部门进行交流合作，能够得到许多有关风险暴露方面的信息，因为其他部门往往能够发现风险管理部门注意不到的风险暴露；同时，其他部门的活动也会产生一些新的风险，需要风险管理部门能够及时发现、认识这些风险。实际上，风险管理部门能否成功地识别各种风险，在很大程度上取决于风险管理部门与其他部门的合作和交流。这种合作和交流可以是来自其他部门的口头报告，也可以是其他部门制度化的书面报告，这样，风险管理部门就可以及时掌握相关部门的信息，尽快做出适当的风险管理方案。虽然风险管理工作涉及其他各个部门，但是风险管理人员对于风险的管理仍然承担主要责任。日常工作中，风险管理部门主要同以下部门具有联系。

1．财务部门

财务部门能够提供估计潜在的财产和净收入损失的数据，财务部门的财务监管可以及时发现风险管理单位财务上的漏洞，可以避免本单位财产的损失。财务部门的损失控制措施主要包括核对发票与购货订单、检查特别授权付款、比较现金收入和过账后的应收账款。通过资产账户的管理，财务部门可以识别和衡量风险管理单位财产损失的风险。此外，财务部门还要同风险管理部门一起，制定企业有关的保险或自保计划，解决财产保险、责任保险、员工保险及其索赔的事宜等。可见，风险管理部门在发现风险、估算风险和风险管理成本控制计划的制订等方面都需要财务部门的合作和支持。

2．数据处理部门

数据处理部门掌握专业化的技术，能够提供风险管理方面的许多重要数据。风险管理部门需要数据处理部门的支持。数据处理部门的工作人员应当通力合作，以减少财产、收入和责任风险带来的损失。风险管理也需要专业化技术。数据处理部门的设备具有价值大、数据处理程序复杂等方面的特点。因此，风险管理部门的风险数据统计、预测和衡量等，需要专业化的技术支持才能完成。同时，大数据分析可以预测风险。避免事故发生的前提条件是风险经理事先应该了解过去曾经发生的类似事故的信息，除了了解事故发生的时间、日期、地点和事故涉及方以外，还要采取措施防止类似事故的发生或减轻灾害事故造成的后果。

3．法律部门

法律部门可以为风险管理部门提供国家有关法律、法规等方面的指导，可以提供有关产生责任风险、合同风险的情况，有助于风险管理人员依法管理企业的生产经营活动，尽量避免各类责任风险事故的发生。风险事故发生后，风险管理部门还需要法律部门的配合，来减少风险事故造成的责任损失风险。

4．人事部门

人事部门是管理企业人事、工资福利、培训、奖励、晋升，以及其他涉及组织内部人员流动等事项的部门，人事部门的管理对风险管理部门的工作起着积极的作用。风险管理部门的管理计划，需要人事部门工作人员的积极配合。在人事部门的积极配合下，风险管理部门的工作才能妥善地实施。

5．生产部门

生产部门是企业生产经营的核心，企业的风险管理也是围绕着生产经营活动展开的。在企业生产活动中，生产部门面临着各种损失的风险。例如，由于生产设备损毁或发生故障造成停工的损失；生产中发生工伤事故，造成员工受伤的损失；企业产品的缺陷，给用户造成伤害的损失等。对此，风险管理人员应当与生产管理人员紧密合作，识别、减少和消除风险因素，降低风险事故造成的损失。

6．外部供应商或专业组织

风险管理部门除了与本单位内部其他管理部门加强合作和交流外，还要与外部供应商或专业组织加强交流与合作。这些外部人或专业组织包括会计师、律师、风险管理顾问、保险代理营销员、保险精算师、风险管理师、原料供应商等，交流与合作的目的是要进一步发现风险管理部门没有注意到的风险。当然，外部人也有给企业带来损失的风险，这就需要风险管理部门广泛收集信息并准确地判断，为企业生产、经营决策管理提供可供参考的依据。

本章小结

风险管理的目标起始于风险管理的成本收益分析，企业是营利的主体，风险管理的目标包括了经济性、安全性和社会责任等方面的考量。风险管理的流程包括了风险目标确立、风险识别、风险衡量与评价、风险决策、方案实施和绩效评价六个步骤。组织内部的风险管理部门承担风险管理的主要职责，要加强与其他部门之间的交流与合作，提高风险管理的水平和能力。

复习思考题

1. 选择题

（1）风险管理的成本包括（　　）。

A. 风险预防成本　　B. 保险成本

C. 保险以外防止损失扩大的成本　　D. 财务危机成本

（2）确定风险管理目标时要注意遵循（　　）原则。

A. 现实性　　B. 明确性　　C. 层次性　　D. 可量化性

（3）（　　）是风险管理单位确定风险管理目标的基础。

A. 风险管理的成本—收益分析　　B. 企业战略

C. 企业组织结构　　D. 市场分析

（4）为了明确掌握企业风险管理的结果，更好地应对风险，企业要进行（　　）。

A. 风险计划　　B. 风险管理评价　　C. 风险识别　　D. 风险控制

（5）风险融资可以分（　　）。

A. 风险自担融资 B. 保险融资　　C. 非保险融资　　D. 发行债券

2. 判断题

（1）风险管理的目标是单一的、确定的。（　　）

（2）风险管理不可能消除风险，也不可能完全避免损失。（　　）

（3）风险评价是指在衡量风险的基础上，对引发风险事故的风险因素进行综合评价。（　　）

（4）风险管理机构的设置与风险管理单位的经营规模、风险高低等因素密切相关，而同风险管理的水平和质量无关。（　　）

（5）风险管理是一项复杂而系统的工程，是风险管理部门的责任，往往不需要企业其他管理部门的配合和合作。（　　）

3. 简述损失前的风险管理目标。

4. 简述损失后的风险管理目标。

5. 简述风险管理的程序。

6. 简述风险管理绩效评价的原因。

7. 简述风险管理组织机构的主要职责。

8. 简述风险管理机构同其他部门的关系。

9. 简述风险管理成本的构成。

10. 简述确定风险管理目标的原则。

第5章 风险识别方法

【引言】

风险管理的第一步是明确是否有风险会发生，即风险识别过程。通过一系列技术和方法，系统地分析、发现是否有风险形成。只有全面准确地对风险进行识别，才能有效地进行风险管理的后续步骤和活动。

风险识别是指风险管理主体运用有关的知识和方法，系统、全面和连续地发现风险管理单位面临的财产、责任和人身损失风险的过程。风险识别实际是收集有关风险因素、风险事故和损失暴露方面的信息，发现导致损失的风险因素。风险识别一般包括发现或调查风险源、认知风险源、预见危害等过程和步骤。

风险识别是风险管理的首要步骤。政府、企业和个人面临的风险是错综复杂的，需要进行识别和分析。风险识别在整个风险管理中占有重要地位，只有全面、准确地发现和识别风险，才能衡量风险和选择风险管理技术。风险识别是风险衡量的前提，是风险管理单位有针对性地处理风险的基础。掌握和运用识别风险的方法，可以预防风险事故的发生。

风险识别是风险管理工作中非常重要的一项工作。可以说，风险管理工作的成效如何，主要取决于风险识别工作。一些企业因为风险管理工作方面的失误导致灾难性的后果，其根本原因往往是没有辨别出企业所面临的风险。

因此，在风险管理中，企业必须有人能够识别企业所面临的风险。负责识别风险的人可以是企业内部的员工，也可以是外部的风险管理专家。

5.1 风险损失清单法

风险损失清单法是识别风险的重要方法，主要用来识别风险管理单位面临的各种风险源。有些风险管理者希望有一种万能的风险识别方法，这是不现实的。为了识别风险管理单位所面临的各种风险，风险管理人员需要制定一个识别风险的框架，来概括所有可能发生的损失。然而，构造风险管理框架需要的工作量比较大，为此，人们编制出各种各样的风险损失清单，列举出风险管理单位可能面临的所有风险源，帮助风险管理者识别风险。在风险损失清单中，大多数风险源是针对可保风险和纯粹风险编制的。

5.1.1 风险损失清单

1977 年，美国风险和保险管理学会制定了一份较全面的风险损失清单。风险损失清单是按照直接损失风险、间接的或引致的损失暴露和第三方责任三大项编制的。其中，直接损失风险分为无法控制和无法预测的损失、可控制和可预测的损失、一般的财务风险三类（见表 5.1）。

表 5.1 风险损失清单

一、直接损失风险
（一）无法控制和无法预测的损失
1. 电力干扰：闪电、熄火、太阳黑子活动、电力波动、磁带去磁
2. 降落物体：飞行器、陨石、导弹、大树
3. 地质运动：地震、火山、山体滑坡、雪崩
4. 声音和震动波：声呐、震动、水的拍打声
5. 下陷：倒塌、沉降、腐蚀
6. 战争、暴动、反叛、武装反抗、阴谋破坏
7. 水灾：洪水、水平面上升、暴雨、泥石流、潮汐波（海啸）、间接泉、地下水、水管裂缝、下水道溢出
8. 冰、雪
9. 风暴：台风、飓风、旋风、龙卷风、冰雹、降雨、灰尘、沙暴
（二）可控制和可预测的损失
1. 玻璃或其他易碎品破碎
2. 故障：部件或润滑油的故障等
3. 碰撞：水上交通工具、空中交通工具、陆上交通工具
4. 污染物：液体、固体、气体、放射性、污染
5. 锈蚀：磨损、撕裂、滥用、疏于保养
6. 员工疏忽
7. 爆炸和内破裂
8. 环境控制失败：温度、湿度、气压
9. 动物区系：哺乳动物、啮齿类动物、昆虫、害虫
10. 火灾
11. 卸载货物的危险：物体不慎摔坏
12. 国际破坏：向海中抛弃货物
13. 海上风险：海盗、船长或海员的非法行为
14. 物理变化：缩水、蒸发、变色、生霉、膨胀、收缩
15. 桶、箱、罐、槽的破裂或刺穿

续表

16. 烟尘危害、熏烟
17. 溢出、渗漏
18. 建筑缺陷：起重机或升降机失控
19. 恐怖分子袭击、爆炸
20. 运输：翻倒、碰撞
21. 无意过失：雇员、计算机、顾问
22. 植物
23. 破坏行为、恶意损害、损坏财产
（三）一般的财务风险
1. 雇员的欺诈行为：造假、挪用公款、盗窃
2. 征用：国有化、查封、充公
3. 欺诈、伪造、小偷、窃贼、抢劫
4. 契约、所有权、专利权或版权的失效
5. 存货短缺：神秘消失、财产遗失
6. 荒废
二、间接的或引致的损失暴露
（一）所有直接损失暴露对下列各种人和物的影响
1. 供应商
2. 消费者
3. 公用设施
4. 运输：职员和财产
5. 雇员
（二）额外费用：租金、通信、产品
（三）资产集中
（四）风格、品位和期望的变化
（五）破产：雇员、管理人员、供应商、消费者、顾问
（六）教育系统的破坏
（七）经济波动：通货膨胀、衰退、萧条
（八）流行病、疾病、瘟疫
（九）替代成本上升、折旧
（十）版权或专利权遭到侵害
（十一）成套、成双、成组部件的遗失
（十二）档案受损造成的权力丧失
（十三）管理上的失误

续表

1. 定价、市场营销
2. 分销方式
3. 生产
4. 扩张
5. 经济预测
6. 政治预期
7. 投资
8. 分发红利
9. 交税
（十四）产品取消
（十五）废品
三、第三方责任（补偿性和惩罚性损失）
（一）飞行责任
1. 自己拥有的或租赁的飞行器
2. 非所有者：官员和雇员
3. 地面责任和连带责任
（二）运动责任：运动队的赞助关系、娱乐设施
（三）广告商和出版商的责任
1. 作为代理人的责任
2. 对产品特征的诽谤、诬陷
3. 媒体应用：广播、电视、报纸、样品、展览
（四）机动车责任
1. 驾驶车辆：所有者和非所有者
2. 装货和卸货
3. 危险物品：易燃物品和易爆物品
（五）合同责任
1. 购货协议
2. 销售协议
3. 租赁协议：动产和不动产
4. 服务
5. 债务、抵押、票据
6. 无害条款
7. 保险协议
（六）董事长和高级职员的责任

续表

（七）地役权
1. 总的地役权
2. 附属物
3. 普通法的支持和反对
4. 获得阳光、水、排水设施、支持设施的权利
（八）业主责任
1.《员工赔偿法》或其他类似法律
2.《联邦雇员责任法》
3. 普通法
4.《美国码头装卸工人和港口工作人员法》
5.《琼斯法》
6.《军事基地法》
7.《外大陆架法》
8. 失业赔偿
9. 就业歧视
（九）受托人和额外福利计划责任
1. 养老金、托管金、利润共享计划、投资
2. 保险：人寿保险、意外事故保险、健康保险
3. 信托协会
（十）玩忽职守责任
1. 医疗事故：医生、护士、专家
2. 律师
3. 工程师
4. 养老金计划理事
5. 侵犯专利权
（十一）普通的玩忽职守责任
1. 雇员
2. 代理商
3. 受邀请的和未受邀请的客户
4. 承包人和次级承包人
5. 未能提供安全设备和安全警示
6. 法律、法规没有得到充分执行
7. 食物准备不当

续表

（十二）非所有者责任
1. 租赁的动产和不动产
2. 受托者责任
3. 雇员使用交通工具、飞行器和水上交通工具
（十三）业主责任
1. 障碍、损害、妨害
2. 受邀请的顾客
3. 其他权利：河岸权、矿产权、阳光、空气、视野、侧面支持、在他人土地上的通行权、局部墙壁、执照、排水、征用权
（十四）产品责任
1. 隐性担保
2. 显性担保
（十五）保护责任
1. 受雇的工业承包人
2. 建筑物损害
（十六）铁路责任
1. 旁轨协议
2. 道路权
3.（道路与铁路的）平面交叉
（十七）董事长和高级职员的责任（股东的派生责任）
（十八）水上交通责任
1. 所有权、租赁、操作
2. 类型：小船、游艇、轮船、潜水工具、钻探平台、工作平台

资料来源：A.E.Pfaffle and Nicosia. *Risk Analysis Guide to Insurance and Employee Benefits, revised edition*. New York: AMA Membershp Publications Division, American Management Association, 1986.82-88.

5.1.2 风险损失清单的使用方法

风险损失清单所列项目是人们已经识别的、最基本的损失风险，是运用列举的方法，识别风险管理单位所面临的潜在损失风险。风险损失清单对于风险管理单位识别具有共性的风险因素是普遍适用的，有利于风险管理单位全面地识别风险，可以降低风险管理成本。

从表 5.1 可以看出，风险损失清单表从直接损失、间接损失和责任损失三个方面全面列举了风险管理单位可能面临的各种损失风险。风险管理单位在识别风险时，可以参照这个清单表，逐一检查、核对，预见本单位在生产经营活动中可能面临的各种风险，并根据风险事故可能造成危害的严重程度，确定风险管理的先后次序，制作适合本单位的风险损失清单表，提供给风险管理人员使用。风险管理单位在设计本单位使用的风险识别清单时，需要注意以下几个方面的问题：

（1）风险损失清单越详细、越完善，就越能够全面识别风险管理单位面临的各种风险，有利于减少风险事故的发生。从表 5.1 可以看出，风险损失清单是比较琐碎的，但是，正是风险损失清单表提供了风险管理单位识别自身面临损失风险的参照标准。

（2）风险损失清单可以根据风险管理单位的具体实际需要制作。风险管理单位在制作风险损失清单时，可以按照对自己有利、方便的方式排列风险源。在制作风险损失清单时，不能遗漏重要风险源，不能颠倒风险源的先后次序。

（3）风险损失清单需要不断调整。经济和社会环境的变化、风险管理单位情况的变化等，需要风险管理部门不断地收集有关风险暴露的信息，调整已经制作的风险损失清单表。如果发现风险识别中存在一些新情况、新变化，应当及时调整、改进风险损失清单，以避免遗漏重要的风险源。

5.1.3 风险损失清单法识别风险的优缺点

1. 风险损失清单法识别风险的优点

（1）运用风险损失清单发现、识别风险，可以降低风险管理的成本。风险管理单位逐项现场调查风险源，需要花费大量的时间，以及大量的人力、物力投入。运用风险损失清单识别风险，可以降低风险管理单位的成本，可以节省不必要的支出。

（2）运用风险损失清单发现、识别风险，可以避免遗漏重要的风险源。如果没有风险损失清单，风险管理单位自己编制损失清单，不仅需要做大量的工作，而且可能遗漏比较重要的风险源。

2. 风险损失清单法识别风险的缺点

（1）风险损失清单不是识别风险的万能方法，不可能概括风险管理单位面临的特殊风险。风险损失清单标准化管理模式，虽然比较全面地列举了风险管理单位可能面临的损失，但是，依然无法概括风险管理单位面临的特殊风险，这是风险损失清单法的固有缺陷造成的。所以，风险管理单位可以根据本单位的行业特点、经营状况、发展阶段等方面的具体情况，制作适合本单位特点的风险损失清单，避免遗漏风险管理单位固有的、重要的风险源。

（2）风险损失清单只考虑了纯粹风险，没有考虑投机风险。传统风险损失清单表的制定，只考虑了风险管理单位面临的纯粹风险，没有考虑风险管理单位面临的投机风险。一般而言，风险损失清单提供了一种对可保风险进行识别的框架，为了收集有关风险识别的有用信息，一些单位采用风险因素问卷调查的方式，调查风险管理单位所面临的纯粹风险。

5.2 现场调查法

现场调查法也是风险识别的一种重要方法。现场调查法是指从事风险管理的部门、保险公司、有关咨询机构、研究机构等方面的工作人员，就风险管理单位可能面临的损失，进行详尽的调查，并出具调查报告书。调查员提交的调查报告书，是风险管理单位识别风险的重要参考依据。

5.2.1 现场调查法概述

现场调查法是一种常用的风险识别方法。现场调查法是风险管理人员亲临现场，通过直接观察风险管理单位的设备、设施、操作和流程等，了解风险管理单位的生产经营活动和行为方式，调查其中存在的风险隐患。例如，在保险合同的制定前期，对投保寿险业务的被保险人，保险代理人要了解其是否从事危险职业、是否有遗传病、是否有慢性病或不治之症等。同样，对投保财产保险的投保人，保险公司要调查其信誉、经营能力、安全管理能力等情况。其中，对保险标的的现场调查主要包括调查投保标的的风险性质、标的物的存放、标的坐落的地点和环境等。

通过现场调查，风险管理主体可以直接发现保险标的面临的潜在损失风险。保险公司对投保火灾风险的建筑物，还要调查标的物是否处在简陋的棚户区，一旦发生火灾是否具有蔓延成片的可能；对投保的生产设备，调查保险标的是否坐落在容易发生爆炸的化工厂附近；对车辆、船舶、飞机等保险标的，则调查其是否属于容易发生事故的、超龄服役的老车、老船等。如果发现被保险人或保险标的存在的风险已经超出可保风险的范围，保险公司可以拒绝承保。通过亲临现场的调查，风险管理人员能够发现潜在的安全隐患，并督促有关管理部门采取相应的整改措施，或者在保险合同中约定针对保险费、赔偿金等方面的要求，甚至会拒绝提供保险业务。

5.2.2 现场调查法的步骤

风险管理人员进行现场调查工作，主要包括以下几个步骤。

1．调查前的准备工作

风险管理人员在进行现场调查前，应当做好充分的准备工作。具体来说，其主要包括确定调查的时间、地点、调查对象，编制调查表，预先确定需要询问的一些问题，尽量避免忽略、遗漏某些重要事项。风险调查表主要有以下三种。

（1）事实检查表。事实检查表就是根据被检查对象的具体实际，罗列出检查的项目或检查点，然后检查者根据实际的检查情况记录结果即可。事实检查表的特点是填表人不需要具备风险管理方面的专业知识，就可以逐项回答、填写已经列好的表格（如表 5.2 所列的仓库安全检查表），对于填表人回答不满意的地方，风险管理人员应当调查原因。事实检查表的优势是，能够及时发现安全隐患，可以为风险决策管理提供重要的参考依据。当然，事实检查表也存在不足，主要是两个方面：一是对调查事实的评判标准不同，得出的结论也不同；二是调查表可能遗漏重要事项。在编制事实检查表时，如果风险管理人员遗漏重要的检查对象，就有可能发生比较大的损失，这也是事实检查表的缺点。因此，运用事实检查表识别风险时，要尽量详细，尽量不遗漏检查的对象。

表 5.2　某公司仓库财产安全检查表

检查对象	满　意	不满意
房屋		
防盗门		
防盗窗		
门锁		
房顶		
报警系统		
消防系统		
存货记录		
半成品		
包装物		
原材料		
产成品		
人员		
保安人员		
检查人签字：		日期：

（2）回答问题检查表。回答问题检查表只要求被调查单位、人员逐项回答问题，不需要表述具体的情况。如果存在安全隐患，则需要说明采取的风险防范措施（见表 5.3）。回答问题检查表的优势是，将各种风险因素非常直观地表达出来，即使填表人不具备风险管理方面的专业知识，也能够回答调查表中的问题，不会出现判断失误的问题。回答问题检查表的缺点是一方面制作这样的调查表比较麻烦，需要的专业知识和技术难度比较高；另一方面制作这样的调查表需要内容详细，不遗漏一些重要的问题。

表 5.3　某车间识别火灾风险检查表

调查问题	是	不　是	措　施
工序中有易燃易爆品吗？			
工序中有火苗吗？			
加工设备安全吗？			
加工设备有防护装置吗？			
工序废物经常清扫吗？			
加工完的货物搬走了吗？			
消防设备安全吗？			
灭火器放在消防手册规定的位置吗？			
防火门安全吗？			
火灾报警器安全吗？			
按照消防手册演习了吗？			
车间有禁止烟火的标志吗？			
您认为还有不符合标准的吗？			
签字（车间主任）：		填表日期：	

（3）责任检查表。责任检查表一般只调查有关管理人员是否履行了工作的职责，如果未履行有关的职责或未按照规定的要求工作，就存在着安全隐患。表 5.4 是风险调查员制作的消防设备的责任调查表。

表 5.4　消防设备的责任检查表

消防设备	答　案	A 低于标准	B 达到标准	措　施
活动水泵		水源不正常或达不到标准	水源正常、达到标准	
室外消防栓		不能使用	可以使用	
水龙带和室内灭火栓		不正常	正常	
灭火器		有灭火器或不会操作	有灭火器、会操作	
水桶		不易拿到	随时可以拿到	
手动水泵		手动水泵可以使用	手动水泵可以使用 2 小时	
签字：			日期：	

从表 5.4 可以看出，责任检查表提供了行为或财产的两种情况。在调查时，填表人必须说明投保的标的物适合哪种情况（A 或 B），并填写是否针对 A 情况采取了相应的措施。如果未采取相应的措施，则存在安全隐患。责任检查表被送到风险管理部门后，风险管理人员会针对低于标准的情况采取措施，分析投保标的物的安全隐患。

2．现场调查和访问

（1）现场调查和访问就是调查员亲临现场，按照计划好的流程和任务进行逐一调查访问，得到实际的结果。

（2）现场调查和访问需要注意的问题。风险管理人员进行现场调查和访问，需要注意以下几个问题：一是要熟悉、了解现场的每个角落，不遗漏可能存在的风险隐患；二是风险管理人员同工作人员的交流、沟通，可以帮助风险管理人员识别风险；三是密切注意那些经常引发风险事故的工作环境和工作方式；四是要提出大致的整改方案。在调查现场时，风险管理人员没有时间仔细思考被调查现场的有关情况，因而，只能提出大致的整改方案，更加详细的整改方案会在调查报告中提出。

3．调查报告

现场调查结束后，风险管理人员需要撰写调查报告。调查报告是了解风险单位风险等级的重要依据，也是保险人决定是否承保的重要依据，对此，风险调查员应将调查时发现的情况如实报告委托调查的保险公司，调查报告应当指出标的物的风险等级、危险点和整改方案等。

在国外，保险人做出是否承保的决定，是以风险调查员所做的平面图和调查报告为依据的。由此，保险人工作的成败，主要取决于以下两个因素：一是风险调查员所运用的图示和文字，是否真实、准确和全面地描绘了保险标的的风险状况；二是保险人解释、理解和鉴别风险调查员所提供图示和文字的能力，影响保险人的判断。

5.2.3 现场调查法识别风险的优缺点

现场调查法作为风险识别的重要方法，在风险管理中得到了普遍、有效的使用。当然，现场调查法既有其优点，也存在缺点。

1．现场调查法识别风险的优点

（1）可以获得风险管理单位从事活动的现场调查材料。

（2）能够了解风险管理单位的资信状况，避免道德风险的发生。

（3）有效的现场调查可以防止风险事故的发生。

2．现场调查法识别风险的缺点

（1）采用现场调查法耗费的时间比较多。要真正了解风险管理单位面临的风险，需要进行大量的现场调查，这会耗费大量的时间。

（2）现场调查的管理成本比较高，包括现场调查人员成本、现场安排等，比较费时费力。

（3）风险管理人员的风险识别能力和水平对现场调查的结果具有较强的主观影响。现场调查的过程中，风险管理人员可能注意不到某些安全隐患，风险管理人员识别、发现风险的能力和水平，在一定程度上决定风险管理的结果。

5.3　流程图法

流程图法是识别风险管理单位面临潜在损失风险的重要方法。流程图法是将风险主体按照生产经营的过程和日常生活内在的逻辑联系绘成流程图，并针对流程中的关键环节和薄弱环节调查风险、识别风险的办法。

5.3.1　流程图的类型

（1）按照流程路线的复杂程度，流程图可以分为简单流程图和复杂流程图。简单流程图是将风险主体的活动按照大致的工作流程进行描述，用一条直线将主要流程的内在联系勾画出来（见图 5.1）。复杂流程图是将风险主体的活动详细地进行描述，用多条连线将活动过程中的主要程序和主要环节按照内在逻辑联系勾画出来（见图 5.2）。

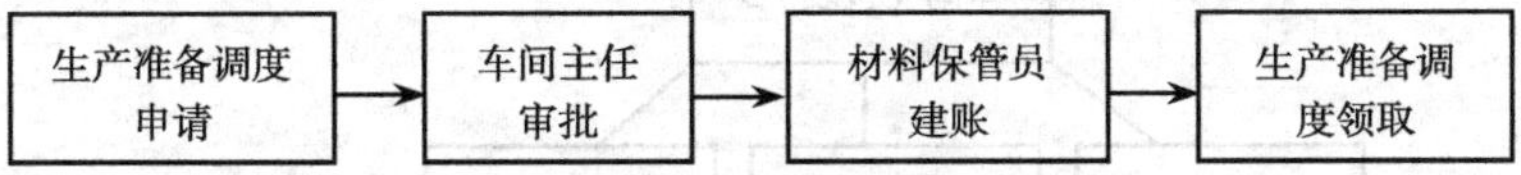

图 5.1　某公司劳动保护用品发放流程

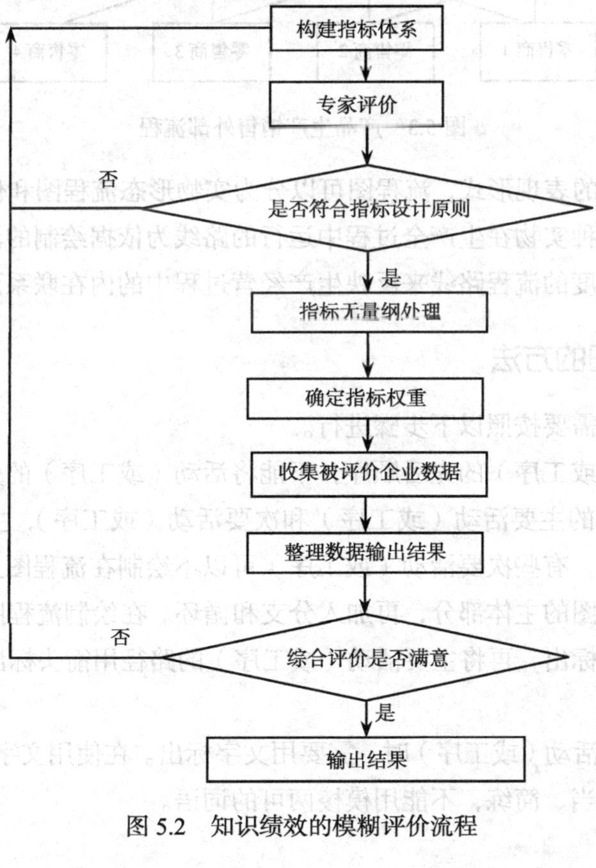

图 5.2　知识绩效的模糊评价流程

（2）按照流程的内容，流程图可以分为内部流程图和外部流程图。内部流程图是以风险主体内部的生产经营活动为流程路线绘制的流程图。外部流程图是以风险主体外部的活动为主要流程路线绘制的流程图，例如，以产品销售运输过程为主要流程路线绘制的外部流程图。外部流程图用以揭示企业从原材料供应到制成品，直至销售出去存在的风险（见图 5.3）。

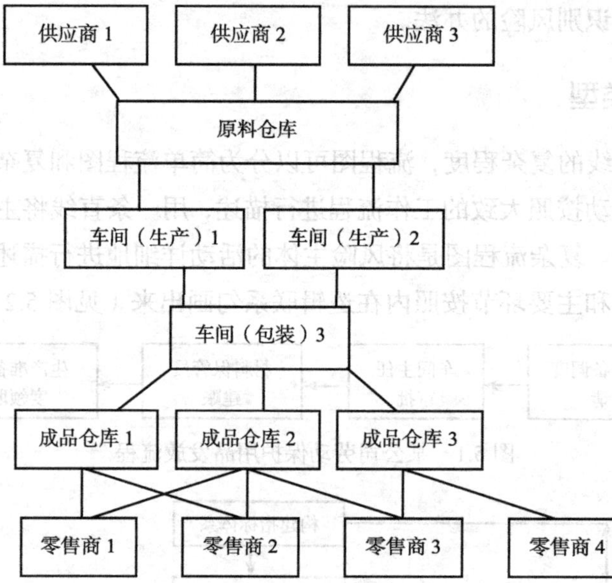

图 5.3　产品生产销售外部流程

（3）按照流程图的表现形式，流程图可以分为实物形态流程图和价值形态流程图。实物形态流程图是以某种实物在生产全过程中运行的路线为依据绘制的流程图。价值形态流程图是用标有价值额度的流程路线来反映生产经营过程中的内在联系而绘制的流程图。

5.3.2　绘制流程图的方法

绘制流程图通常需要按照以下步骤进行。

（1）调查活动（或工序）的先后顺序，不能将活动（或工序）的先后顺序颠倒。

（2）分清流程中的主要活动（或工序）和次要活动（或工序），主要活动（或工序）必须绘制在流程图上，有些次要活动（或工序）可以不绘制在流程图上。

（3）先绘制流程图的主体部分，再加入分支和循环。在绘制流程图时，应先将主要活动（或工序）用方框标出，再将主要活动（或工序）的路径用箭头标出，最后再画出次要活动（或工序）。

（4）用方框标示活动（或工序）时，需要用文字标出。在使用文字标示活动（或工序）时，应当注意用词恰当、简练，不能用模棱两可的词语。

5.3.3 流程图法识别风险的优缺点

1．流程图法识别风险的优点

（1）流程图可以比较清楚地反映活动（或工序）流程的风险。根据生产条件和工作目的的不同，可以将风险主体的生产经营活动制成流程图，以便于识别风险。一般来说，风险管理单位的经营规模越大，生产工艺越复杂，流程图法识别风险就越具有优势（见图 5.3）。

从图 5.3 可以看出，从原材料的来源、包装、存储到销售等，产品生产销售的各个阶段都可以反映在流程图上。在产品生产销售流程中，任何一个环节出现问题，就会引发企业生存的风险。

（2）流程图强调活动的流程，而不寻求引发风险事故的原因。流程图只是生产、经营活动的简单概括，其目的是揭示生产、经营活动中的风险，流程图强调的是活动的流程，并不是寻求引发风险事故的原因。

（3）流程图法识别风险需要流程图解释的配合。由于流程图只注重活动的过程，不注重引发风险事故的原因，因此，全面、准确地识别风险需要流程图解释的配合。

2．流程图法识别风险的缺点

（1）流程图法不能识别企业面临的一切风险。任何一种管理方法都不可能揭示风险管理单位面临的全部风险，更不可能全面揭示导致风险事故的所有原因，因此，必须根据风险管理单位的性质、规模，以及每种方法的用途，将各种方法结合起来使用。

（2）流程图是否准确，决定着风险管理部门识别风险的准确性。例如，制作企业生产、销售等方面的流程图，需要准确地反映生产、销售的全貌，任何部分的疏漏和错误，都有可能导致风险管理部门无法准确地识别风险。

（3）流程图识别风险的管理成本比较高。一般来说，流程图由具有专业知识的风险管理人员绘制，需要花费的时间比较多，其管理成本也比较高。

5.4 因果图法和事故树法

因果图法和事故树法是风险识别的两种重要方法，因果图法是从导致风险事故的原因出发，推导出可能发生的结果；事故树法是从风险事故的结果出发，推导出引发风险事故的原因。因果图法和事故树法是两种截然不同的识别风险的方法。

5.4.1 因果图法

风险管理实务中，导致风险事故的因素比较多，通过对这些因素进行全面系统地观察和分析，可以找出其中的因果关系。因果图法是日本东京大学教授石川馨于 1953 年首次提出的。石川馨和他的助手在研究活动中，用因果法分析影响产品质量的因素，获得了很大的成功，并被世界许多国家的风险管理部门采纳。

1. 因果图的绘制

因果图法是一种用于分析风险事故与影响风险事故原因之间关系的比较有效的分析方法。在风险管理中，导致风险事故的原因可以归纳为类别和子原因，可以画成形似鱼刺的图，因此，因果图又称鱼刺图，如图 5.4 所示。因果图是按照以下步骤绘制的：

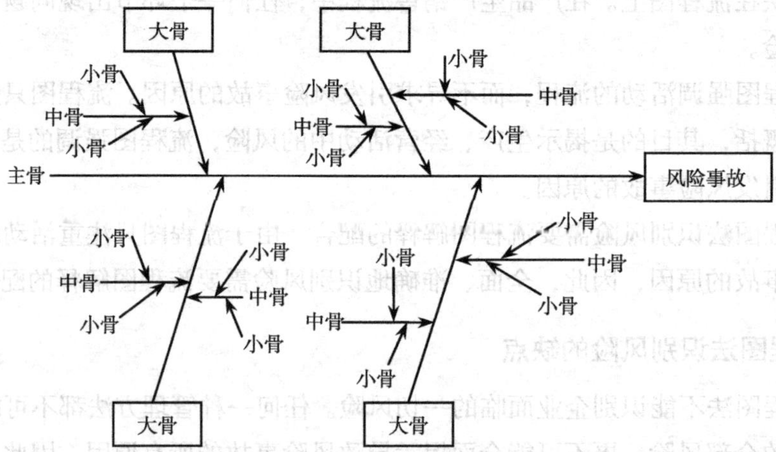

图 5.4　因果图结构

（1）确定风险事故。因果图中的风险事故是根据具体的风险管理目标确定的，因果图分析有助于识别引发风险事故的原因。

（2）将风险事故绘在图纸的右侧，从左至右画一个箭头，作为风险因素分析的主骨，接下来将影响结果的主要原因作为大骨，即风险识别的第一层次原因。

（3）列出影响大骨（主要原因）的原因作为中骨，作为风险因素分析的第二层次原因；用小骨列出影响中骨的原因，作为风险分析的第三层次原因，依次类推。

（4）根据影响风险事故的各类风险因素的重要程度，将对风险事故产生显著影响的重要因素标示出来，有助于识别导致风险事故的主要原因。在确定各风险因素对风险事故影响程度的过程中，常用的方法是实验法。实验法是指在控制的条件下，对一个或多个风险因素进行操纵，以测定这些因素之间的关系。

（5）记录必要的相关信息。在因果图中，所有的因素与结果不一定有紧密的联系，将对结果有显著影响的风险因素做出标记，将对结果不具有显著影响的风险因素忽略不计，这样可以比较清楚地再现风险因素和风险事故的内在联系。

从图 5.4 可以看出，导致风险事故的因果图中，风险事故与主骨、大骨、中骨和小骨之间存在着逻辑上的因果关系。其中，主骨在引发风险事故的过程中起决定作用，大骨、中骨和小骨在因果图中是起次要作用的因素，但是，就具体的大骨、中骨和小骨等来说，每一骨所起的作用也是不同的。尽管如此，这些因素会引起主骨的变化，最终导致风险事故的发生。

2．绘制因果图的注意事项

（1）重要风险因素不遗漏。在确定引发风险事故的原因时，需要充分调查引发风险事故的各种风险因素，尽可能找出影响结果的重要原因，以免遗漏。

（2）确定风险因素时应尽可能具体。如果确定的导致风险事故的风险因素很抽象，分析出来的原因只能是一个大概，尽管这种因果分析图不会出现太大的错误，但是，对于解决具体问题的作用却不大。

（3）风险事故的因果图需要根据结果分别绘制。如果许多结果都用同一张因果图来分析，势必使因果图庞大而复杂，管理的难度比较大，难以找到引发风险事故的直接原因。

（4）因果图的验证。如果分析的导致风险事故的原因无法采取措施加以解决，说明问题还没有得到解决，需要进一步细分原因，直到能够采取相应的措施为止；绘制出来的图形如果不能采取具体的措施，则不能称为因果图。因果图在使用的过程中，需要不断地加以改进。

3．因果图法的缺陷

（1）对于导致风险事故原因调查的疏漏，会影响因果图分析的结论。从某种意义上说，风险因素调查是否充分，影响着因果图法分析的结论。

（2）不同的风险管理人员对风险因素重要性的认识不同，会影响因果图分析的结论。由于风险管理人员的风险意识、观念不同，风险管理者对风险因素重要性的认识也不同，因此，风险管理者对于风险因素重要性的认识是否合乎逻辑，会影响因果图分析的结论，进而影响风险识别的结果。

（3）风险管理者的观念影响因果图识别风险的结论。风险管理人员的主观想法或印象，影响着风险管理的结论，因此，在运用因果图分析问题时，可以借助统计数据来分析风险因素的重要性，这种分析比较科学，又合乎逻辑。

5.4.2　事故树法

事故树法是识别风险的另一种比较有效的技术，事故树分析常常能够提供防止事故发生的手段和方法。这种风险识别方法起源于 20 世纪 60 年代，是美国贝尔电话实验室在从事空间项目研究时发明的，后来被广泛用于分析可能产生风险事故的事件。事故树法就是从某一事故出发，运用逻辑推理的方法，寻找引起事故的原因，即从结果推导出引发风险事故的原因。事故树法也是我国国家标准局规定的事故分析方法之一。

1. 事故树分析

事故树法的理论基础是，任何一个风险事故的发生，必定是一系列事件按照时间顺序相继出现的结果，前一事故的出现是随后发生事件的条件，在事件的发展过程中，每一事件存在两种可能的状态，即成功或失败。

下面以某公司自动化生产粗轧橡胶系统为例，识别自动化生产系统所面临的损失风险（见图 5.5）。

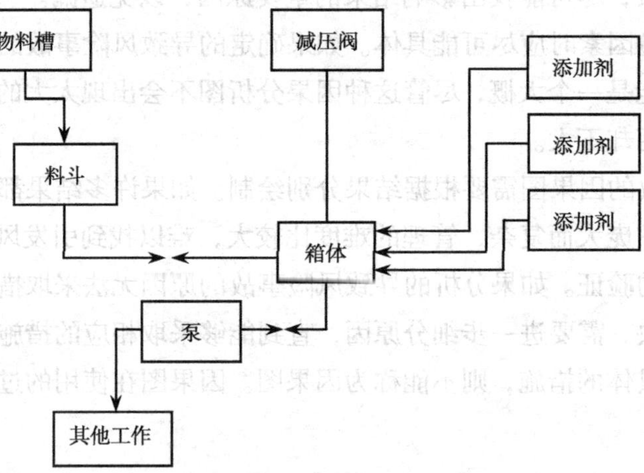

图 5.5　粗轧橡胶流程

从图 5.5 可以看出，粗轧橡胶系统的工作原理是：天然橡胶从箱体一端的材料槽加入，添加剂从箱体的另一端加入，二者混合后，由电泵从箱体内抽出混合物。系统工作中有两种情况：一是如果材料槽正常工作，而电泵失效，箱体内的压力就会升高；二是如果材料槽输入过快，而电泵正常工作，箱体内的压力也会升高。箱体内压力升高，如果安全阀正常工作，箱体内的压力就会下降，箱体爆炸就不会发生；如果安全阀失效，就会发生箱体爆炸。根据以上情况，可以进行以下分析。

（1）爆炸事故在树顶，引起爆炸的风险事故为树的分支。一般来说，顶上事件表示爆炸事故的树顶；中间事件、基本事件表示风险事故的分支。方框表示引起事故的子原因，但不是基本原因，称为中间事件；圆圈表示引起事故的基本原因或引起事故发生的最小事件，即基本事件。这样图 5.5 就可以转化为图 5.6。

（2）确定事件之间的关系。多事件同时发生，才能导致风险事故的发生，用“与门”联系起来，用符号“⌓”表示；只要有一个事件发生，就会导致风险事故的发生，用“或门”联系起来，用符号“⌒”表示。“与门”相连事件的概率用乘法计算，“或门”相连事件的概率用加法计算。这样，图 5.6 可以用图 5.7 表示出来。

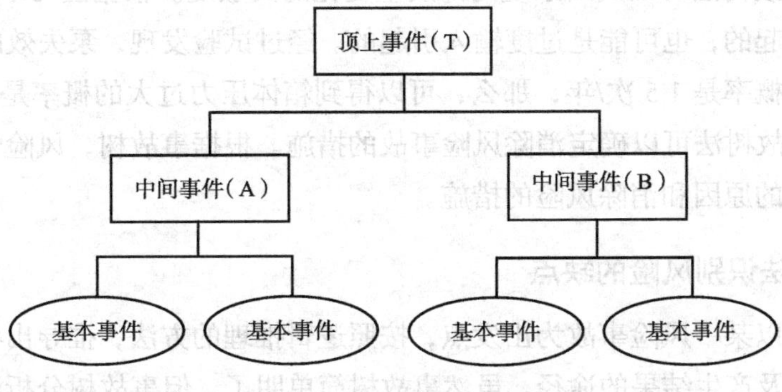

图 5.6　引发风险事故的事件

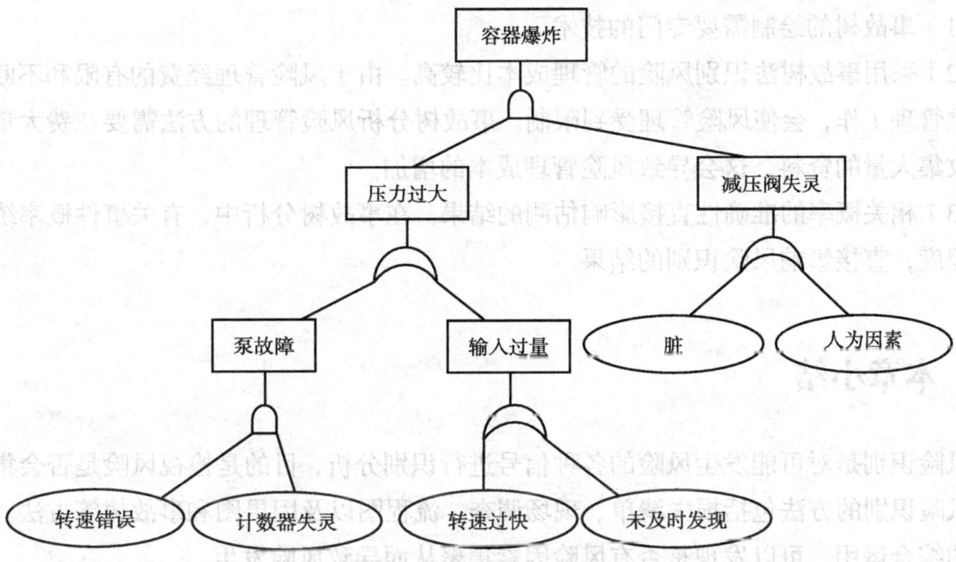

图 5.7　容器爆炸的事故树

（3）事故树是描述复杂系统运动过程的一种较好的方法。从图 5.7 可以看出，风险事故的发生是一连串事件失败的结果，而且一环紧扣一环，形成一个事物链。在这些环节事件中，如果有一个环节不失败，则风险事故就不会发生。

（4）引发风险事故的必要条件必须反映在事故树上。在用事故树法识别风险的过程中，需要说明哪些风险因素对于风险事故的发生是必要的，哪些是辅助的，对于引发风险事故的必要条件，必须反映在事故树上；否则，就会产生风险识别上的失误。

2. 事故树法识别风险的优点

（1）运用事故树法可以识别风险。从图 5.7 可以看出，导致泵故障的原因是转速错误和计数器失灵，导致输入过量的原因是转速过快或未及时发现，导致减压阀失灵的原因是人为因素或减压阀比较脏。

（2）运用事故树法可以判断系统内部发生变化的灵敏度。根据图 5.7，箱体压力过大可能是泵失效引起的，也可能是过度输入引起的。经过试验发现，泵失效的概率为 0.5 次/年，过度输入的概率是 1.5 次/年，那么，可以得到箱体压力过大的概率是 2 次/年。

（3）运用事故树法可以确定消除风险事故的措施。根据事故树，风险管理人员可以直接找出风险存在的原因和消除风险的措施。

3. 事故树法识别风险的缺点

事故树法是以某一风险事故为出发点，按照逻辑推理的方法，推导出各风险事件可能产生的结果，以及产生结果的途径。虽然事故树简单明了，但事故树分析法也存在一些不足，主要表现在以下几个方面。

（1）事故树的绘制需要专门的技术。

（2）采用事故树法识别风险的管理成本比较高。由于风险管理经费的有限和不断增加的风险管理工作，会使风险管理受到限制。事故树分析风险管理的方法需要花费大量的时间，收集大量的资料，这会导致风险管理成本的增加。

（3）相关概率的准确性直接影响估测的结果。在事故树分析中，有关事件概率统计的准确程度，直接影响风险识别的结果。

本章小结

风险识别是对可能发生风险的各种信号进行识别分析，目的是检视风险是否会集聚发生。风险识别的方法包括损失清单、现场调查、流程图以及因果图和事故树等方法。这些方法的综合运用，可以发现是否有风险因素集聚从而导致风险发生。

复习思考题

1. 选择题

（1）风险管理的第一步是（　　）。

A. 风险识别　B. 目标确定　C. 选择决策　D. 收益比较

（2）风险损失清单表是按照（　　）编制的。

A. 直接损失风险　B. 间接损失风险　C. 责任损失风险　D. 纯粹风险

（3）因果图法是（　　）于 1953 年首次提出的。

A. 石川馨　B. 戴明　C. 德鲁克　D. 韦伯

（4）事故树法起源于（　　）。

A. 20 世纪 50 年代　　B. 20 世纪 40 年代
C. 20 世纪 30 年代　　D. 20 世纪 60 年代

(5)(　　)可以比较清楚地反映活动(或工序)流程的风险。

A. 流程图　　B. 检查表　　C. 事故树　　D. 因果图

2. 判断题

(1)风险损失清单只考虑了纯粹风险，没有考虑投机风险。(　　)

(2)现场调查的管理成本比较低，包括现场调查人员成本、现场安排等。(　　)

(3)流程图法不能识别企业面临的一切风险。(　　)

(4)风险管理者的观念并不影响因果图识别风险的结论。(　　)

(5)运用事故树法可以判断系统内部发生变化的灵敏度。(　　)

3. 简述风险损失清单法识别风险的方法和优缺点。

4. 简述现场调查法识别风险的方法和优缺点。

5. 简述流程图法识别风险的方法和优缺点。

6. 简述事故树法识别风险的方法和优缺点。

7. 简述风险识别的过程。

8. 简述因果图制作的步骤。

9. 简述风险源的种类。

第 6 章　风险管理决策

【引言】

决策是做出选择、判断的过程。风险管理决策是为了应对风险而对各种方案进行分析、评价和选择的过程。最初的风险管理决策的正确与否，往往决定了后续的风险管理的绩效和结果。

6.1　决策的含义和作用

6.1.1　决策的含义

决策是做出判断、选择的过程。曾经获得诺贝尔经济学奖的赫伯特•A•西蒙（1998）认为，“在任何时候，都存在大量可能的备选方案，通过某种过程，这些大量的备选方案，被缩减为实际采用的一个方案，这个方案选择的过程就是决策”。

显然，决策就是“为了实现一个既定的目标，设计并提出多种可行方案，并对这些可行的备选方案进行分析、判断，做出判断选择的过程”。简单来说，决策就是做选择、判断的过程。决策可以从以下几个方面来理解。

（1）目标是前提，决策是为了实现一定的目标服务的。决策是为了解决问题，达到目标。只有明确了目标，决策才有方向。如果一开始就缺乏明确的目标，将会导致整个决策过程偏离方向，最终导致不正确的决策结果。

（2）决策要有多个可行方案才能有选择。决策必须是在两个以上的备选方案中进行选择。如果只有一个方案，那就不用选择，也就不存在决策。

（3）决策是对方案的分析、判断与抉择。决策者必须对决策面临的每个可行方案进行分析、评判，从中选出较好的方案，进行实施。

（4）决策是一个循环的过程。一项决策，从初期收集信息到分析、判断，再到实施、反馈活动，没有这个完整的过程，就很难有合理的决策。事实上，经过执行活动的反馈又进入下一轮的决策。决策是一个循环过程，贯穿于整个管理活动的始终。

6.1.2 决策在管理中的地位与作用

1978 年西蒙提出“管理就是决策”。无论进行计划、组织还是领导和控制，各项管理职能的开展都离不开决策，决策是管理工作的基本要素。管理实际上是由一连串的决策组成的，决策的身影始终伴随着管理工作的每个环节，决策质量好坏对于管理各项职能工作的效率和效果都有着不容忽视的影响作用。决策在组织管理中的地位和作用可以归纳为以下三个方面。

1. 决策正确与否直接关系到组织的生存与发展

在当代社会经济生活中，企业面临的外部环境变化剧烈，企业的生存和发展并不完全取决于营运活动本身，而在更大程度上取决于决策的正确性。决策的正确与否，关系到组织行动的成败。决策的实质是对未来行动方向、路线、措施等的选择。正确的决策，能够指导组织沿着正确的方向、合理的路线前进，克服所遇到的困难和解决遇到的问题等；错误的决策，就会使组织走上错误的道路，使组织正常发展受到影响，降低组织的发展速度，严重的甚至可能会使组织遭到毁灭性的打击而消亡。

2. 决策贯穿于整个管理过程

管理实际上是一个不断地做出决策和实施决策的过程。没有决策，就没有了管理。首先，一切管理职能中都渗透着决策职能，无论是计划、组织、控制，还是人事、沟通、激励，都离不开决策这个职能，每个管理者都必须掌握决策职能和运用决策职能。其次，决策贯穿在管理过程的始终。在一次管理循环中，计划是开端，实施决策过程中的控制是终点。在这个循环中，自始至终都离不开决策。最后，一切管理人员都是决策者，都必须在自己的职责范围内做出决策、实施决策。

3. 决策能力是衡量管理者水平高低的重要标志

管理离不开决策，管理人员首先必须具备的就是决策能力。决策是一项创造性的思维活动，体现了高度的科学性和艺术性。有效的决策取决于三个方面：一是具有有关决策原理、概念和方法等知识；二是具有收集、分析、评价信息和选择方案的娴熟技能；三是具备经受风险和承担决策中某些不确定因素的心理素质。

6.1.3 决策的过程

管理决策是一个科学的过程，根本目的就是要解决问题，但在做出决策之前，必须先分析问题。其一般程序包括发现问题、确定目标、寻求可行方案、寻求相关或限制因素，分析评价备选方案和方案选择、检验和实施等步骤。

为了提高决策的科学性和有效性，管理决策应按照一定的步骤或程序进行。一般来说，决策过程可划分为发现问题、确定目标、拟定备选方案、分析评价方案、选择方案、实施方案、评价反馈七个环节。

1．发现问题

发现问题是决策过程的起点。决策过程既要辨识问题又要解决问题。问题是我们面临的实际情况和要完成的任务，以及要达成的目标。

2．确定目标

目标是决策的方向，管理者确定了要解决的问题，就要针对问题确定决策目标。在确定目标过程中，必须把要解决问题的性质、结构、原因分析清楚，目标必须具体、明确、可以量化，而且有具体的衡量实现程度的标准。目标应具备三个特点，即目标值可计量，实施目标有明确的责任，完成目标有时间计划。

决策目标往往不止一个，而是多目标的决策，利润、成本、质量、市场销售等都可能是决策所要求的目标，这些目标互相制约，有时候互相矛盾。所以，要妥善处理多目标的问题。

3．拟订备选方案

确定了问题和要达到的目标后，接下来就应该开始拟订可行方案。可行方案是指能保证实现决策目标的可操作方案。可行方案至少有两个或两个以上，决策者才可能从中进行比较，然后选出最理想的方案。因为多方案比较是做出科学决策的基础，所以决策者必须开拓思维，充分发挥个人或集体的主观能动性，提出多种可行性方案。

4．分析评价方案

备选方案拟订之后，决策者必须认真地对每个方案进行分析和论证，以便挑选最有效、最恰当的解决问题的方案。评价方案一般需要考虑的问题主要有三个方面：其一，方案实施的可行性；其二，方案实施可能带来的影响；其三，方案实施的风险性。在这一阶段中，可以依靠可行性分析和各种决策技术，如决策树法、矩阵汇总决策、统计决策、模糊决策、层次风险法、数据包络分析等。

5．选择方案

经过对多种方案的评估，许多不符合要求的方案已经被淘汰。此时决策者必须从所剩的若干方案中，选择一个最好或最满意的方案，或者将几个方案综合成一个新的方案确定下来。为了降低新方案实施的风险，许多方案在全面实施之前，先进行局部试行，验证在真实条件下是否可行。验证方案若是不可行的，为避免更大损失，则需再次考察上述各个活动步骤，修正或重新拟订方案。若方案可行，便可以进行全面实施。

6．实施方案

选择满意的方案后，决策过程还没有结束，决策者还必须使方案付诸实施。实施方案是将决策意图传递给有关人员并得到他们采取行动承诺的过程。他必须设计所选方案的实施方法，做好各种必需的准备工作，实施方案的阶段是最重要的阶段。任何完美的方案如果不能付诸行动，那么它们是毫无价值的。为了有效地组织决策实施，决策者应通过各种渠道将决策方案向组织成员通报，争取成员的认同，给予成员支持和具体的指导，调动成员的积极性。当然最可取的方法是设计出一种决策模式，争取让所有的成员参与决策，了解决策，以便更好地实施决策。并且在方案实施的过程中还要对新出现的问题进行协调和解决。

7．评价反馈

通过追踪、检查与评价，可以发现决策执行过程中出现的偏差，以便采取相应的处理措施进行决策控制，并为下一轮的决策提供信息和积累经验。决策是一种事前的设想，在实际的实施过程中，随着形势的发展，实施决策的条件不可能与设想的条件完全吻合，况且，在一些不可控因素的作用下，实施条件和环境与决策方案所依据的条件之间可能会有较大的出入，这时，需要改变的不是现实，而是决策方案。所以，在决策实施过程中，决策者应及时了解、掌握决策实施的各种信息，及时发现各种新问题，并对原来的决策进行必要的修订、补充或完善，使之不断地适应变化了的新形势和条件。特别是重大的决策，必须时刻注意信息的反馈和工作评价，以便迅速解决突发问题，避免造成重大损失。

与此同时，一项决策实施之后，对其实施的过程和情况进行总结、回顾既可以明确功过、确定奖惩，还可使自身的决策水平得到进一步的提高。例如，如果一个方案实施后达到了原来的要求，那么这一方案就达到了理想的效果；如果没有达到原来的要求，那么就要分析管理者是否对前一决策形势的认识和分析有错误或这一方案在执行过程中的方法是否不正确，从而决定是对方案本身进行修改还是对实施的方法进行改变。

6.2　决策的要素和分类

6.2.1　决策的要素

任何一个决策都是由一些要素组成的，决策的这些要素必须是完整的，只有具备这些要素，才能实现完整的决策。

1．决策者

决策者是决策的主体，决策者的态度会影响决策的结果。在决策中需要有人对方案的选择做出决定，这样的人就是决策者。在风险管理过程中，一般是有风险管理经理甚至是高层对风险管理做出最终的决策。一般而言，风险管理经理在自己的授权范围内进行决策，只要决策方法运用得当，即使决策后企业遭受了不利的情况、出现了不利的结果，风险经理也无须承担个人责任；相反，如果风险经理在授权范围以外进行决策，则必须要对决策的后果承担责任，这体现了权责对应的基本原理。当然，对风险管理决策后果的评价，不是按照出现的结果本身，而是按照决策期间所掌握的信息、所使用的方法、所选择的方案是否适应当时的环境。

2. 决策变量

决策问题最重要的特征是必须具有决策变量。决策变量是决策可以做出的选择。如果没有决策变量，或者能够选择的方案只有一个，决策者无须选择，也就没有决策问题。例如，从上海去往北京，驾驶员必须在路径的选择上进行决策。从上海出发时，就要决定是乘坐火车、汽车、飞机或驾车出行。如果选择火车，还可以选择卧铺、高铁，是早晨出发还是中午或晚上出发。一旦登上飞往北京的航班，即使后悔乘坐，也不需要做决策了，只能等到在北京降落了。

决策变量的概念来自连续的决策问题。在连续型问题中，决策变量是连续的，每个决策变量的取值代表一个决策方案，因而决策方案有无数个。例如，一家饮料生产企业需要决定生产多少吨饮料，饮料的重量就可以看作连续的决策变量。而在一般的离散型决策问题中，决策变量是离散的，每个决策变量的取值也分别对应一个决策方案。

例如，风险经理在进行风险管理决策时，面临的往往是对风险加以转移还是自担的问题。对这样的风险经理而言，决策变量的取值只有两个，对应的决策方案分别是转移和自担。离散型决策问题中的决策变量的数量并不一定是有限的，但在风险管理决策中，由于针对特定风险的应对措施是有限的，当然决策变量的数量也是有限的。

3. 状态及其后果

决策者进行决策时，未来的情况还没有发生。但是，决策者可以知道或判断出未来可能发生的状态以及在各种状态下的结果。

考虑最简单的情形，即有两种可能的结果，出现的概率分别为 P_1、P_2，且有 $P_1 + P_2=1$，亦即存在着两种互斥的状态，出现的概率分别为 P_1 和 P_2。例如，购买彩票的结果就是如此。从这个意义上说，购买彩票是一种最简单、最典型的风险决策问题。决策时除了需要知道未来状态的情况以外，还必须清楚每个方案在各个状态下的结果，这就是状态后果。

现假定某彩票购买价格为 2 元，购买后的可能结果就两个，分别为中奖和未中奖。如果中奖，彩票购买者可以获得奖金 10 000 元。

以状态 1（概率为 P_1）代表中奖，状态 2（概率为 $P_2=1-P_1$）代表未中奖，则如果状态 1 发生，则彩票购买者可以获得 10 000 元（当然还要扣去 2 元购买彩票的成本）。这一情况可由图 6.1 来表示。

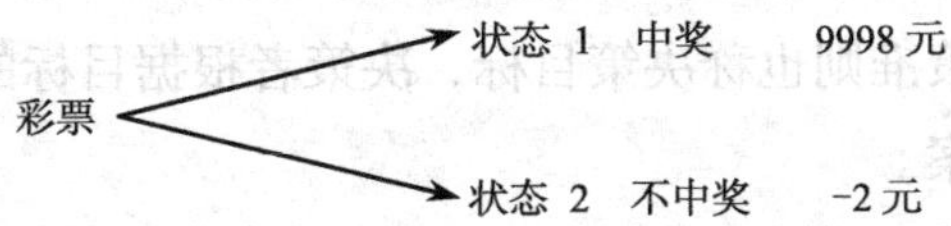

图 6.1　简单的状态及其后果

图 6.1 中反映的是决策者购买彩票以后可能面临的情况及其结果。当然，对决策者而言，购买彩票只是一种方案。他还有另一种方案，就是不买彩票。这两种方案在上述的两个状态下都有各自的状态后果。

在许多问题中，都存在着这样的状态及其后果的情况。在风险管理中，状态 1 可能代表火灾发生，状态 2 代表火灾未发生。在其他问题中，有可能是状态 1 代表和平，状态 2 代表战争；或者状态 1 代表经济繁荣，状态 2 代表经济萧条；等等。一旦状态已知，在各种风险资产的期末结果亦已知。

原则上，可以存在无数种状态，因此，一种资产可以有无数种可能的结果。但是这一系列的状态必须是互斥的和完全的。状态互斥是指期末一种状态的出现将排斥其他任何状态出现的可能性；状态完全是指期末必有一种状态出现。亦即期末必有一种且只有一种状态发生。

状态的互斥和完全用概率统计的语言来表达，就是各种状态发生的概率之和为 1。即：

$$\sum_{i=1}^{n} P_i = 1$$

其中，P_i 为状态 i 出现的概论，n 为状态总数。

在有多种状态存在的情况下，一种方案代表了与各种未来可能状态有关的后果。我们将一个方案定义为在各种可能状态下的结果形态。一种方案是由一组按状态分布的结果形态组成的。

设未来状态共有 n 个，而可选择的方案有 m 个，这样，第 j 个方案 S_j，可以表示为

$$S_j = (a_{j1}, a_{j2}, a_{j3}, \cdots, a_{jn}) \qquad j = 1, 2, \cdots, m$$

其中，a_{ji} 为第 j 个方案在第 i 种状态下的结果。

所有方案的状态后果组成一个矩阵 A，它有 m 行 n 列：

$$A = \begin{bmatrix} a_{11} & a_{12} & a_{13} & \cdots & a_{1n} \\ a_{21} & a_{22} & a_{23} & \cdots & a_{2n} \\ \cdots & \cdots & \cdots & \cdots & \cdots \\ a_{m1} & a_{m2} & a_{m3} & \cdots & a_{mn} \end{bmatrix}$$

该矩阵被称为决策矩阵。

4. 决策准则

在进行最优方案的选择时，需要有选择的依据，这就是决策准则。决策准则不一样，决策结果也可能不同。决策准则也称决策目标，决策者根据目标的最优化选择方案，使目标最优的方案就是最佳方案。

例如，上述驾车从上海到北京的例子，在选择最佳路径时，"最佳"的含义与决策者的具体要求有关。譬如，可能是最近、路况最好或沿路收费最少，等等。显然，决策准则不同，所选择的最佳路径也可能不一样。

决策准则有些是客观的，如路径最短等，这样的准则对任何决策者都是一样的，因而不同的决策者根据这些客观准则所做的决策也是相同的。在风险管理决策中，也有这样的决策准则，如损失最小等。

决策中除了客观准则外，还有主观准则。主观准则表现为主观上的满意程度，因而是因人而异的。这样，在运用主观准则进行决策时，对于同一个问题，不同的决策者可能会做出不同的选择。

很难说主观准则和客观准则哪个更合适。主观准则与决策者的主观态度有关系，似乎有一定的难度或主观随意性，但有些情况下，确实必须根据决策者的主观态度进行选择。在风险管理决策中，这样的情况也是经常会出现的。

例如，假设风险经理对某种风险考虑出两种应对方案。未来有两种可能的状态，其中状态 1 出现的概率为 10%，状态 2 出现的概率为 90%。如采用方案甲，则状态 1 出现的情况下损失 50 万元，状态 2 出现时无损失；如采用方案乙，则状态 1 出现时损失 10 万元，状态 2 出现时损失 5 万元。

如选择方案甲，预期损失为：

$$0.1\times50+0.9\times0=5\text{（万元）}$$

如选择方案乙，预期损失为：

$$0.1\times10+0.9\times5=5.5\text{（万元）}$$

期望值是不确定结果的一种比较合适的描述方法，因此，这里期望损失就可以视为损失的度量。由于方案甲的损失小于方案乙，如果以损失最小这个客观准则来进行决策，则决策者都会把方案甲作为最优方案。

但是，在稍加分析后就会发现，两种方案的预期损失值虽然相差不大，但损失范围大不一样。方案甲的实际损失要么没有，要么达到 50 万元之巨，偏离其期望值 5 万元较大；而方案乙的实际损失为 5 万元或 10 万元，相对于方案甲而言，偏离其期望值 5.5 万元不多。而偏离就可以视为风险，因此，如果选择方案甲，则虽然期望损失要小些，但其风险较大；方案乙则反之。

在这样的情况下，如果不考虑风险，仅仅根据损失最小来决策，显然是不全面的；而要考虑风险对决策的影响，又是损失最小这样的客观准则所无能为力的，而需要考虑主观的东西，也就是决策者对风险的态度。

5．决策问题

一个决策问题主要涉及各种方案以及各方案在各种可能状态下的结果，也就是说决策者要对什么做出选择和判断。

6.2.2　决策的分类

在具体考虑决策方法之前，需要对决策根据决策方案、未来状态以及决策者对未来状态的认知程度进行分类。决策共分为三类。

1．确定型决策

如果方案的结果是确定的，与未来状态无关，则对这样的方案进行选择的过程就是确定型决策。

在风险管理中，确定型决策的情况也是存在的。如购买保险，在一些情况下就是这样的确定型结果。在对财产做全额保险时，无论是否发生火灾，一般而言，对财产的价值可以认为没有影响。因此，购买保险常常作为确定型决策。

2．不确定型决策

在不确定型决策中，方案的结果与未来状态有关，而决策者关于未来状态的信息很少，当然也不是一无所知。

首先，决策者能够判断出未来各种状态的情况。例如，在考虑对财产火灾风险的应对措施时，风险管理的决策者知道火灾可能发生的几种情况，如不发生、火情较小、火情较大、火情很大等。

其次，决策者也可以知道每种状态下的后果。在上述对火灾风险的决策中，决策者应该能够判断每种火灾情况下会造成财产什么样的损失。这种状态与损失之间的关系确定的是到底哪种状态会发生。

决策者除了不知道具体发生的状态外，还不知道各个状态发生的可能性。这是不确定决策的两个不确定因素。前者一般的不确定性往往是客观存在的，而后者可能是由于主观认知水平所限。例如，天气的晴雨对某企业财产损失有很大的关系，而天气是晴是雨，会有一些突变，往往完全是由偶然因素造成的；但小雨的概率是可以由大气环流、气压和空气湿度等估计的。企业由于没有气象方面的专业知识而造成无法知道天气晴雨的概率分布，这完全是由企业的认知水平决定的。显然，企业可以通过气象部门的服务提高认知水平，获得有关信息，从而知道下雨的概率。当然，气象部门同样由于认知水平所限导致其给出的有关信息未必准确，但是这也不能否定各种状态发生的客观规律。也许有一天，气象方面的理论有了新的突破，气象部门的气候监测有了新的方法和手段，就可以给出天气变化概率的准确估计了。当然，由于天气变化的偶然性（状态的不确定性），仍然不能保证天气预报的准确性。但是，从统计上还是可以判断天气预报的准确性的。

3．风险型决策

风险型决策与不确定型决策很相似，但决策者得到的决策信息更多，主要是由于决策者能够知道各种状态发生的概率。

一旦不确定决策中状态发生的概率已知，则不确定型决策问题就成为风险型决策问题了。在上述天气对企业财产损失影响的例子中，如果风险管理决策中已知天气变化的概率，那么该问题就成为风险型决策问题。

也就是说，在风险型决策问题中，几乎知道了所有的信息。唯一不确定的是状态，决策者不知道具体哪一种状态会出现。

显然，决策类型不同，决策方法也不一样。

6.3 风险管理决策概述

风险管理决策是根据风险管理目标，在风险识别和衡量的基础上，根据实际合理地选择风险应对方法和技术，制定风险管理整体方案和行动措施的过程。

6.3.1 风险管理决策的特点

（1）风险管理决策是以风险可能造成的损失结果为对象，根据成本和效益的比较原则，选择成本最低、安全保障效益最大的风险处理方案。

（2）风险管理决策属于不确定情况下的决策，而未来不确定性的描述常常借助数据分析和个人判断。因此，数据信息对于风险管理决策至关重要。同时，正是由于不确定性的存在，决策人的主观反应往往直接影响决策后果，因此，决策者个人对风险的态度构成风险管理决策的主观依据。

（3）由于风险具有随机性和多变性，在决策过程中，随时可能出现新的情况和新的问题。因此，必须定期评价决策效果并适时进行动态调整。

（4）由于风险具有隐秘性和抽象性，风险事件的真正影响只有在事件实际发生之后方可知晓，因此，风险管理决策的效果在短期内常常难以实现。

（5）由于购买保险是化未来不确定性为相对确定性的较好途径，因此，以保险为主，结合运用其他非保险手段成为风险管理决策的一个显著特点。

在实践中，风险管理问题是相当复杂的。决策的准确性在很大程度上取决于如何把一个实际问题抽象成为一个可以应用决策理论和方法求解的模型。

6.3.2　人类对风险的本能反应和制度响应

人类对不利结果的反应多种多样。从个人角度来说，人们有采取任何自我保护措施以防止受到伤害的天然本能。这些不是所谓的决策，而是天生的自我保护的反应。除了这些天生的对危险的本能反应之外，人们对损失的预防和控制手段都可以被归类为学习型行为。“别玩火柴”、“别戏弄狗”、“不要玩弄剪刀”，这些都是我们从小就被灌输的风险管理思想。每个人都学到了大量的用于指导自己行为的原则，以保护自己。尽管有时候不是很灵验，但这些原则确实都变成了本能的风险损失控制的行为标准。

人类对风险的另一类反应是制度化的。人们基本上都是自动地购买汽车保险和住房保险的，而根据经济学家的说法，只有在基于效用理论计算边际效用，然后才做购买决策的人才是理性的。从这个角度来看购买保险的行为，就可以发现许多保险的购买决策并不是理性的。实际上这些自动购买保险的行为并不完全是自觉的，而是出于对制度的服从。如果从本人意愿出发，则许多人都不会购买保险。年轻的驾驶员并非真的愿意购买汽车保险，他们无非想开开汽车罢了，而根据法律和社会规范的要求，他们必须购买相关保险。同样，对于购买住房的人来说，他们中的绝大多数实际上在购买住房保险时没有多大的选择。除非购房者有足够的现金可以在购房时一次性付款，否则，就要利用按揭贷款。而按揭的贷款银行一般要求被抵押的房屋必须有保险。

可见，就个体而言，由于受到法律和社会规范的要求，有时不得不采用保险和其他的一些应对风险的方法。

再从个体转到企业的层次上，企业经营中的标准和规则更为复杂，也更加正规。由于危险因素随着各种活动复杂程度的增加而增加，在个人应对风险时起主要作用的本能性和制度性因素就不再适合了，选择也变得更为复杂了。

6.3.3　风险管理决策正确性的评价

如前所述，风险管理决策中的多数决策都是风险型的，涉及不确定性，因而，不仅在决策的过程中存在很大的困难，就是对决策本身的评价也是不容易的。由于决策的结果对企业的影响很大，因此，值得分析一下决策的正确与否与决策结果的关系。

1．决策的有利结果

如果决策时选择方案后，实际结果比较有利，那就称这样的决策结果是有利的。例如，在针对企业财产火灾风险的管理决策中，如果风险经理选择了自担风险而实际情况是火灾未发生，或者在风险经理选择了购买保险以后实际情况是发生了火灾，则这样的决策结果都是有利的。

对实际结果是有利的决策，人们往往容易对其持肯定的态度。但这样的肯定是否有问题呢？我们看一下下面的例子。

东方公司是大型的玻璃制品公司，主要产品是个性化的玻璃工艺制品。公司因为产品质量问题曾引起多起针对公司的赔偿诉讼，被要求赔偿数千万元。为管理产品责任风险和其他的相关风险，公司专门设有风险经理岗位，并聘请一位保险专家为风险管理顾问。2014年年初，风险管理顾问建议公司购买产品责任险，保险额度为4 000万元。而购买这样的保险需要支出保险费 20 万元。风险经理王先生决定不接受风险管理顾问的建议，不买产品责任险。2014年平安度过，直到2015年年初，公司未发生任何产品责任损失。

王经理不购买保险的决策为公司节省了 20 万元的保险费。公司上下交口称赞王经理决策的英明。

那么，王经理的决策是否真的正确呢？

2．决策的不利结果

与决策的有利结果相反，如果决策时选择方案后，实际结果是不利的，这时就称出现了决策的不利结果。例如，在上面针对企业财产火灾风险的管理决策的例子中，如果风险经理选择了自担风险而实际情况是发生了火灾，或者在风险经理选择了购买保险以后实际情况是未发生火灾，则这样的决策结果是不利的。

对实际结果是不利的决策，人们往往容易否定决策的正确性。当然，与实际结果有利的情况相同，我们仍然要对这样的否定提出疑问。我们再看一下另外一个例子。

张小姐是某公司的风险管理经理，她决定为公司的厂房投保200万元的火险，支出保险金30万元（如果购买400万元的火险，保险金为60万元）。不巧的是，保单生效仅1个星期，公司就遭遇火灾，厂房损失达到400万元。 其中的200万元损失需由公司承担。这样，张小姐的决策使公司多损失了170 万元（节省下了30万元保险费）。

张小姐的决策结果是不利的，那么她的决策是否也错误呢？

3．决策结果无关紧要

在有些情况下，决策结果看起来无关紧要。如果出现了有利结果，当然会使决策者感到高兴，但是即使出现了不利结果，损失数额也无关痛痒。在这种情况下，应该如何评价决策的正确性？

让我们也来看一个例子。

王先生有一辆车龄4年的卡车，价值2万元。他的顾问建议不要购买车损保险，但王先生认为应该购买，并花2 500元购买了车损保险。王先生的聪明很快得到了证实。不久，卡车完全撞毁，王先生获赔2万元。

王先生真的很聪明，做出了正确的决策吗？或者他的顾问给出了错误的建议吗？如果他不买保险，车祸发生后，他的损失是 2 万元，买了保险，损失是 2 500 元。那么不买保险的决策该如何评价？

显然，不买保险，损失的可能结果分别是 2 万和 0（不发生车祸）；而买了保险，损失的结果只有一种，即 2 500 元。根据风险的大小评价来看，买保险是对的。

4．评价决策正确性的依据

以上基于实际结果对决策正确性的评价是有问题的。例如，在王先生的决策中，节省下 15 万元只是运气而已。万一发生产品质量事故，企业的责任损失可能会达到数千万元，王先生的决策可能会使企业遭受灾难性的后果。因此，根据决策的实际结果来评价王先生的决策是不可靠的。

既然如此，什么才是评价决策正确性的依据？

（1）实际结果与决策评价。首先，在决策之时，决策者对未来的实际结果无法判断，因此其依据是风险的可能结果，而不是实际结果。如果在评价决策时，依据实际结果来评判决策者的行为，显然是不妥当的，至少对决策者可能是不公平的。其次，实际结果的出现有其偶然性。即使实际结果是有利的，也是偶然因素使然，因此不能说明决策的准确性。

在把决策作为选择这个层次上理解对决策的评价，也可以比较清楚地认识以实际结果评价决策会出现的问题。

假设我们现在有 10 张卡片，其中 8 张上面写有“大”字，2 张上面写有“小”字。现在从这 10 张卡片中任意抽出一张，让决策者在“大”和“小”之间选择（决策）。如果猜对，决策者可以得到 100 元钱，否则，决策者输掉 100 元。则选择情况和实际结果有如下几种情况：

1）选择“大”，实际结果为“大”，决策者赢得 100 元；

2）选择“大”，实际结果为“小”，决策者损失 100 元；

3）选择“小”，实际结果为“大”，决策者损失 100 元；

4）选择“小”，实际结果为“小”，决策者赢得 100 元。

第一种情况和第四种情况是结果有利的，而第二种和第三种情况是结果不利的。如果以实际结果来判断决策，那么，选择“大”（第一种情况）或“小”（第四种情况）都有可能是正确的。同样，选择“大”（第二种情况）或“小”（第三种情况）又都有可能是错误的。因此，如果按照实际结果来评判决策，就完全成了一种猜测的游戏，决策者决策时没有可以遵循的法则。决策的“好”与“坏”全凭运气。

而稍微分析一下这个决策问题的结构，任意抽一张，抽到“大”的概率为 80%，而抽到“小”的概率为 20%。因此，决策者应该选择“大”。换言之，选择“大”是正确的决策，而选择“小”是错误的决策。

这样，在评价决策的正确性时，可以完全不考虑决策的后果。在这个例子中，选择“大”是正确的决策，即使实际结果是“小”，决策者损失 100 元；而选择“小”的决策是错误的，即使实际结果真的是“小”，决策者收入 100 元。

（2）风险管理决策的评价。以上用选择作为决策的一种替代，很清楚地说明，决策后果（决策后的实际结果）不能作为衡量决策的依据。根据这一结论，我们知道前面依据实际结果对王先生、李小姐和张先生的决策所进行的评判都是没有道理的。但是，仅仅得到不能以实际结果来评判决策正确与否的结论是不够的。至少我们到目前为止，还不能对前面例子中王先生、李小姐和张先生的决策进行评判。

问题主要在于，在风险管理决策中，选择问题没有如大小选择这么简单，它至少还包含对决策的可能后果的考虑。例如，在面临火灾风险时要决定是否购买保险，需要考虑购买保险或不购买保险两种情况下的可能结果，而并不如上例中选择大小时只要考虑哪种情况出现的概率大那么简单。风险管理决策问题和大小选择问题的最为主要的区别在于前者选择的是行为，因而要考虑所采取行为的后果，一种行为的后果与一些状态结果有关系，而后者选择的仅仅是一种状态，直接面对的就是状态结果。

与大小选择问题决策的正确性不能用实际结果来评判一样，一般风险管理决策也不能用决策后的实际结果来衡量，而必须用决策时，也就是实际结果发生前所能够得到的信息来判断决策的正确与否。

对风险管理决策正确性的评价涉及风险管理原则和风险管理的决策方法。只有在风险管理基本原则下，根据风险管理决策方法所进行的决策才是正确的。

6.3.4 风险管理决策的基本原则

风险管理作为管理的一个特殊领域，随着其发展，人们正在越来越关注其原则与技术的正规化，例如，确定为风险管理决策过程提供指导的原则。风险管理领域最早的研究成果之一是一系列“风险管理原则”的发展。这些原则为风险经理的具体风险管理行为提供了有普遍意义的原理。

1. 冒险有度

首先分析一下第一条原则，也是这些原则中最重要的，冒险有度，也就是“不冒不能承受的风险”。虽然有了这个原则，我们还不能确定对于一个给定的风险应该做些什么，但是，它却告诉我们，对某些风险，我们一定要有所为。如果我们一开始就能注意到，当我们对某个已经存在的风险无所作为的话，我们的企业将要面临因为这个风险而引起损失的可能，那么，我们就可以知道对这个风险必须做点什么，从而确定哪些风险是一定不能担的。到底哪些风险是不能自担的，答案很明显就在第一条原则中。

在确定哪些风险需要特殊的防范措施时，最重要的因素是哪些风险会引起最大的潜损失。有些损失会导致财务上的灾难，并逐步地侵蚀企业的资产；反之，有些损失只产生一些轻微的财务后果。如果一个风险的最大潜在损失的程度达到了企业不可承受的地步，那么，自担这样的风险就是不可行的。可能的损失程度必须被降低到一个可控的水平下，否则，就必须将风险转移。如果一个风险既不能被降低到一个可以控制的水平，又无法转移的时候，那么它必须被避免。

至于企业可以安全地自担多大规模的风险的问题，是非常复杂的，也是很有技术的。各个单一风险的自担水平直接与企业的总体损失承担能力有关，而后者又取决于企业的现金流量、流动资产和在出现紧急情况时增加现金流量的能力。对任何企业而言，有些损失可以直接用现金流量补偿，有些需要动用企业的现金储备或变卖流动资产，还有些损失只好通过借贷来补偿。有些损失甚至通过所有这些措施都不能被消化。企业“可以承担的损失”的数额因企业不同而不同；一家企业的损失承受水平也因时而变，主要取决企业在损失发生时所能获得的资源。

2．关注损失的可能性

如上所述，在风险型决策中，各种损失发生的概率是可以知道的。而不确定型决策是没有这些信息的。决策中信息越充分，决策的准确程度也就越高。因此，对风险管理决策者而言，风险型决策应该更为方便。然而，人们对这种可能性或概率的重要性的理解可能会发生偏差，因为损失是否会发生的可能性没有如果损失确实发生时的可能损失程度那么重要。人们对风险的关注往往首先取决于损失程度。例如，即使在损失发生的可能性很小的时候，如果潜在的损失程度很大，这样的损失风险仍是必须加以关注的。

这并不是说在如何应对风险的时候特定风险的有关损失的可能性是可以被忽视的。恰恰相反，即使当潜在的损失程度表明必须对某个风险采取什么措施时（这就是说，不能容许自担这样的风险），这个风险中损失的可能性对最终的风险管理决策可能会有决定性的作用。知道这个风险会引起损失的可能性是很小、中等、很大，将帮助风险经理来决定如何处理这个既定的风险（虽然这不如前面的大小选择那样简单）。

如果损失发生的可能性很大，那么对于使用保险来处理风险来说可能就不是一个经济的方法。这是因为保险是基于平均损失而运作的。在过去经验的基础上，保险公司评估了它们为了抵消当损失发生时的理赔而需要收取的保险费。除了抵消损失，保险费还包括保险公司的经营费用。因此，虽然这看起来很矛盾，但最应该买保险的是那些最不容易发生的损失。损失的概率越高，使用保险作为这种风险的应对措施就越发显得不适合。

我们来考虑一下保险公司收取的保费与平均的期望损失之间的关系。因为保险公司必须支付除了损失之外的其他一些费用，所以保费总是高于那些投保的项目的平均损失额度。假设，举个例子来说，100 个房屋所有者，每人拥有价值 100 万元的房屋。如果发生损失的概率是 1%，则 100 套房屋中有 1 套会发生火灾，损失是 100 万元。对保险公司而言，这是其平均意义上必须理赔的数额。当这 100 万元的损失由这 100 个业主来分担的时候，每人的损失成本为 1 万元。保险公司为了经营成本可能要在平均损失的基础上增加 50% 的费用，也就是对每位保户收取 1.5 万元。现在假设损失的可能性增加到 10%，将有 10 套房屋会发生火灾，全部损失为 1 000 万元。平均每户损失就变成 10 万元，保险公司将收取 15 万元保费。如果损失概率变成 25%，25 套房屋发生火灾，平均每户损失 25 万元，保费就是 37.5 万元。随着损失概率的增加，保费也按特定的金额增加。

所有保险购买者作为一个总体，保险成本总是高于平均损失的价值的。发生损失的概率越高，每个保户的平均损失就越高，保费就越高，甚至会超过所投保财产的所有价值，从而得不偿失。

从另一个角度来理解，损失频率越高，损失的必然性也越高。而对必然发生的损失是无法保险的，除非投保人愿意承担财产全部损失以外，再支付保险公司的经营费用、税收和利润等。所以损失频率越高，购买保险的行为就越不理性。

最适合购买保险的风险应该具有这样的特点：损失频率较低，而损失程度较高。最不适合购买保险的风险所具有的特征是：潜在损失程度低，而损失频率高。对于损失程度较高的风险，最为有效的方法是通过损失预防措施来降低损失频率。

风险管理决策的第二个原则"关注损失可能性"，强调了针对特定的风险，在考虑采用何种应对措施时，必须把损失的可能性或概率作为一个重要因素来考虑。那么，对于什么样的风险适合第二个原则，从逻辑上来说，在风险管理决策中对损失频率的考虑应该仅仅局限于不与风险管理的第一个原则"不冒不能承受的风险"相矛盾的场合。如果在风险管理决策中，一种风险存在可能导致企业毁灭的状态，则应该根据风险管理的第一个原则，以损失程度作为主要的决策依据。

3. 不因小失大

风险管理的第一个原则告诉我们哪些风险必须被转移（那些可能会引起巨额损失而损失程度又不能降低的风险），而第二个原则告诉我们哪些风险应该投保（就是那些损失频率很高的风险）。这两个原则还不能涵盖所有的风险，根据这两个原则无法对所有风险进行决策，因而需要其他原则。

就本质上来说，第三个原则告诉我们，转移风险的代价和通过转移风险而得到保护的财产价值之间必须要有一个合理的关系。它在两个方面给我们提供指导：一方面，相对于自担风险而节省下的保险费而言，可能的损失很大时，风险不应该被自担；另一方面，有时保险费相对于所转移的风险而带来的利益来说很大，这样的风险不应该投保，因为此时保险费是"大"，保险利益是"小"。

尽管"不冒不能承受的风险"这一原则隐含了自担风险的最大水平，但"不因小失大"的原则表明有些低于这一最大自担水平的风险也应该被转移。最大自担水平对所有风险都是一样的，但对有些风险，实际自担水平可能小于这个最大值。

4．风险特征与应对方法相匹配

对不同的风险，应对方法也可能不同。有些风险应该自担，而有些风险则应该被转移。另外，有时需要采用风险避免和风险减缓的方法。那么，到底是什么决定了针对某种具体的风险所要采用的风险管理方法？

在具体的情况下，是风险本身的特征决定了风险管理的上述四种方法中哪种是最为合适的方法。每种方法的采用都要保证它是确保企业财务安全的成本最低的方法。每种方法各自在什么情况下是最适合的？

根据前面的分析，我们可以针对各种方法和风险特征组合之间的关系总结出一些基本的指导方针。风险的特征主要是由损失频率和损失程度决定的，我们可以根据损失频率和损失程度的高低组合构造一个伴随矩阵（见图 6.2）。

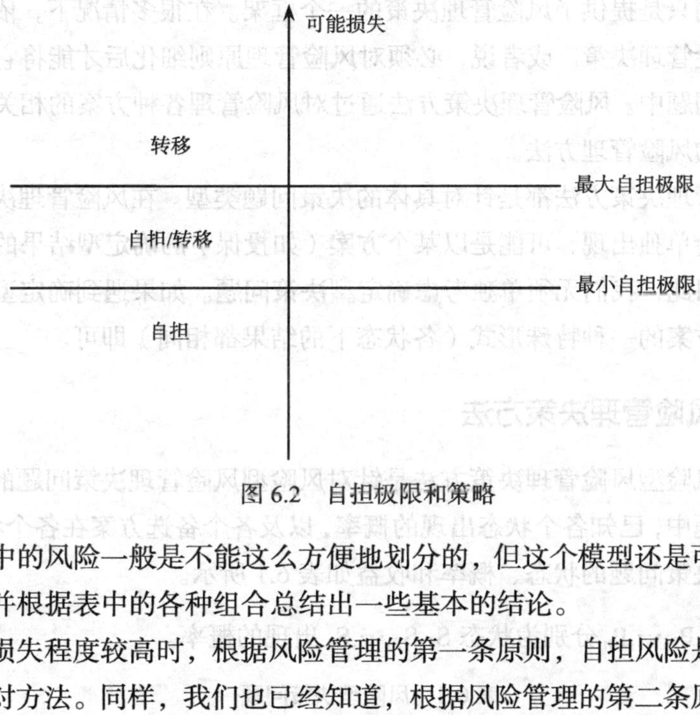

图 6.2　自担极限和策略

尽管现实中的风险一般是不能这么方便地划分的，但这个模型还是可以提供一个有用的分析工具，并根据表中的各种组合总结出一些基本的结论。

当可能的损失程度较高时，根据风险管理的第一条原则，自担风险是不恰当的，因而需要其他的应对方法。同样，我们也已经知道，根据风险管理的第二条原则，当风险的损失频率较高时，保险的成本太高。通过简单分析，我们可以得到结论：对损失频率和损失程度都较高的风险，恰当的应对方法是风险避免和风险减缓。当损失频率和损失程度中至少有一个可以降低到可以控制的水平时，可以采用风险减缓的方法，否则，只能采取风险避免的方法来应对这样的风险。

对于损失频率较高而损失程度较低的风险，最恰当的方法是风险自担和风险减缓。自担是因为较高的损失频率使得转移的代价太高，而风险减缓措施主要是用于降低风险的损失频率，以减小风险的平均损失，从而降低风险管理的成本。

对于损失程度较高而损失频率较低的风险，最好通过保险来应对。较高的损失程度意味着一旦发生损失可能会造成巨额损失和灾难性的后果，而较低的损失频率又意味着风险的损失期望值较低，使得风险转移的成本不会太高。

最后，对于损失频率和损失程度都较低的风险，自担是最好的应对方法。这样的风险发生损失的可能性很小，而即使发生这样的损失，其财务影响也是不严重的。

尽管并不是所有风险都可以按照前面的方式来进行归类，但这种方式对许多风险还是适用的。在损失频率或损失程度不能清楚地认为“高”或“低”时，可以根据经验对以上的方针加以修改。

6.4 风险管理决策方法

风险管理原则只是提供了风险管理决策的一个框架。在很多情况下，依据风险管理原则还无法进行风险管理决策。或者说，必须对风险管理原则细化后才能将它们应用于风险管理决策的一般问题中。风险管理决策方法通过对风险管理各种方案的相关指标进行定量比较，选择最佳的风险管理方法。

具体的风险管理决策方法都是针对具体的决策问题类型。在风险管理决策中，确定型决策问题一般不会单独出现，可能是以某个方案（如投保）的确定型结果的形式出现于其他决策问题中。因此，我们无须单独考虑确定型决策问题。如果遇到确定型的方案，只要把它视作风险型方案的一种特殊形式（各状态下的结果都相同）即可。

6.4.1 风险型风险管理决策方法

顾名思义，风险型风险管理决策方法是针对风险型风险管理决策问题的。如前所述，在风险型决策问题中，已知各个状态出现的概率，以及各个备选方案在各个状态下的结果。风险型风险管理决策问题的状态、概率和收益如表 6.1 所示。

表 6.1 中，$P_1,P_2,\cdots,P_n$ 分别为状态 $S_1,S_2,\cdots,S_n$ 出现的概率。

表 6.1 风险型决策问题

状态（概率） 后果 方案	P_1 S_1	P_2 S_2	… …	P_n S_n
A_1	a_{11}	a_{12}	…	a_{1n}
A_2	a_{21}	a_{22}	…	a_{2n}
…	…	…	…	…
A_m	a_{m1}	a_{m2}	…	a_{mn}

1. 最大期望值准则

风险型风险管理决策方法试图解释风险管理的第三个原则“不因小失大”。实际上只要对每个方案的结果值进行评价，取评价值最大的方案，就可以保证“不因小失大”。问题是每个方案基本上都具有 n 个不确定的值,该如何评价这样的方案正如前面已经分析的，对这样的不确定结果的一个很自然的评价就是其期望值。期望值最大的方案就保证了企业可以得到最大的利益。这种依据期望值最大进行决策的方法就是最大期望值法。

最大期望值准则从方案出发来研究每个方案的期望收益值。应用最大期望值法时，只要计算每个方案状态结果的期望值，最大期望值所对应的那个方案就是最优方案。

对于方案 A_i，在不同的状态下的收益分别为 $a_{i1},a_{i2},\cdots,a_{in}$。

则对于方案 A_i 的期望收益为：

$$E[A_i]=\sum_{j=1}^{n}P_i a_{ij}$$

令 $E=\max E[A_i] \quad i=1,2,\cdots,m$

则 E 对应的方案即最优方案。

在决策矩阵中的结果应该是企业财产的总价值，但由于其损失发生前的价值对每个方案都是一样的，在计算期望值时扣除这个价值对方案的比较没有影响，所以可以只考虑风险管理行为对企业财产的影响。

【例 6.1】 某商店购销某种产品，已知该产品可能会畅销、一般或滞销，对应的销量分别为 40 件、30 件和 20 件。已知畅销的概率是 0.3，一般的概率是 0.4，滞销的概率 0.3，如果卖出一件可以盈利 1 元，产生一件存货会额外亏损 0.8 元，缺货时每件会产生 1.2 元的缺货损失，按照最大期望值准则来决策（见表 6.2）。

三种方案的期望值如下：

$$E(40)=0.3\times40+0.4\times22+0.3\times4=22$$
$$E(30)=0.3\times18+0.4\times30+0.3\times12=21$$
$$E(20)=0.3\times(-4)+0.4\times8+0.3\times20=8$$

显然，max(22,21,8)=22。

即，采购 40 万件为最优方案。

表 6.2　方案和收益

状态（概率）/后果/方案	0.3 畅销	0.4 一般	0.3 滞销
采购 40 万件	40	22	4
采购 30 万件	18	30	12
采购 20 万件	–4	8	20

2．最小后悔值准则

最小后悔值准则是最大期望值的另一种形式。后悔值是指当一种状态发生时，由于没有采用与此状态对应的最好方案而产生的收益与最好方案之间的差值。后悔当然是一种心理上的不快，最小后悔值就是使所选的方案尽可能与实际状态相匹配。

设 M_j 是对应于状态 j 的最大收益，即：

$$M_j = \max(a_{ij}) \quad i = 1,2,\cdots,m$$

在状态 j 下第 i 个方案的后悔值 R_{ij} 为：

$$R_{ij} = M_j - a_{ij}$$

这样，就可以得到后悔值矩阵。计算每个方案每种状态下的后悔值的期望值，以最小值为最优方案。

$$E[R_j] = \sum_{i=1}^{n} P_i R_{ij}$$

令 $R = \min E[R_j] \quad j = 1,2,\cdots m$

则 R 对应的方案即为最优方案。

仍然计算【例 6.1】，如表 6.3 所示。

表 6.3　后悔值

状态（概率）/后果/方案	0.3 畅销	0.4 一般	0.3 滞销
采购 40 万件	0	8	16
采购 30 万件	22	0	8
采购 20 万件	44	22	0

后悔值的期望值：

$$E(40) = 0.3\times0 + 0.4\times8 + 0.3\times16 = 8$$
$$E(30) = 0.3\times22 + 0.4\times0 + 0.3\times8 = 9$$
$$E(20) = 0.3\times44 + 0.4\times22 + 0.3\times0 = 22$$

显然，最小后悔值为 8，其对应的方案为采购 40 万件。

6.4.2　不确定型风险管理决策方法

由于在不确定型风险管理决策问题中，缺少有关状态概率（也就是损失分布的概率）方面的信息，而这方面的信息对决策的准确性是极为重要的，因此，相对于风险型风险管理决策方法，不确定型风险管理决策方法是一类相对较为粗糙的方法。

1. 乐观主义准则

乐观主义准则考虑每个方案在各个状态下最有利的结果，所有方案最有利结果中最大的一个对应的方案，即乐观主义准则下的最优方案。

第 i 个方案最有利的结果为：

$$L_i = \max(a_{ij}) \qquad j = 1, 2, \cdots, n$$

令 $L = \max(L_i) \qquad i = 1, 2, \cdots, m$

L 对应的即最优方案。

2. 悲观主义准则

悲观主义准则考虑每个方案在各个状态下最不利的结果，所有方案的最不利结果中最大的一个对应的方案，即悲观主义准则下的最优方案。

第 i 个方案最不利的结果为：

$$L_i = \min(a_{ij}) \qquad j = 1, 2, \cdots, n$$

令 $L = \max(L_i) \qquad i = 1, 2, \cdots, m$

L 对应的即最优方案。

3. 折中主义准则

乐观主义准则只考虑了每种方案最有利的结果，而没有充分考虑风险程度，这是可能选择违背风险管理第一条原则“不冒不能承受的风险”的方案。当然，第二条原则要考虑损失可能性以及第三条原则付出与所得之间的关系也没有考虑。另外，悲观主义是以每种方案最不利的结果作为选择的依据的，显得过于消极，也没有考虑第二条原则和第三条原则。

如果说对第二条原则和第三条原则的忽略是因为不确定型风险管理决策问题而不可避免的，那么，在乐观主义准则和悲观主义准则中分别只考虑最有利的结果和最不利的结果，这样过于极端的情况是可以适当改善的。折中主义准则就是在乐观主则和悲观主义准则这两个极端之间进行调和的一种方法。

先选定乐观系数 α，然后计算每个方案的折中值。一个方案的折中值是通过该方案的最有利结果和最不利结果组合而得到的。

如果第 j 个方案的乐观值为 max，悲观值为 min，则这个方案的折中值 D 为：

$$D = \alpha \cdot max + (1-\alpha) \cdot min$$

所有方案中 D 值最大的对应的方案就是最佳方案。

4. 等可能准则

不确定性决策问题由于信息的不充分，使得决策比较粗糙，如上述悲观主义准则和乐观主义准则的极端。折中主义准则中折中值的选择很关键，可是，并没有一般的选择方法。这样，折中值的选择就有一定的随意性，也影响了决策结果的可靠性。

如果对各种状态出现的概率进行分析以后，认为没有哪个状态比其他状态出现的可能性更大，那么就可以认为每个状态出现的概率是一样的，这就是等可能性准则的基本思路。显然，通过这样来确定每种状态发生的概率，就把不确定型风险管理决策问题转化成了风险型风险管理决策问题。

仍然以【例 6.1】的数据为例，假设我们并不知道各种状态发生的概率，则此决策变成了不确定型决策问题，

按照乐观主义决策准则，$L=\max(40,30,20)=40$，对应采购 40 万件的采购方案。

按照悲观主义决策准则，$L=\max(4,12,-4)=12$，对应采购 30 万件的采购方案。

按照折中主义决策准则，取乐观系数$\alpha=0.5$，则有：

$$D(40)=0.5\times40+0.5\times4=22$$
$$D(30)=0.5\times30+0.5\times12=21$$
$$D(20)=0.5\times20+0.5\times(-4)=8$$

因此，按照折中主义准则，选择采购 40 万件的采购方案。

按照等可能决策准则，则有：

$$E(40)=(40+22+4)/3=22$$
$$E(30)=(18+30+12)/3=20$$
$$E(20)=(-4+8+20)/3=8$$

可以看出，对应的采购 40 万件为最优采购方案。

5. 满意准则

现实中，绝大多数人在做出决策前通常不会做一系列的计算，而往往是根据自己掌握的信息，结合以往的经验，提出有限可能的几种备选方案，在这些判断的基础上，采取一种较为务实的态度，去寻找一个自己认为满意的方案。这就是人们常说的满意原则。

为什么决策时通常采用满意准则而不是最优准则呢？决策是人对未来实践方向、目标、原则和方法所做的选择判断，是将要见之于客观的主观能力。无论是经营者还是个人，决策往往处于中心地位，决策的正确与否关系着企业或个人的兴衰与存亡。决策者在决策全过程中应该遵循决策准则。按照“经济人”的假设模型，人们在对各种可行方案进行评价和选择时，总是采用“最优化原则”。即人们总是希望通过对各种可行方案进行比较，从中选择一个最好的方案作为可行的方案。对于这种决策准则，西蒙认为，它需要满足以下几个条件：

（1）在决策之前，全面寻找备选行为，穷尽各种可能；

（2）考察每一可能抉择所导致的全部复杂后果，信息是完善的、充分的；

（3）具备一套价值体系，作为从全部备选行为中选定其一的选择准则。

就是说，在采用最优化原则进行决策时，决策者在进行决策之前，必须要找到所有可能的决策方案，同时必须能对每个方案实施的结果进行预先的估计，最后还必须有一个统一的价值准则能对各种方案的结果的优劣进行连续而一贯的排序。但是，最优化原则的这几个条件在现实生活中却是经常不能具备的：

首先，人们由于知识、经验、认识能力的限制，使得他们不可能找出所有可能的行动方案。即使人们有充分的能力来寻找所有可能的行动方案，由此所花费的时间和费用也会使他们感到得不偿失。

其次，人们对未来变化的不确定性和认识能力的有限性也很难对各种备择方案的实施结果给予预先的估计。

最后，由于各个决策方案执行所实现的结果往往是多目标的，而在这多个目标之间有时又是互相矛盾的，所以决策者就很难以一个统一的价值准则对各个方案的优劣进行排序。

所以，决策者在进行决策时贯彻所谓的最优原则失去了其现实性。因此决策理论学派提出要用“满意原则”来代替“最优原则”。所谓满意原则，就是寻找能使决策者感到满意的决策方案的原则。它满足以下几个条件：

（1）找到满意的方案就不再寻找。决策者通过不断搜索备择方案，一边寻找一边检验，一旦发现有方案达到满意要求，搜索即可停止。因此，采用满意原则所寻找的备择方案数目要比最优原则的少得多。

（2）仅用关键要素评价方案。它不像最优原则那样要把影响后果的全部因素列入模型来做全面评价，而是仅用少量几个关键要求来检验一个方案是否可以接受，其他要求则被忽略。因此，用满意原则做出决策所要花的时间比最优原则少得多。

（3）仅要求足够好。即满意原则使决策者认为满意即可。因此，从道理上说，满意原则比最优原则对决策的要求低。

（4）它是一种开放模式。它建立在解释人们理智思考的实际条件与过程的认知模式的基础上，即在主观方面考虑了人的认知能力的实际有限性和人的思考过程受情感与动机支配的特点，在客观方面考虑了决策任务的复杂性和决策环境的动态变化。

决策者做出的决策只能是满意的，不是最优的。世界只是纷繁复杂的真实世界的极端简化，决策者满意的标准不是最大值，往往满足于用简单的方法，凭经验、习惯和惯例办事。但必须是能够实现决策目标的诸多方案中理想的一个。

满意原则使建立在以对现实条件的充分分析的基础上，选择的一种风险较小、较为满意的目标方案的决策，是现实性与先进性结合的明智之举。但是，这不代表决策者就可以马虎，随意降低要求了。决策者应当在找到了满意方案后努力贯彻最优原则。要做到“尽力找最优”，“力求最优”。努力学习和采用更有助于找到更好方案的现代科学方法，提高决策效率。同时，把最优原则与其他原则结合应用，或者作为其他原则的子原则。因为在满意原则的指导下并不排斥在局部上采用最优原则。

本章小结

决策是管理活动的开端，风险管理决策包括了确定型、不确定型和风险型三种。决策的准则是决策时的依据，对于不同类型的决策，分别采用了最大期望值、最小后悔值以及乐观主义准则、悲观主义准则、折中主义准则、等可能准则以及满意准则等。

复习思考题

1. 选择题

（1）决策过程的起点是（　　）。

A. 发现问题　B. 确定目标　C. 制订方案　D. 衡量收益

（2）风险型决策与不确定型决策很相似，但决策者得到的决策信息更多，主要是（　　）。

A. 状态的类型　B. 状态的概率　C. 损失数量　D. 损失的种类

（3）风险管理决策的基本原则包括（　　）。

A. 冒险有度　B. 关注损失的可能性

C. 目标导向　D. 不因小失大

（4）满意准则是一种（　　）态度。

A. 消极　B. 务实　C. 积极　D. 冒险

（5）决策问题的种类包括（　　）。

A. 确定型　B. 不确定型　C. 风险型　D. 常规型

2. 判断题

（1）决策者的态度不会影响决策的结果。（　　）

（2）风险管理决策是为了对风险进行应对而对各种方案进行分析、评价和选择的过程。（　　）

（3）风险型决策就是风险管理决策。（　　）

（4）确定目标是决策过程的起点。（　　）

（5）决策正确性的评价不能按照事后结果比较的原则。（　　）

3. 如何理解决策？

4. 简述决策的步骤。

5. 决策的要素包括哪些？

6. 简述不确定型决策与风险型决策的区别。

7. 已知某种产品有畅销、一般和滞销三种市场表现。畅销时能销售40万件，一般时30万件，滞销时20万件。销售一件盈利1元，库存一件损失0.8元，缺货一件损失1.1元。

（1）按照乐观主义准则和悲观主义准则决策采购量。

（2）已知畅销的概率为0.4，一般的概率为0.4，滞销的概率为0.2，用最大期望值和最小后悔值决策采购量。

8. 如何理解满意原则？最优原则？各自的适用条件和局限？

表6.4　三种方案的收益预测

需求状态 / 方案	高需求	中需求	低需求
购买专利	90	50	-20
新建车间、投入设备	60	30	0
更新现有设备	40	20	10

9. 一工厂准备开发一种新产品，预计今后10年市场对该产品高需求出现的概率为0.3，中需求出现的概率为0.5，低需求出现的概率为0.2。公司面临三种方案选择：第一，购买专利，需投资120万元；第二，新建车间、投入设备，需投资70万元；第三，仅仅更新现有设备，需投资30万元。各方案在三种不同需求状态下的收益情况如表6.4所示。请绘制决策树并决策。

第7章 企业损失风险管理

【引言】

作为营利性组织，企业需要更加关注风险问题，企业风险管理是一系列的过程，从风险识别开始，衡量、评价以及决策应对。厘清企业风险的类型是企业风险管理的开始。

企业风险管理是企业识别风险、衡量风险、评价风险和采取风险管理措施的过程。企业风险管理作为风险管理的一种具体实际，具有一般风险管理不具有的一些特性，不仅包括管理的难度、广度，还包括损失的程度、预防的难度等。一般来说，企业主要有以下五种类型的损失：一是财产的实物性损失，以及额外费用支出；二是由于利益相关者的变化导致的所有者权益损失；三是因财产损失而引起的收入损失，包括营业中断损失，以及额外费用支出等；四是因过失损害他人和其他经济主体的利益而引起的企业责任损失；五是因企业员工死亡、丧失工作能力或辞职等，对企业造成的损失。由此，企业风险管理要从这五个方面入手，发现企业面临的各种损失风险，并逐一评价风险和防范风险，选择处理风险的应对方案。

7.1 企业财产损失风险管理

财产损失风险是企业最常见的风险，是企业在日常生产经营活动中不得不面对的风险。针对企业财产损失的风险，本节将以风险识别、风险衡量和风险防范为线索，分别加以介绍。

7.1.1 企业财产的类型

企业财产可以分为两大类：有形财产和无形财产。有形财产可以分为不动产和动产两大类。其中，不动产主要是指土地及其附属建筑；除了不动产以外，所有的有形财产都是动产。无形财产主要包括信息和法定权益等，如应收账款记录、版权、专利权、商誉、软件等。

对于有形财产和无形财产的关系，可以从以下几个方面理解：

（1）有形财产是无形财产的基础。如果没有有形财产，企业的无形财产就无从谈起。有形财产是基础，无形财产是建立在有形财产的基础上的。

（2）无形财产的价值会因有形财产遭受损害而减少。有形财产遭受损害，无形财产就会因此受到损失。

（3）无形资产遭受损害，也会影响企业有形资产的发展。例如，企业专利、商标的失灵，市场份额减少，会造成销售收入下降、利润减少等损失。

7.1.2 企业财产损失风险的识别

1. 有形财产的损失风险

（1）不动产损失风险。企业不动产损失的风险主要包括以下三类。

1）土地损失。土地的价值受时间、地理位置以及自然地理条件的影响。土地损失表现在受自然条件的损坏，如地震、洪水等，以及污染等；还包括因出售、出租导致的价值损失等。

2）建筑物损失。一般来说，建筑物遭受损失的主要原因有火灾、地震、洪水、泥石流、火山爆发、地面塌陷等。建筑物损失风险的大小主要取决于建筑物的建筑材料、建筑结构、占用性质、防损措施等。

3）地下财产损失。埋藏在地下的财产如电缆、电线、洞穴、隧道、矿产、采矿设备、管道设施、管道线等，面临着管道爆炸、失窃、坍塌等风险事故造成损失的风险。

企业财产遭受意外事故损失后，财产所有人或用户除了丧失财产本身的价值外，还会丧失使用该财产所获得的收益。因此，在识别财产损失风险时，还需要考虑以下损失的风险：一是场地清理的费用；二是拆除建筑物未遭受损失部分的费用；三是增加建筑的费用；四是零部件损失使企业设备价值减少的损失风险，主要是重置成本。

（2）动产损失风险。企业动产损失的风险主要包括以下几类。

1）货币和证券损失。现金、银行账户、存款单、证券、票据、汇票、债权凭证等所有货币资产，都面临着损失的风险，其损失程度因企业管理制度的不同而不同。

2）应收账款记录损失。一般来说，应收账款记录难以复制或需要花费一定的时间、费用才能重新编制，控制这类风险造成损失的有效办法就是在其他地方保存应收账款记录的备份或复印件。

3）存货损失。存货损失风险主要是指代售货物、原材料、在制品、制成品等损失的风险。存货的价值受市场竞争的影响会经常变动，存货价格的波动，使这部分资产往往难以估价。当存货积压、无法销售时，会造成企业的利润损失，影响企业的生产。此外，存货还会遭受火灾、盗窃、运输途中受损等损失的风险，这些都会引起企业资产价值的变化。

4）企业办公用具、设备和用品等遭受损失。这类资产的一个特点是：种类繁多、单位价值相对比较低，而且总价值难以精确估计，其可能遭受损失的风险主要有失窃、火灾、人为破坏等。

5）机器设备损失。一般来说，企业的机器设备具有较高的价值，企业机器设备除了遭受火灾、失窃、人为破坏等损失的风险外，还可能会遭受以下一些损失：由于使用不当或疏于保养设备而引起机器故障的风险；由于电器故障、内在缺陷而引起机器锈蚀或过热的风险；由于技术进步而引起设备价值降低、贬值的风险等。

6）数据处理的硬件、软件和媒体损失。这种损失有时是可以估计的，有时是难以估计的。随着计算机的广泛应用，数据处理系统对企业财产造成损失的风险越来越大。

7）重要文件损失。这些文件主要包括会计、财务和统计资料，影片、照片、地图等文件。这类财产很容易损坏或遗失，而且难以复制，通常也是难以确定其价值的。

8）运输工具损失。汽车、飞机、船舶等运输工具是价值比较大的资产，运输工具被偷窃，会引起企业财产的损失；运输工具发生碰撞，不仅会引发企业财产损失的风险，而且还会引起责任损失的风险。

2. 无形财产损失的风险

商誉、版权、专利权、商标、商业秘密等都是无形资产，无形资产是企业获得的收益高于其正常投资收益所形成的价值。无形资产具有非实体性、非直观性和带来的收益难以准确计量的特点。无形资产参与企业竞争并获得巨额收益是当代世界经济技术发展的必然趋势。目前，在经济发达国家，企业无形资产价值已经占其资产总额的 50%~60%，无形资产已经成为风险管理单位生存和发展的基石。企业面临无形资产损失的风险主要有以下几类。

（1）无形资产贬值造成的损失。企业无形资产如商标、专利被抢注，就存在着企业无法继续使用原品牌生产的问题，这不仅意味着企业前期的投资无法收回，而且也丧失了获得未来收益的可能性。例如，我国知名品牌“狗不理”包子被日本抢注，凤凰自行车被印度尼西亚抢注。

（2）无形资产被低估的损失。例如，目前我国在无形资产的经营和管理中，普遍缺乏无形资产管理的机构和人才，致使企业无形资产被低估，其价值流失严重，致使企业市场份额日益缩小，最终陷入破产。

（3）无形资产被窃取的损失。企业无形资产如重要技术指标、软件、专利权等面临着被竞争对手窃取、盗用，造成企业利润损失的风险。

7.1.3 企业财产损失风险的衡量

企业财产损失风险的衡量是企业风险管理的重要方面，是对已经发生的风险事故造成的损失做出大致的估计。在衡量企业财产损失的经济后果时，风险管理人员需要选择适当的衡量方法，并考虑以下几个方面的因素。

1．原始成本

原始成本或原值是指购置某项财产时所付的货币。会计报表上使用原始成本来表示大多数资产的价值。原始成本法主要有以下几种。

（1）先进先出法。先进先出法是根据先入库的材料先消耗、先入库的商品先出售的假定，计算企业财产价值的，并根据这种假设的成本流转顺序，对发出的存货和期末存货计算价值。先进先出法的特点是，期末存货是根据近期的进货成本确定的，其价值接近于进货成本。但是，采用这种方法也会产生期末存货价值被低估的可能性，在通货膨胀比较严重的时候更是如此。

（2）后进先出法。后进先出法的假设恰好与先进先出法相反，是假设后收到的商品先售出、后收到的材料先耗费，并根据这种假设的成本流转顺序，对发出货品和期末存货计价，因此，期末存货品的价值反映最早进货的成本，而销货成本或耗用材料成本比较接近现实成本水平。

（3）加权平均法。加权平均法是以本期进货成本和期初存货成本之和，除以本期进货数量和期初存货数量之和，确定加权平均单价，从而计算发出货品和期末存货成本的一种方法。加权平均单价一般每月末计算一次。计算公式如下：

$$存货平均单价=\frac{本期进货成本+期初存货成本}{本期进货数量+期初存货数量}$$

加权平均法反映发货和存货的平均价格水平，但是，发货和存货的平均价格往往需要等到月末才能计算出来，因此，平均发货和计算只登记数量而不计算成本，月末一次性计算本期发出货品和期末库存货品的总成本。按加权平均单价计算的期末存货成本与现时成本比，会存在一定的差距，当物价上升时，加权平均单价低于现行价格，存货成本偏低；反之，则存货成本偏高。

（4）移动平均法。移动平均法是指在每次进货以后，即算一次加权平均单价，并以该价格计算即将发出货品和库存货品成本的一种方法。计算公式如下：

$$存货平均单价=\frac{本期进货成本+库存货品成本}{本期进货数量+库存货品数量}$$

采用移动平均法计算的存货平均单价受每批进货成本的影响。同加权平均法一样，存货成本与现行成本有一定的差距，但是，这种差距要比加权平均法小。

（5）个别计价法。个别计价法是辨认清楚每批发出货品和期末存货所属的购货批别或生产通知单号码，分别按专用发票的价格或专用生产成本单上的价格，计算确定它们的价值。使用这种方法必须有详细的存货记录，或者在购买产品时、产品制成时，在货品上用标签或编码等办法区别批号，以此来确定发出货品和期末存货所属的购入批次，从而确定它们的成本。

2. 账面价值

账面价值或净值是用资产的原始成本减去累计的折旧金额得出的。折旧是指资产由于不断损耗而转移到产品成本、费用中的那部分价值。损耗包括有形损耗和无形损耗。有形损耗又包括自然损耗和使用损耗。自然损耗是指由于物理或化学的作用（如日晒、锈化等）而引起的损耗；使用损耗是指在使用过程中由于磨损、煅烧等造成的损耗。无形损耗是指由于劳动生产率提高和科学技术进步而引起的原有资产贬值的损失。

累计折旧率是根据资产已经使用的年限和会计假设资产使用年限的比例来确定的。因此，一项长期资产的价值一般比其原始成本低。

计算折旧应考虑的因素包括三个方面：①使用寿命。资产使用的寿命应该考虑以下四个方面的因素：一是该资产预计的生产能力；二是该资产的有形损耗；三是该资产的无形损耗，例如，新产品、生产技术进步致使资产提前报废；四是有关资产使用的法律规定。②预计净残值。我国旧会计制度规定，预计净残值的估算只能为资产原值的 3%~5%，新会计制度则不再限制这一比例。③清理费用。清理现场、恢复原样的成本。

财产折旧一般分为四种方法：直线折旧法、工作量法、双倍余额递减法和加速折旧法。

（1）直线折旧法。直线折旧法又称使用年限折旧法，是按照预计折旧年限平均计提固定资产折旧的一种折旧方法。折旧的计算，一般是以固定资产应提的折旧总额除以规定的使用年限，求得每年应计提的折旧额。有关的计算公式如下：

固定资产年折旧额=固定资产折旧总额／预计折旧年限

固定资产月折旧额=固定资产年折旧额／12

固定资产年折旧率=固定资产折旧额／固定资产原始价值×100%

固定资产月折旧率=固定资产年折旧率／12

直线折旧法的优点是方法比较简单，各期负荷相同，分摊费用合理；这种方法的缺点是忽视了固定资产使用效益和成本配比，忽视了固定资产在各期限内的使用负荷的差异。

在实物中，为了简化核算手续，每月应计提的折旧额是根据固定资产原始价值乘以月折旧率来计算的。例如，某工厂某项固定资产的原始价值为 8 000 元，预计使用年限为 15 年，预计残值为 950 元，预计清理费用为 450 元，该项固定资产的折旧额和折旧率可以进行如下计算。

1）年折旧额：（8 000−950+450）/15=500（元）

2）月折旧额：500/12=41.67（元）

3）年折旧率：500/8 000×100%=6.25%

4）月折旧率：6.25%/12=0.52%

我国车辆保险折旧按照每满一年扣除一年计算，不足一年的部分不计折旧，其折旧率按国家有关规定执行，但是最高折旧金额不超过新车购置价的80%。

（2）工作量法。工作量法又称作业量法，是以固定资产的总工作量计算折旧的方法，这种方法中的工作量单位应视各种固定资产的情况来确定。以工作量法确定固定资产的折旧，主要有以下几种方法。

1）工作时数法。工作时数法是指按照固定资产总工作时数平均计算折旧额的方法。计算公式如下：

单位工作小时数折旧额 =（固定资产原值–预计净残值）/ 固定资产预计工作的总时数

各期折旧额 = 单位工作小时数折旧额×各期实际工作时数

2）产品产量法。产品产量法又称为生产数量法，是指按固定资产总的预计产量平均计算折旧额的方法。计算公式如下：

单位产品折旧额 =（固定资产原值–预计净残值）/ 固定资产使用期内预计总产量

各期折旧额=单位产品折旧额×各期实际产量

3）行驶里程法。行驶里程法是按运输设备行驶里程平均计算折旧额的方法。计算公式如下：

单位行驶里程折旧额 =（固定资产原值–预计净残值）/ 固定资产预计行驶的总里程

各期折旧额 = 单位行驶里程折旧额×各期实际行驶里程

例如，某机器的购置价为80 000元，预期总的生产量为20 000件，机器报废的净残值是5 000元，本月实际产量为1 000件。采用生产数量法计算折旧额如下：

单位产品折旧额 =（80 000–5 000）/ 20 000 = 3.75（元 / 件）

本月应提折旧额 = 3.75×1 000=3 750（元）

工作量法计算简便，又弥补了使用年限法的不足，但是，它忽视了无形损耗和固定资产停用期间的损耗。因此，工作量法适用于重型机械、运输设备等大型设备的折旧和季节性生产特点较强的企业。

（3）双倍余额递减法。双倍余额递减法又称为双重余额递减法，是指企业不考虑固定资产的估计残值，直接按照折旧率的2倍作为折旧率计提固定资产折旧的方法。计算公式如下：

双倍余额折旧率 = 1 / 使用年限×2×100%

年折旧额 = 固定资产期初原价×双倍余额折旧率

在计算的过程中，当按双倍余额递减法计算的折旧额小于按直线法计算折旧额的账面余额时，应从该期开始改按直线法计算，使固定资产使用期满时，其账面价值与估计残值相等。

（4）加速折旧法。加速折旧法又称为变速递减法，是每年以不同的折旧率乘以固定资产应折旧额（原始价值净残值）而求得本期折旧额的一种方法。折旧率以递减分数表示，也就是将固定资产预计使用年限的逐年年数的合计数作为分母，将固定资产尚可使用的年限作为分子。年折旧额的计算公式如下：

$$年折旧额=（固定资产原始价值-预计残值）\times \frac{尚可使用年数}{年数合计数}$$

例如，某项固定资产的原始价值为 22 万元，预计残值为 1 万元，预计使用年限为 6 年，计算折旧时，要确定年数合计数和折旧率。

年数合计数为：1+2+3+4+5+6=21

则第一年至第六年折旧率分别为：6／21，5／21，4／21，3／21，2／21，1／21。

固定资产的折旧额为：220 000−10 000=210 000（元）

该固定资产按加速折旧法计算的各年折旧额可见表 7.1 所示。

表 7.1 加速折旧法计算的各年折旧额和账面余额 单位：元

使用年限	折 旧 额	累计折旧额	账面余额
			220 000
1	210 000×6／12=60 000	60 000	160 000
2	210 000×5／21=50 000	50 000	110 000
3	210 000×4／21=40 000	40 000	70 000
4	210 000×3／21=30 000	30 000	40 000
5	210 000×2／21=20 000	20 000	20 000
6	210 000×1／21=10 000	10 000	10 000

从表 7.1 可以看出，采用这种方法计算折旧，每年的折旧额逐年等量减少 10 000 元。

企业财产保险绝大多数都是按账面金额投保，因为有账册可以作为损失核查的依据。保险公司在理赔时应该核查承包的内容、项目，对照账册清查受损财产是否属于承保范围、是否符合计价标准。查对的账册除了资产平衡表、总账表外，还要根据需要分别查对分类账、明细表和车间（柜组）的台账，必要时还应该查领料单、盘点清单和出入库单据。通过查账，可以明确承保财产的范围、分类和保险金额，以及受损财产在出险时的全部存量、规格和价格；有无漏保、未保，以及未转账和账外财产；有无已摊销或低值易耗品财产；有无已列入报销和销价处理的财产；有无补偿贸易和引进设备中的外币保险损失等，以区别财产保险和非财产保险。同时，资产损失的赔偿还应该考虑资产的折旧费用。

3．重置成本

重置成本是衡量财产损失对经济影响的最有用的估价标准之一。重置成本是以相同的材料和质量标准的资产在全新情况下，按现行价格置换受损财产项目所需要的资金。保险公司重置赔偿方式一般是在保险财产的损失程度已经达到全部损失，或者修复费用超过保险财产原有价值（保险金额）的情况下，保险人补偿的办法是对保险财产进行重置。重置成本分为：不动产的重置和动产的重置。机器损坏保险与普通财产保险不同，后者是以投保人根据投保财产的实际价值自行估定保险金额的，而前者却要求所有投保机器（无论新旧程度如何）一律按保险机器的重置价格来确定保险金额①。重置成本的估算有以下三种方法。

（1）分析计算法。分析计算法又称细节分析法，是利用现行价格直接估算构建相同或类似被评估资产所费的成本，然后根据被评估资产的新旧、技术等情况，来确定资产评估价值的方法。其计算公式为：

$$资产评估价值=资产重置成本\times成新率\times（1\pm调整系数）$$

式中，成新率是指资产的新旧程度，调整系数是根据资产的功能、技术状况、维护保养情况等因素确定的系数。当损耗程度小于正常损耗程度时，调整系数为正值；反之，为负值。

（2）指数调整法。指数调整法是根据被评估资产的历史成本和物价指数，确定现行价格水平的重置成本，然后再考虑被评估资产的成新率和有关因素，来确定资产评估价值的方法。其计算公式为：

$$资产评估价值=资产历史成本\times\frac{资产评估时的物价指数}{资产构建时的物价指数}\times成新率\times（1\pm调整系数）$$

（3）汇率调整法。汇率调整法是根据被评估进口资产的历史成本和汇率变动，确定评估时资产的重置成本，然后再考虑被评估资产的成新率和有关因素，来确定资产评估价值的方法。

其计算公式为：

$$资产评估价值=资产历史成本\times\frac{资产评估时的汇率}{资产构建时的汇率}\times成新率\times（1\pm调整系数）$$

4．复制成本

不动产和动产的复制成本是使用相同的材料和技艺复制原物的成本。复制成本较之其他估价标准，其成本更高，一般适用于对历史人物、艺术品和重要文件的估价。例如，复制古建筑的成本、复制文物的成本等。

5．功能重置成本

不动产和动产的功能重置成本是与置换财产并不相同的重置成本的方法，但是在置换

① 机器损坏保险是以机器设备为保险标的，以机器设备损坏程度为赔偿的依据，以机器设备的重置价值为承保的基础，承担被保险人的机器设备在保险期限内，在工作、闲置或检修保养时，因突然的、不可预料的事故造成的物质损失或灭失的保险。

后能以同等效率执行相同的功能。这一估价标准注重功能的价值，而不是财产本身的价值，最适合对处于技术迅速变化年代的财产估价。例如，数年前购买的计算机，今天已经完全过时了，而且也不再有那种型号的计算机，以功能重置成本来衡量其价值，即履行与原有计算机相同功能的计算机价格，这一功能重置成本很可能比原有的计算机成本低。

6．市价法

市价法又称现行市价法、市场法、市场比较法，是以被评估资产在全新情况下的市场价格为基础，减去现行市场价格计算的已使用年限的累计额或摊销额，然后确定资产评估价值的评估方法。该方法适用于以市场价格标准来评估的资产。其计算公式为：

资产评估价值=全新资产的市场价格–全新资产的年折旧额×被评估资产已经使用的年限（或月数）

=全新资产的市场价格×（尚可使用年限／折旧年限）

例如，个人抵押贷款房屋保险的适用范围是符合中国人民银行《个人住房贷款管理办法》的规定，同意以所购住房（有合法所有权的现房）作为抵押房后，向商业银行申请住房抵押贷款（抵押合同必须合法有效）购买的自用住房。保险金额按实际价值（可以是成品价、商品价，也可以是评估价等）确定，其价值可以由被保险人自由选择。保险价值为出险时保险标的的实际价值。商品价值即购买房屋时的市场价，评估价值即为购买房屋时由房屋评估权威部门评估的价格。

7.1.4 企业财产损失风险的防范

1．有形财产损失风险的防范

（1）不动产损失风险的防范。针对企业不动产可能遭受损失的风险，可以采取以下措施防范风险。

1）土地损失风险的防范。根据造成土地损失的原因，可以采取以下措施：①加强对自然景观、古迹的管理，防范人为破坏或过度开发造成自然景观贬值损失的风险。②采取禁烟禁火、严禁携带易燃易爆物品、加强火灾风险造成的植物、自然景观、古迹等财产的损失。③植树造林，防范土地侵蚀造成的泥石流、水土流失的损失。④采取喷洒农药、禁止随意倒垃圾等措施，防止虫灾等自然灾害造成农作物、花卉的损失。

2）采取防范火灾、地震、洪水等风险管理措施，防止建筑物和其他建筑设施的损失。

3）采取增加防爆、防震、防火等措施，防止企业地下财产的损失。

（2）动产损失风险的防范。针对企业动产可能遭受损失的风险，可以采取以下措施进行防范。

1）建立会计、财务管理制度，防止重要财务数据丢失或被伪造，而造成的企业财产损失。例如，建立日清日结、月清月结、每月对账的制度，可以防止财产的损失。

2）复制或备份应收账款记录，防范应收账款记录损失的风险。

3）建立现金、存款单、票据等财产的管理制度，防范货币和证券损失的风险。

4）完善企业职工上岗培训制度，防止操作不当造成设备的损失；建立机械设备维护、维修制度，防范机械设备损失的风险。

5）加强仓库管理、加快货物流通，防范货物损失的风险。

6）加强计算机、数据软件、媒体等信息的管理，防止病毒破坏计算机信息或未经允许进入数据库窃取企业的经营信息、商业秘密的风险。

7）建立办公用具、设备和用品的登记管理制度，防范办公财产损失的风险。

2. 无形财产损失风险的防范

防范无形资产损失的风险重在预防，重在完善风险管理制度。对此，企业可以从以下几个方面加强管理。

（1）强化无形资产安全管理意识。在商业、贸易活动中，企业应注重无形资产安全防卫，加强对专有技术、计算机、软件、营销网络等商业秘密的保护，以防丢失和泄密。

（2）设立无形资产管理机构。设立独立的无形资产管理机构，可以加强对无形资产的专项管理，可以防范无形资产的流失。

（3）建立无形资产风险管理制度。建立无形资产管理制度，可以将企业无形资产的管理纳入规范有序的发展方向。

（4）建立科学的无形资产评估机制。建立科学的无形资产评估机制，可以防止无形资产投资的损失，也可以防止无形资产被低估的损失。在无形资产投资规划阶段，企业管理人员应遵循成本—收益的原则，对投资方案进行可行性分析和评论，尽量减少盲目性。在进行无形资产投资过程中，企业应将每笔无形资产投资记录入账，对无形资产的价值要合理、充分地披露和揭示。

7.1.5　企业财产损失的保险

企业财产保险主要承保财产因自然灾害和意外事故造成的损失，企业财产保险有基本险和附加险两类。企业财产基本险采取列明风险方式确定保险责任，保险标的只有遭受保险合同条款列明的自然灾害和意外事故造成的损失时，保险人才承担赔偿责任。保险条款列明的风险有以下几项：① 火灾；② 爆炸；③ 雷击；④ 飞行物体及其他空中运行物体坠落；⑤ 灾害及意外事故引起的停电、停水、停气的损失；⑥ 施救、抢救保险标的造成的费用；⑦ 必要且合理的费用支出。

企业财产保险的附加责任有暴风、暴雨、洪水保险，盗抢保险，雪灾、冰凌保险，泥石流、崖崩、突发性滑坡保险，雹灾保险，水暖管爆裂风险，破坏性地震保险等。

7.2 企业权益损失风险管理

企业权益损失风险是企业对合法拥有的权益因利益相关者的原因而遭受损失的风险。企业权益损失风险是企业财产损失的重要组成部分，企业权益损失的风险主要有以下几个方面。

7.2.1 所有者权益损失的风险和防范

企业所有者权益（或业主权益）是指资产的所有者对资产合法拥有的所有权。企业所有者权益是指企业投资者对企业净资产的所有权，即资产总额抵偿资产负债后的剩余资产所有权，其公示表示为：

所有者权益=资产−负债

所有者权益就是股东权益，所有者权益能够反映企业的管理效益和经营水平。

从财务指标来看，企业所有者权益可以分为资本金、资本公积金、盈余公积金和未分配利润四个部分。例如，企业财产损失最普遍的结果是财产所有权遭受损失。风险管理人员在识别企业财产风险时，往往把财产所有者权益损失列为第一类财产损失风险。

企业财产根据所有者的情况，当共有财产遭受损失时，损失在各个投资者中按照所有者权益的比例进行分摊。

为了规避所有者权益损失的风险，企业在投资经营中，应根据市场状况，审慎地考虑投资项目的成本、收益和经营风险，防止投资亏损带来的损失。为了保护公众投资者的利益，企业应按照国家有关规定的要求，真实、及时地公布企业的财务报表，说明所有者权益发生变动的原因，保护债权人的利益。为了便于投资者了解企业财务状况的变动情况，在会计实务中将所有者权益按实收资本、资本公积金、盈余公积金和未分配利润四个部分列出，分别设置总账账户（或明细账账户）进行核算，并在资产负债表上单列项目予以反映；至于各投资主体的资本构成，可以在会计报表附注中予以说明。

7.2.2 债权人权益损失的风险和防范

债权人权益又称放款人权益，是债权人对资产提出偿还的权利。企业的财产有时是使用贷款（或借款）购置的，有时又会把钱借给他人使用。借款人不能按期偿还贷款或借款的时候，债权人的贷款就会面临信用风险和违约风险，其权益就会受到损失。

为了规避贷款损失的风险，可以采取抵押贷款的方式，如果贷款人无力偿还贷款（或借款），那么，放款人对该抵押财产就具有了处置权。根据我国法律法规的规定，企业宣布破产清算时，债权人的权益应该得到优先满足。对于企业未偿付的债务，在支付应付未付的职工工资、社会保险缴费和应缴未缴的税金后，先清偿借款，剩余的财产才在股东之间进行分配。

规避贷款损失风险的另一个办法是，提示借款单位的风险等级或对贷款的状况进行风险分类。例如，中国人民银行发布的《贷款通则》规定，我国把具有损失风险的贷款分为逾期贷款、呆账贷款和呆滞贷款。

（1）逾期贷款是指借款合同约定到期日（包括展期到期）未归还的贷款（不包括呆滞贷款和呆账贷款）。逾期贷款要实行专户管理，并按规定加收利息。

（2）呆账贷款是指按财政部的有关规定，列为呆账的贷款。

（3）呆滞贷款是指按财政部的有关规定，逾期（包括展期到期）超过规定年限（两年以上）仍未归还的贷款，或者虽未逾期或逾期不满规定的年限，但是，生产经营已经终止、项目已经停建的尚未偿还贷款。

从 1998 年开始，为了与国际惯例接轨，我国银行业开始实行以风险为基础的贷款分类方法，即贷款五级分类方法：正常、关注、次级、可疑和损失。

（1）正常。指借款人能够履行合同，有充分的把握按时足额偿还贷款本息。

（2）关注。尽管借款人目前有能力偿还贷款本息，但是存在一些可能对偿还贷款本息产生不利影响的因素。同时，违反我国有关规定发放的贷款，至少应该划归关注贷款。

（3）次级。借款人的还款能力出现问题，依靠其正常的经营收入已经无法保证按时、足额偿还本息。需要重组企业的贷款，应该划归次级贷款。

（4）可疑。借款人无法足额偿还本息，即使执行抵押或担保，也肯定要造成一部分损失。但是由于存在重组、兼并、合并、处理担保和未决诉讼等待定问题，损失额还不能确定的贷款。重组后，仍然逾期或仍然无偿还能力的贷款，应该划归可疑贷款。

（5）损失。在采取所有可能的措施和一切必要的法律程序之后，本息仍然无法收回或只能收回极少部分。需要重组或重组后的贷款，如果具备其他更为严重的问题，可进一步调整为损失类贷款。

7.2.3　卖方和买方权益损失的风险和防范

在货物买卖的过程中，货物会遭受一定程度的损失，造成的损失应该由买方承担还是由卖方承担，取决于买卖双方的约定。如果货物从卖方销售到买方，销售条件是离岸价，则卖方负责将货物运送到指定的船上，货物在尚未装载在买方船上以前，卖方承担货物的损失。如果货物从卖方销售到买方，销售条件是到岸价，则卖方负责将货物运送到买方的仓库，货物在尚未到达买方仓库以前，卖方承担货物的损失。

针对卖方承担损失的风险不同，企业风险管理人员必须了解财产在运输过程中需要承担的风险。例如，我国海上运输货物保险的保险期限采用的是“仓至仓条款”。规定保险人对被保险货物所承担责任的空间范围从货物离开保险单所载明起运港的发货人的仓库时开始，一直到货物运抵保险单所载明的目的港的收货人的仓库时为止。如果被保险货物运抵卸货港并完全卸离海轮后，但是未被收货人立即运到自己的仓库，保险责任可以从货物全部卸离海轮时算起满 60 天终止；如果被保险货物运抵卸货港，收货人并不将货物运往自己的仓库，而是将货物进行分配、分派或分散转运，那么，保险责任从货物开始分配时终止；如果被保险货物以内地为目的地，收货人没有将货物直接运往自己在内地的目的地，而是先存入某一仓库，然后在这个仓库对货物进行分配、分派或分散运转，即使只有其中一部分货物运到了保单载明的内陆目的地，则将先行存入的某一仓库视为收货人的最后仓库，保险责任在货物到达该仓库时终止。

7.2.4 受托人权益损失的风险和防范

受托人接受委托、管理委托财产的过程中，存在财产损失的风险，受托人对托管财产具有一种责任风险。

受托人是按照委托合同从委托人一方取得财产管理权、财产处置权的人。委托合同一般规定，将财产交给受托人管理。

受托人的权益又称代理人权益，其主要包括以下几个方面的特点：① 受托人和委托人形成的关系是一种法律关系。② 受托人在委托人授权的范围内具有独立处理事务的权力。③ 受托人与委托人之间不仅具有代理关系，而且也具有一种信托关系。④ 受托人在代理授权范围内，以委托人名义进行代理的法律后果，由委托人负责。

为了防范受托人权益损失的风险，受托人应该做到以下几个方面：① 受托人应对所保管的财产承担合理注意的责任。② 受托人不履行代理职责而给委托人造成损害的，受托人应该承担民事责任。受托人和第三人串通，损害委托人利益，由受托人和第三人共负损失赔偿责任。③ 避免无权代理。无权代理、超越代理权或代理权终止后仍然进行的代理，均属于无权代理，其后果由行为人承担责任。④ 受托人为委托人的利益需要转托他人代理的，应该事先取得委托人的同意。事先未取得委托人同意的，应该在事后及时告诉委托人。如果委托人不同意，由受托人对自己的转托行为负责任。在紧急情况下，为了保护委托人的利益而转托他人代理的行为除外。⑤ 受托人知道被委托事项违法仍然进行代理活动的，或者受托人知道代理行为违法却不表示反对的，由委托人和受托人共同承担责任。

同样，委托人在选择受托人时，应该多方面了解受托人的经济状况、信用状况、管理能力和技术水平等。在签订委托代理合同时，应该严格界定委托权限，关注委托项目的进展，如果发现受托人存在越权的行为，应该及时纠正；如果发现受托人有转托的行为，应该及时签订补充协议。

7.2.5　承租人和出租人权益损失的风险和防范

财产所有人可以将财产出租给他人一定时期，并从承租人处取得租金收入。这样，财产的一部分价值是其租赁价值，即出租期间的净租金收入。一定时期的净租金收入等于该时期向承租人收取的租金减去出租人在该时期内为了使财产可以出租而发生的费用。承租人并不拥有其所使用的财产，但是在规定的时间内，承租人具有使用该财产的权利，承租人使用该项财产的权益受到国家法律法规的保护。承租人有义务在使用期满后完整地归还该财产。

为了防范出租财产的损失，出租人可以在租赁合同中约定以下内容：① 承租人保证财产的完好无损；② 承租人造成的其他损失由承租人负责；③ 承租人负责财产的维修和保养；④ 由于非承租人及其家属造成的人为损失，由承租人承担。

7.3　企业收入损失风险管理

企业收入损失风险是指在一定时期内企业为维持业务的经营而遭受损失的可能。一般来说，损失会造成企业收入的减少或费用的增加，致使企业营业收入遭受损失。

7.3.1　企业收入损失风险的识别

1．营业中断损失的风险

造成企业营业中断的原因通常是营业场所破坏、被盗或资产所有人死亡、生产过程中断等。营业中断损失主要包括营业中断造成的利润减少和营业中断期间必须继续支出的费用。

2．应收账款损失的风险

应收账款是指债权关系已经成立，企业应向购货单位、接受劳务作业单位、工程发包单位等债务单位或个人收取的产品材料销售款、劳务费、已竣工工程款，以及为购货单位或接受劳务作业的单位代垫的包装费、运杂费等。发生应收账款意味着企业未来能够获得这方面的经济利益，而这种经济利益往往表现为未来的现金收入。产生应收账款的原因是商业信用的赊销业务。如果没有赊销业务，也就不会产生应收账款。商业活动中存在的信用风险，会使应收账款可能无法收回，赊销企业、承包单位也会因此而承受一定的经济损失。

3．意外事故损失的风险

意外事故损失可以通过各种途径引起费用的增加。有些企业的财产遭受损失后，为了维持正常经营，宁可发生额外费用也不停止营业，造成企业经营费用的增加。

4．产品利润损失的风险

企业产品或制成品遭受损失时，销售商或制造商不仅会遭受财产损失，而且还会遭受利润的损失。对于产品销售上来说，这部分利润损失是其销售价格与购买成本的差额；对于产品制造商来说，这部分利润损失是其销售价格与生产成本的差额。在估计企业产品利润损失风险时，应该考虑经济发展的趋势、经济周期和季节性因素的变化等。

5．租赁收入减少的风险

企业出租的财产设备等遭受意外受损，承受租赁收入减少的风险，由此，在财产租赁合同中，一般都申明在财产变得不能出租时，承租人应该承担由个人过失造成的房屋损失责任，租赁收入减少的风险也应该由承租人承担。但是，有些国家的法律规定，房屋不能出租时，承租人不应承担房租损失。在这种情况下，企业就会面临租赁收入减少的风险。

7.3.2 影响企业收入损失的因素

收入损失直接关系到企业的生存和发展，需要风险管理单位根据企业的状况进行预测和评估。企业净收入损失主要包括收入减少和费用增加两个方面。

1．影响企业收入的因素

企业停业收入损失是指由于意外事故引起的企业收入减少或费用增加的风险，这会造成企业净收入的损失。净收入是指企业在一定时期内的净收入，即该时期内的收入减去支出后的余额。净收入损失是企业财产损失带来的间接损失，间接损失对企业的影响往往比直接损失更大。其计算公式如下：

$$预期净收入损失价值=预期收入-预期费用$$

净收入损失的常见情况是企业正常的经济活动中断了一段时间。净收入损失在一定程度上降低了企业的获利能力。

企业风险管理人员在估计净收入损失的时候，通常不考虑经济风险，大多是在假设将来的收入和费用与以往相同的情况下做出的。同时，风险管理人员也会根据通货膨胀率和企业营业额的增减趋势等因素，对企业未来的收入和费用支出做出适当的调整。

2．影响企业费用的因素

（1）经营费用。经营费用是指企业为取得收入而发生的各项资产耗费。按照经营费用与营业收入的相关程度和用途，企业经营费用的增加受以下三方面的因素影响：① 直接费用。企业为维持经营而发生的直接人工成本、材料成本、商品进价和其他直接费用都会引起企业经营费用的增加。② 间接费用。企业为维持经营和提供劳务而发生的各项间接费用，也会引起企业经营费用的增加。③ 管理费用。企业行政管理部门和风险管理部门为组织和管理生产和经营活动而发生的管理费用，是引起企业经营费用增加的重要影响因素。

（2）租赁费用。许多租赁合同规定，如果租赁资产的损失达到一定程度（如损失程度达到 50%），租赁合同应自动取消或依据合同一方的要求而取消，那么，出租方很可能要求重新谈判提高租金，由此，承租人面临的损失相当于租约剩下的期限内，提高后的租金价格与合同规定租金差额的现值。离租期到期的时间越短，这个差额的现值就越小。

（3）不动产的改进和改善费用。承租房屋需要对所租财产进行一些改善，而且承租人离开时又无法将这些改善带走。企业进行这种改善投资是因为其相信在使用房子期间，这些改善会给企业带来很大的好处。如果租约规定，承租人有义务修复受损的房产，那么，承租方所受的损失是修复房产的费用和无法使用这些设施的损失，后者属于营业中断损失。

（4）停产或停业期间的费用。它包括以下三种：① 支付劳务的费用；② 为了继续经营而发生的额外费用；③ 为了减少损失发生的加急费用。

7.3.3　企业收入损失风险的防范

1．完善风险管理制度

针对企业财产损失的风险，企业应健全风险管理制度。包括消防管理制度、建立治安管理制度、完善员工福利制度、保障制度等制度安排。

2．加强市场调研、新产品研发的管理

根据市场需求的变化，市场应该加强市场需求的调研，根据市场需求、消费者心理的变化，不断地创新、研发新产品，防止企业生产无法适应市场变化，而造成企业利润的损失。

3．加强租赁财产管理

企业在出租财产时，应聘请资深律师，签订内容翔实、合法有效的合同，避免合同内容疏漏造成企业收入的损失。

4．加强应收账款管理

为了防止应收账款的损失，企业应建立应收账款的会计核算，及时准确地确认、计量和报告各类应收账款，以便为分析、评价、预测企业的偿债能力尤其是短期偿债能力提供信息。同时，应组织专门人员及时清理账款，将应收账款的流动性维持在适当的水平，保证企业资金的正常周转，防止企业收入损失的扩大；必要时，企业可以提起诉讼，依法维

护企业的利益。

5．建立企业应急机制

为防止意外事故引起的费用增加，企业应建立预防损失的管理制度，将主要管理责任落实到个人；应建立损失发生的应急机制，防止损失扩大造成管理费用的过度增加。

7.4 企业责任损失风险管理

7.4.1 企业责任损失风险的识别

企业承担的法律责任也会使企业遭受沉重的经济损失，甚至破产。企业的法律责任可能因损害他人的利益被起诉而产生；也可能由于违约，需要赔偿他人遭受的损失而产生。

企业法律责任风险主要包括以下几个方面。

（1）违反企业程序法的法律责任损失风险。违反企业程序法的法律责任损失主要是指企业违反审批、登记等程序规定的法律责任。

（2）企业产品责任损失风险。产品责任又称制品责任、制造物责任或商品制造人责任等，是企业因生产、销售的产品有缺陷致使消费者遭受财产损失或人身损害等，应该依法由企业承担的经济赔偿责任。下述案例是企业产品责任损失的典型例子，由于产品在正常使用过程中部分功能未能正常发挥作用（安全气囊未弹出），导致使用者人身损失，理应承担责任。

车辆缺陷责任案例

2006 年 7 月 6 日 19 时 20 分许，原告刘里亚的丈夫刘玉庆驾驶阿城市兴达化工有限公司帕杰罗小型越野车由哈尔滨市去往逊克县途中，当行驶到孙逊公路 25 公里附近急转弯处，因路况不熟，车辆驶出路外，与道路东侧杨树相撞，致使车辆严重损坏，正驾驶位置安全气囊未弹出，驾驶员刘玉庆经抢救无效死亡，副驾驶乘车人孙刚受伤。原告认为，该车发生严重碰撞后，方向盘断裂，但安全气囊未弹出，上述情节属于严重的产品质量缺陷。该缺陷是造成刘玉庆死亡的唯一原因。刘玉庆驾驶的帕杰罗小型越野车系由北京吉普汽车有限公司生产，由哈尔滨市粤港先锋汽车销售有限公司销售。2005 年 8 月 8 日，北京吉普汽车有限公司更名为北京奔驰公司，故北京奔驰公司应对涉案车辆的产品质量缺陷承担赔偿责任。原告要求北京奔驰公司按照《缺陷汽车产品召回管理规定》的要求，主动召回存在质量缺陷并因此给原告带来巨大伤害的汽车，并向原告赔礼道歉。起诉要求二被告北京奔驰公司、哈尔滨粤港先锋公司支付死亡赔偿金 800 000 元，被扶养人生活费 60 610 元，丧葬费及办理丧葬事宜支出的其他费用 18 048 元，医疗费、抢救费 11 206.76 元，刘里亚的误工费 9 000 元，精神损害赔偿金 200 000 元，北京奔驰公司、哈尔滨粤港先锋公司对上述款项承担连带责任；承担诉讼费用。

【解析】

原审法院认为：汽车安全气囊目前在我国并无国家标准或行业标准；根据帕杰罗速跑系列车型用户手册，驾驶员安全气囊和前排乘员安全气囊在车辆受到碰撞后未能在同一时刻爆开弹出且驾驶员安全气囊未弹出的事实，证明涉案车辆存在驾驶员安全气囊受到一定程度的碰撞未能弹出的缺陷，涉案车辆存在的该缺陷与驾驶员刘玉庆死亡的后果存在因果关系。据此，依照《中华人民共和国产品质量法》第四十三条、第四十四条第一款、第四十六条之规定，判决如下：本判决生效后十日内被告北京奔驰—戴姆勒·克莱斯勒汽车有限公司、哈尔滨市粤港先锋汽车销售维修有限公司赔偿原告刘里亚、刘德斌、张翠兰经济损失 657 274.76 元（其中，刘玉庆的死亡赔偿金 399 560 元，丧葬费 18 048 元，被扶养人生活费 30 305 元，医疗费 4 861.76 元，刘里亚误工费 4 500 元，精神损失费 200 000 元），被告北京奔驰—戴姆勒·克莱斯勒汽车有限公司、哈尔滨市粤港先锋汽车销售维修有限公司对上述款项承担连带责任。如果未按本判决指定的期间履行给付金钱义务，应当依照《中华人民共和国民事诉讼法》第二百三十二条之规定，加倍支付迟延履行期间的债务利息。

判决后，北京奔驰公司不服，提起上诉，主要理由：一是原审法院对涉案车辆发生事故时气囊能否弹出的真正原因根本未查，对驾驶者刘玉庆是否系安全带的事实认定不清。二是原审判决适用法律错误。造成刘玉庆死亡的最根本原因是交通事故，是刘玉庆本人的违法行为，而不是安全气囊的质量问题。三是原审判决以副驾驶安全气囊打开乘员未死亡，直接推定驾驶位置气囊如打开驾驶员必生还的结论是错误的。

北京一中院经审理认为，本案系产品质量侵权纠纷，所谓产品质量侵权，即产品的生产者或销售者因产品的缺陷而使消费者遭受人身或财产损害。根据本案查明的事实，驾驶员安全气囊与前排乘员安全气囊应在同一时刻膨胀。而刘玉庆所驾驶的车辆前排乘员安全气囊已膨胀，而驾驶员气囊未弹出，说明涉案车辆存在缺陷，未能发挥保护作用。前排乘员安全气囊打开乘员仅受伤，而刘玉庆所在驾驶员位置上的安全气囊未打开致刘玉庆死亡，说明缺陷产品与刘玉庆死亡存在因果关系，故该车辆生产者或销售者理应赔偿受害人因此而造成的损失。综上所述，原判正确，应予维持。依照《中华人民共和国民事诉讼法》第一百五十三条第一款第（一）项、第二百二十九条之规定，判决如下：驳回上诉，维持原判。

资料来源：一中宣.帕杰罗安全气囊未弹出司机死亡 北京奔驰赔偿 65 万余元[N].中国法院网，2008-11-3.

（3）企业领导人滥用职权等职业责任损失风险。企业领导人职业责任风险主要包括以下两个方面：一是企业领导人滥用职权、主业技术人员因工作上的疏忽或过失造成企业财产或其他人人身或财产损失，依法应当由企业领导、主业技术人员承担的经济赔偿责任。二是企业领导人违反其他经济法律、法规的职业责任风险。例如，企业违反财政、税收、价格、金融、劳动、工商行政管理、环境保护等法律、法规，由有关机关依法给予处罚的损失。

（4）企业公众责任风险。公众责任风险是企业因自身疏忽或过失等侵权行为，致使他人的人身或财产受到损害而依法承担的经济赔偿责任，例如，企业运输工具的责任风险、企业生产的责任风险。企业承担这类责任也会影响企业的生产和经营，影响企业的信誉。

（5）企业违反合同的责任风险。很多风险暴露来自企业与企业（或个人）签订的经济合同和劳动合同。企业经济合同的责任风险是指经济合同的当事人、当事人的上级领导机关和业务主管机关、直接责任者个人，由于自己的过错造成经济合同不能履行或不能完全履行，依照法律或合同的规定应当承担赔偿责任。

7.4.2 企业承担违约责任的前提条件

企业承担违约责任必须以合同的合法有效为前提，即当事人承担违约责任的前提条件必须是违反了有效的合同或合同条款中的有效部分。只有签订合法有效的合同，国家法律才予以保护，当事人才可以达到订立合同的法律目的。只要当事人违反有效合同中约定的义务，就必须承担相应的责任。

除了上述前提外，还必须同时具备以下两个条件才能成立：一是要有违约的事实。当事人违反合同中约定的义务，如在购销合同供方所供货物数量短缺、质量有问题、规格不符合样品要求、购方逾期付款等事实已经发生，是客观存在的事实，这是构成违约责任的客观要件。二是违约事实的发生是由当事人的过错所致，这是构成违约责任的主观要件。只有在当事人的过错造成违约的情况下，才存在当事人承担责任的问题。至于当事人的过错是故意还是过失造成的，对构成违约责任而言，则是无关紧要的。可见，违约责任的两个要件相辅相成，缺一不可。如果违约是由于免责事故造成的（如不可抗力），则不承担违约责任；或者根据合同的特别约定，也可以不承担违约责任。

7.4.3 企业责任损失的构成

企业承担的责任损失由损害赔偿金、调查费用、辩护费用、违约金等组成。例如，根据《中华人民共和国民法通则》的规定，法律制裁或补救办法包括赔偿经济损失、采取适当措施纠正错误、停止侵权行为、使受害方财产恢复原状等。下面以企业签订的经济合同为例，简述企业侵权、违约需要承担的责任损失。

1. 违约金

违约金是指法律法规或合同规定的，因一方当事人过错不能履行或不能完全履行合同的义务时，应该向对方当事人支付一定金额的费用。违约金是我国经济合同违约责任中最为常见的一种责任方式。违约金一般分为法定违约金和约定违约金。法定违约金是指法律法规规定的违约金；约定违约金是指法律法规未做出规定，而由当事人协商确定的违约金。除了法律法规另有约定外，凡是法律法规做出规定的法定违约金，必须执行法定违约金，当事人另行约定的违约金无效。

2．赔偿金

赔偿金是指经济合同当事人一方，因过错违反合同给对方造成损失，在没有规定违约金或违约金不足以弥补损失时所支付的补偿费，赔偿金是对实际损失的补偿，具有补偿性。赔偿金的赔付需要具备两个条件：一是违约已经造成实际损失；二是损失超过违约金数额或合同中没有约定违约金。一般来说，赔偿金按照直接损失额扣除违约金计算。根据《中华人民共和国经济合同法》的规定，违约金、赔偿金必须在明确责任 10 日内偿付，否则，要按逾期贷款处理。如果违约方不自觉偿付，另一方有权请求法院强制执行，但是，任何一方不得自行用扣发货物或扣付货款的办法来冲抵。

3．继续履行

继续履行是指违约一方偿付了违约金或赔偿金后，根据对方的要求，在对方指定或双方约定的期限内，继续履行合同中规定的义务。当然，继续履行经济合同也是有条件的，要根据受害方的要求进行；如果受害方不要求继续履行，就不必继续履行合同。

4．单方有权解除经济合同

单方解除经济合同是法律法规规定的对故意违约采取的严厉制裁。例如，财产租赁合同中，承租人擅自将租赁财产转租或从事非法活动，出租方有权单方解除合同。又如，借款合同的借款方不按合同的规定使用贷款，贷款方有权提前收回贷款。再如，财产保险合同的投保人，如果隐瞒被保险财产的真实情况，保险人有权解除合同。

5．价格制裁

价格制裁是指根据《中华人民共和国经济合同法》及其有关法规的规定，执行国家定价的经济合同当事人，预期履行合同遇到价格调整时，在原价格和新价格中执行对违约方不利的那种价格。此外，按质论价也是对违约方的一种价格制裁。例如，根据《加工承揽合同条例》的规定，承揽方未按合同规定的质量交付定价物或完成工作，购货方同意购买的，应当按质论价。

6．信贷制裁

信贷制裁是贷款方对借款方不按借款合同规定的用途使用贷款所实施的经济制裁措施。例如，我国商业银行可以按照法律法规的规定，对于违反借款合同条款的借款方直接进行信贷制裁，如加收贷款罚息、提前收回一部分或全部贷款等。

7．定金制裁

定金是经济合同的一种担保形式。当给付定金的一方不履行合同时，则无权请求返还定金；接受定金的一方不履行合同时，应双倍返还定金。采取定金制裁并不意味着违约方可以免除承担其他违约责任，在法律法规没有相反的规定时，当事人除了接受定金制裁外，还要按合同约定或法律法规的规定，承担违约责任，不能以定金制裁代替违约金。

8．其他制裁

其他制裁是指按照法律法规的规定给予违约单位其他方面的制裁。例如，按照《合同法》规定，违约的一方还要承担由于违约而多支付的运杂费、保管费和保养费等；承担法律费用，如聘请律师、寻找证人和提供证据的费用等。此外，如果裁定企业败诉，还要缴纳诉讼费用，主要包括陪审员费用、诉讼费用、保证金等。

7.4.4 企业责任损失风险的防范

1．审查企业签订的合同

（1）严格审查合同当事人的资信状况。严格审查对方当事人的主体资格、资信状况和履约能力等方面的信息，可以有效地防范责任损失的风险。例如，企业与不满 16 岁青年签订的劳动合同是不具有法律效力的。

（2）审查合同可能带来的责任风险。审查企业签订的合同，可以揭示违反经济合同的责任风险，这些风险是通过现场调查等活动无法发现的。一般来说，合同审查的重点有：① 合同签订和落实的情况；② 委托授权、市场准入和招标投标程序；③ 合同标的的审查；④ 合同条款的准确性、合法性；⑤ 合同履行的全面性和责任追究情况；⑥ 合同管理的基础工作。

（3）利用责任免除条款。利用责任免除条款，可以规避合同履行中的风险。

2．签订防范责任风险的保险合同

签订防范风险的保险合同，可以将企业依法承担的责任风险转嫁给保险公司，由保险公司承担赔偿责任。根据保险公司提供产品的种类，企业可以根据自身发展的需要，选择合适的保险产品。

（1）责任保险。责任保险是指一种以被保险人对第三者依法应承担的赔偿责任为保险标的的保险。企业、团体、家庭和个人在日常生产活动中，由于疏忽、过失等行为对他人造成人身伤害或财产损害，依法应承担的经济赔偿责任，可以通过投保有关责任保险的方式将其转移给保险人。责任保险的主要险种是产品责任险、雇主责任保险、职业责任保险和公众责任保险等。

（2）保证保险。保证保险是被保证人（债务人）根据权利人（债权人）的要求，请求保险人担保自己信用的保险。保证保险的保险人向权利人担保被保证人的信用，并承担权利人经济损失的责任。在合同履行过程中，如果被保证人不履行合同的义务或有犯罪行为，致使权利人遭受经济损失，由保险人承担经济损失赔偿责任。保证保险的险种主要有合同保证保险、产品质量保证保险和忠诚保证保险。

（3）信用保险。信用保险是指权利人向保险人投保债务人信用风险的一种保险。信用保险不同于保证保险，其合同的当事人是权利人（被保险人）、保证人（保险人）。信用保险就是把债务人的保证责任转移给保险人，当债务人不能履行义务时，由保险人承担赔偿责任。信用保险的险种主要有一般商业信用保险、投资保险（又称政治风险保险）和出口信用保险。

7.5　企业人员损失风险管理

企业人员损失风险是企业风险管理的重要方面，企业人员损失的危害往往比财产损失更严重。了解企业人员损失的种类，进行风险评估和防范，对于减少人员损失、增强企业持续经营的稳定性具有重要意义。

7.5.1　企业人员损失的种类

企业人员损失风险主要包括死亡、身体伤残或丧失劳动能力、养老、辞职和解雇等方面。

1．死亡风险

企业员工死亡的概率，是难以准确预测的。但是，根据大数法则，企业规模越大，其实际发生的死亡率与预测的死亡率之间的偏差就越小；相反，则偏差越大。企业员工死亡的原因主要有因工死亡和非因工死亡两方面。

2．丧失劳动能力风险

丧失劳动能力风险对企业的影响比较大。一般来说，员工丧失劳动能力的原因有两个。

（1）因工丧失劳动能力。企业员工因工丧失劳动能力就是工伤。工伤使劳动者身体器官或生理功能受到损伤，引起暂时、部分的劳动能力丧失，严重者经过治疗休养后仍然不能完全复原，以致身体或智力功能部分或全部丧失，甚至死亡，工伤会造成劳动者的收入中断或减少。

如果发生工伤事故，企业需要支付丧失劳动能力者的医疗费用、伤残补偿金和所需的康复费用，以及丧失劳动能力者及其家属的生活费用，这就会影响企业的生产经营活动。

（2）非因工丧失劳动能力。如果劳动者非因工丧失劳动能力，则其医疗费用由医疗保险基金或致害方支付，其医疗津贴由企业支付。我国政府规定，工人、职员因疾病或非因工负伤停止工作连续在6个月以内者，应由企业行政方面或资方支付；工人、职员因疾病或非因工负伤停止工作连续医疗期超过6个月者，应由社会救助发给疾病或非因公负伤救济费。

3．养老保险风险

养老保险是由员工退休、养老而产生的。退休是指员工达到法定退休年龄，依据国家法律或法规由国家或企业提供养老金的社会保险制度。同丧失劳动能力退出生产过程相比，退休人员数量、退休金需求是可以预测的，退休人员需求的养老金也是可以计划的，这种可以计划的费用支出不会带来损失的风险①。但是，如果企业不按国家有关规定，为职工办理养老保险参保手续或不缴纳养老保险费，就会产生养老风险。根据我国法律法规的规定，用人单位不按国家规定缴纳养老保险费，则其职工退休后的养老金给付就由企业参照养老保险政策来承担。当退休人员因保险金没有着落、提起诉讼的时候，企业就会产生责任损失的风险。

4．辞职风险

员工辞职对企业造成损失的风险主要取决于辞职员工的素质、培训、知识结构和工作岗位的重要性。一般来说，员工提供服务的价值大于其工资时，这些员工辞职对企业来说就是一种损失。相反，如果企业员工提供服务的价值小于其工资时，就不会造成企业的损失。员工辞职，企业可以不必支付经济补偿金。

5．解雇风险

企业经营不善或因其他原因需要解雇员工时，企业可以依法解雇员工。企业依法解雇员工通常受到国家法律法规的限制。例如，我国劳动法规定，用人单位可以解除劳动关系的情形如下：

（1）劳动者在试用期间被证明不符合录用条件的；

（2）劳动者严重违反劳动纪律或用人单位规章制度的；

（3）劳动者严重失职，营私舞弊，对用人单位利益造成重大损害的；

（4）劳动者被依法追究刑事责任的；

（5）劳动者患病或非因工负伤，医疗期满后，不能从事原工作，也不能从事由用人单位另行安排的工作的；

（6）劳动者不能胜任工作，经过培训或调整工作岗位，仍不能胜任工作；

① 目前，我国退休人员获得的基本养老保险金由社会保险经办机构支付，综合补贴部分由企业支付。

（7）劳动合同订立所依据的客观情况发生重大变化，致使原劳动合同无法履行，经当事人协商不能就变更劳动合同达成协议的；

（8）被人民法院判处拘役、三年以下有期徒刑缓刑的，以及被劳动教养的，用人单位可以解除劳动合同。

企业在其他情形下解雇员工，需要支付一定金额的经济补偿金。企业支付的经济补偿金过多，就会引起企业经营的风险。

7.5.2　引发企业人员损失风险的因素

引发企业财产损失风险的因素，同时也是引发企业人员损失的主要风险因素，这些风险的种类和防范前面已经进行了讲述。除此之外，员工还面临机械设备和物理化学因素引起损害的风险。

1．机械设备引起人员损失的风险

机械设备是指各行业中可以通用的一般机械设备，机械设备的危险因素有机械的危险因素和物理化学危害因素两大类。机械的危险因素是指机械加工设备直接造成人体碰撞、夹击、卷入等机械伤害因素。

2．物理化学因素引起人员损失的风险

物理化学危害因素是指机械加工设备在生产过程和作业环境中，能够造成物理伤害、化学伤害，导致员工工伤或职业病。例如，热烫伤、振动危害、声危害、射线辐射危害。化学物品危害、作业区环境危害、粉尘危害等，都会引起员工患职业病。职业病是指员工在职业生活中，因接触粉尘、放射性物质和其他有毒、有害物质等因素引起的疾病。目前，我国法定职业病有 115 种，具体可参见有关的文件、书籍。

7.5.3　企业人员损失的评估

企业员工辞职、丧失劳动能力、退休、死亡等都会使企业丧失一部分经济收入或增加对丧失劳动能力的伤残人员补偿费用的支出。企业的员工死亡或丧失劳动能力所带来的损失主要表现在以下两个方面：一是企业员工创造价值的损失；二是风险事故引起的额外费用开支。除此以外，员工丧失劳动能力、死亡和退休金给付等都会使企业增加消费支出，即向遭受风险事故的员工及其家属提供福利费、康复费、抚恤费等。企业员工损失对企业的经济影响，可以按照下面几个方面加以评价。

1．生命价值

员工在遭受死亡或永久残疾的情况下，收入损失成为总损失的一个主要部分，因为这

种损失是永久的，这部分损失可以通过计算员工在继续工作的情况下能够获得的收入，来估计员工的家属遭受损失的金额。

2. 直接损失

企业遇到与人力资本直接相关的损失（如雇员、客户、所有者去世或致残），都会给企业造成直接的经济损失。

3. 额外费用

如果风险事故没有造成人员伤亡，就不必支出额外费用；否则，就需要支付一些额外费用（如死者的丧葬费、伤残人员的医疗费用、死者配偶的抚恤费和未成年子女的抚养费等），这些额外费用的增加也会引起企业收入的损失。

4. 信用损失

大多数企业的业务往来依赖于对客户的信任，如果企业面临责任损失的风险，就会影响企业的信用，造成企业信用的损失。例如，银行向客户提供贷款，并认为客户具有偿还贷款的能力。客户的去世、高位瘫痪或失能都会提高企业偿债的风险。此时，如果采取强制手段逼债，不仅会造成企业的信用损失，而且还可能会影响企业同其他客户的关系。

7.5.4 企业人员损失风险的防范

1. 机械设备损害的风险防范

对于机械设备对人员造成的伤害，可以采取以下措施加以防范。

（1）安装防护装置。包括可动式防护罩、设置底部防护板等。

（2）设置操作平台。机械设备的操作位置高出地面2米以上时，应配置操作台、栏杆、扶手、围板等，梯、台、围栏的设置应该符合国家标准。

（3）维护操作设备的安全。机械设备的操作机械（如手柄、手轮、拉杆等），其设置应操作方便、安全省力、标志清晰、齐全完整、牢固可靠。

（4）安装防止泄漏的装置和保险装置。

2. 职业病的防范

我国劳动法规定，劳动者依法享有职业卫生保护的权利，企业为员工提供职业卫生保护是企业的义务。企业应当为劳动者创造符合国家职业卫生标准和卫生要求的工作环境和条件，并采取措施保障劳动者获得职业卫生保护。为了预防和减少职业病的发生，国家实行职业卫生监督制度。

（1）职业病的预防措施。在职业病预防方面，企业应该采取下列措施：

1）工作场所。产生职业病危害企业的设立除应当符合法律、行政法规规定的设立条件外，其工作场所还应当符合相关职业卫生的要求。

2）新建、扩建项目。企业新建、扩建、改建项目和技术改造、技术引进项目可能产生职业病危害的，建设单位在可行性论证阶段应当向卫生行政部门提交职业病危害预评价报告。卫生行政部门应当自收到职业病危害预评价报告之日起 30 日内，做出审核决定并书面通知建设单位。未提交预评价报告或预评价报告未经卫生行政部门审核同意的，有关部门不得批准该建设项目。

（2）职业病的控制措施。在职业病控制方面，企业应当采取下列措施：

1）设置或指定职业卫生管理机构或组织，配备专职或兼职的职业卫生人员，负责本单位的职业病防治工作。

2）制定职业病防治计划和实施方案。

3）建立、健全职业卫生管理制度和操作规程。

4）建立、健全劳动者职业卫生制度。

5）建立、健全工作场所职业病危害因素监测及评价制度。

6）建立、健全职业病危害事故应急救援预案。

（3）职业病的消除措施。企业有下列情形之一且情节严重的，责令停止产生职业病危害的作业，或者提请有关人民政府按照国务院规定的权限责令关闭：

1）隐瞒技术、工艺、材料所产生的职业病危害的；

2）隐瞒本单位职业卫生真实情况的；

3）可能发生急性职业损伤的有毒、有害工作场所，放射性工作场所或放射性同位素的运输、贮存不符合国家规定标准的；

4）使用国家明令禁止使用的可能产生职业病危害的设备或材料的；

5）将产生职业病危害的作业转移给没有职业病防护条件的单位和个人，或者没有职业病防护条件的单位和个人接受产生职业病危害的作业的；

6）擅自拆除、停止使用职业病防护设备或应急救援设施的；

7）安排未经职业健康检查的劳动者、有职业禁忌的劳动者、未成年工或孕期、哺乳期女职工从事接触职业病危害的作业或禁忌作业的；

8）违章指挥和强令劳动者进行没有职业病防护措施的作业的。

7.5.5　企业人员保障

在防范企业人员损失风险方面，可供企业选择的保障措施有：社会保险、企业补充保险和商业人身保险。

1. 社会保险

社会保险是国家依靠强制力实施的。我国境内的企业和个人必须依法参加社会保险。

（1）养老保险。养老保险是指根据国家的法律法规对劳动者达到法定退休年龄，从事某种劳动达到法定年限后，由国家和社会依法给予帮助，以维持其老年基本生活的一种社会保险制度。养老保险制度包含以下两个层次的内容：① 享受养老保险给付必须达到法定退休年龄。劳动者在达到这个年龄界限时，作为年老丧失劳动能力的界限解除劳动义务。② 劳动者履行劳动义务达到规定的年限。目前，我国劳动者履行劳动义务需要达到的规定年限是 15 年。

（2）医疗社会保险。医疗社会保险是指国家、企业对劳动者（公民）因为疾病、受伤和生育等原因需要去医疗机构进行诊断、检查和治疗时，提供必要的医疗费用和医疗服务的制度。劳动者只有在患病、生育或受伤时，才有资格享受医疗保险待遇。劳动者患病、就医、接受医疗服务的机会均等，不会因为个人地位、身份的不同而有所差异。医疗保险经办机构提供的医疗保险标准，是根据患者的病情确定的。

（3）工伤保险。工伤保险是指劳动者在生产经营活动中或在某种规定的情况下，遭受意外伤害，造成伤残、职业病、死亡等伤害，政府或企业为劳动者提供医疗救治和康复服务，保证劳动者及其遗属生活的社会保险制度。

2. 企业补充保险

（1）补充养老保险。补充养老保险又称企业年金（或公共年金），是用人单位根据自身经济效益的状况，为提高职工退休后的生活水平建立的补充养老保险制度。补充养老保险作为员工福利的一个方面，是对职工未来支付养老金的承诺。补充养老保险的发展需要用人单位有足够的经济实力，需要国家政策优惠和税收优惠的支持。

（2）补充医疗保险。补充医疗保险是指职工以企业为单位自愿或被强制参加基本医疗保险以外的医疗保险。补充医疗保险是相对于基本医疗保险而言的，是据权利和义务统一的原则，依据特殊人群的需要而设立的，是对国家举办的基本医疗保险的补充保险。

3. 商业人身保险

商业人身保险是指以人的生命或身体为保险标的，当被保险人在保险期内发生死亡、伤残、疾病、年老等事故或生存至保险期满时给付保险金的保险业务。人身保险主要有.健康保险、人身意外伤害险、人寿保险等。

本章小结

企业风险管理是企业管理的核心职能，同时又具有一般管理所不具有的特征。企业风险管理从企业财产损失、权益损失、收入损失、责任损失及人员损失进行分析，按照企业风险的实际，逐一评价并采取相应的防范处理举措。

复习思考题

1. 选择题

（1）企业损失的类型主要有（　　）。

A. 实物性损失　　B. 收入损失　　C. 责任损失　　D. 人员损失

（2）无形资产损失的风险包括（　　）。

A. 贬值损失　　B. 被低估损失　　C. 被窃取损失　　D. 广告损失

（3）计算折旧要考虑的因素（　　）。

A. 使用寿命　　B. 预计净残值　　C. 清理费用　　D. 折旧方法

（4）企业净收入损失主要包括（　　）。

A. 市场份额增加　　B. 银行利率下降　C. 收入减少　　D. 费用增加

（5）企业承担的责任损失由（　　）等组成。

A. 损害赔偿金　　B. 调查费用　　C. 辩护费用　　D. 违约金

2. 判断题

（1）重置成本是衡量财产损失对经济影响的最有用的估价标准之一。(　　)

（2）责任保险是指一种以被保险人对第二者依法应承担的赔偿责任为保险标的的保险。(　　)

（3）公众责任风险是企业因自身疏忽或过失等侵权行为，致使他人的人身或财产受到损害而依法承担的经济赔偿责任。(　　)

（4）不动产和动产的功能重置成本是与置换财产并不相同的重置成本的方法，但是在置换后能以同等效率执行相同的功能。(　　)

（5）企业所有者权益（或业主权益）是指资产的所有者对资产合法拥有的所有权。(　　)

3. 简述企业不动产损失的风险和防范。

4. 简述企业动产损失的风险和防范。

5. 简述企业财产损失的衡量方法。

6. 简述企业权益损失的风险和防范。
7. 简述企业收入损失的风险和防范。
8. 简述企业责任损失的构成。
9. 简述企业承担违约责任的条件。
10. 简述企业人员损失的风险和防范。
11. 简述企业员工保障的措施。

第 8 章　企业财务风险与控制概述

【引言】

企业财务活动包括企业所有的收入、支持活动，最主要的是企业大宗资金活动。企业资金活动涉及筹资、投资和资金营运等。企业资金活动至少应当关注下列风险：一是筹资决策不当，引发资本结构不合理或无效投资，可能导致企业筹资成本过高或债务危机；二是投资决策失误，引发盲目扩张或丧失发展机遇，可能导致资金链断裂或资金使用效益低下；三是资金调度不合理、营运不畅，可能导致企业陷入财务困境或资金冗余；四是资金活动管控不严，可能导致资金被挪用、侵占、抽逃或遭受欺诈。

8.1　企业资金活动概述

一般而言，企业都会根据自身生产经营的实际，科学确定企业资金活动的种类和数量，包括投融资目标和规划，完善严格的资金授权、批准、审验等相关管理制度，加强资金活动的集中归口管理，明确筹资、投资、营运等各环节的职责权限和岗位分离要求，定期或不定期检查和评价资金活动情况，落实责任追究制度，确保资金安全和有效运行。

8.1.1　筹资

筹资是指企业根据生产经营相关业务活动以及对外投资的需要，通过筹资渠道和资本市场，运用筹资方式，有效地筹集企业所需要资金的活动过程，是企业财务管理工作的起点，关系到企业能否正常开展生产经营活动。

在筹资活动进行时，应当根据筹资目标和规划，结合企业年度全面预算，拟定筹资方案，明确筹资用途、规模、结构和方式等相关内容，对筹资成本和潜在风险做出充分估计。采用境外筹资方式时，还应考虑所在地的政治、经济、法律、市场等因素。

筹资方案需要进行科学论证、严格审批。重大筹资方案应当形成可行性研究报告，全面反映风险评估情况；投资方案的审批重点关注筹资用途的可行性和相应的偿债能力。重大筹资方案，应当按照规定的权限和程序实行集体决策或联签制度。筹资方案需经有关部门批准的，应当履行相应的报批程序。筹资方案发生重大变更的，应当重新进行可行性研究并履行相应的审批程序。

筹资过程中，企业应当根据批准的筹资方案，严格按照规定权限和程序筹集资金、使用资金。采用银行借款或发行债券，应当重点关注利率风险、筹资成本、偿还能力以及流动性风险等；发行股票应当重点关注发行风险、市场风险、政策风险以及公司控制权风险等。筹资用于投资的，应当按照相关规定，防范和控制资金使用的风险。由于市场环境变化等确需改变资金用途的，应当履行相应的审批程序，严禁擅自改变资金用途。

筹资完成后，企业应当加强资金使用过程中的债务偿还和股利支付环节的管理，对偿还本息和支付股利等做出适当安排。企业应当按照筹资方案或合同约定的本金、利率、期限、汇率及币种，准确计算应付利息，与债权人核对无误后按期支付。企业应当选择合理的股利分配政策，兼顾投资者近期和长远利益，避免分配过度或不足。股利分配方案应当经过股东（大）会批准，并按规定履行披露义务。

加强筹资业务的会计系统控制，建立筹资业务的记录、凭证和账簿，按照国家统一会计准则，正确核算和监督资金筹集、本息偿还、股利支付等相关业务，妥善保管筹资合同或协议、收款凭证、入库凭证等资料，定期与资金提供方进行账务核对，确保筹资活动符合筹资方案的要求。

8.1.2 投资

投资是指特定经济主体为了在未来可预见的时期内获得收益或资金增值，在一定时期内向一定领域投放足够数额的资金或实物的货币等价物的经济行为。投资可分为实物投资、资本投资和证券投资。前者是以货币投入企业，通过生产经营活动取得一定利润。后者是以货币购买企业发行的股票和公司债券，间接参与企业的利润分配。证券投资的分析方法主要有三种：基本分析、技术分析、演化分析。其中，基本分析主要应用于投资标的物的选择上，技术分析和演化分析则主要应用于具体投资操作的时间和空间判断上，作为提高投资分析有效性和可靠性的有益补充。

根据投资目标和规划，合理安排资金投放结构，科学确定投资项目，拟定投资方案，重点关注投资项目的收益和风险。企业选择投资项目应当突出主业，谨慎从事股票投资或衍生金融产品等高风险投资。境外投资还应考虑政治、经济、法律、市场等因素的影响。

按照规定的权限和程序对投资项目进行决策审批，重点审查投资方案是否可行，投资项目是否符合国家产业政策及相关法律法规的规定，是否符合企业投资战略目标和规划，是否具有相应的资金能力，投入资金能否按时收回，预期收益能否实现，以及投资和并购风险是否可控等。重大投资项目，应当按照规定的权限和程序实行集体决策或联签制度。投资方案需经有关管理部门批准的，应当履行相应的报批程序。投资方案发生重大变更的，应当重新进行可行性研究并履行相应审批程序。

根据批准的投资方案，投资方要与被投资方签订投资合同或协议，明确出资时间、金额、方式、双方权利义务和违约责任等内容，按规定的权限和程序审批后履行投资合同或协议。企业应当指定专门机构或人员对投资项目进行跟踪管理，及时收集被投资方经审计的财务报告等相关资料，定期组织投资效益分析，关注被投资方的财务状况、经营成果、现金流量以及投资合同履行情况，发现异常情况的，应当及时报告并妥善处理。

加强对投资项目的会计系统控制，根据对被投资方的影响程度，合理确定投资会计政策，建立投资管理台账，详细记录投资对象、金额、持股比例、期限、收益等事项，妥善保管投资合同或协议、出资证明等资料。企业财会部门对于被投资方出现财务状况恶化、市价当期大幅下跌等情形，应当根据国家统一的会计准则规定，合理计提减值准备、确认减值损失。

加强投资收回和处置环节的控制，对投资收回、转让、核销等决策和审批程序做出明确规定。企业应当重视投资到期时本金的回收。转让投资应当由相关机构人员合理确定转让价格，报授权批准部门批准，必要时可委托具有相应资质的专门机构进行评估。核销投资应当取得不能收回投资的法律文书和相关证明文件。企业对于到期无法收回的投资，应当建立责任追究制度。

8.1.3　资金运营

资金运营是指在企业日常的生产经营过程中，资金的使用过程。

资金运营全过程的管理，需要统筹协调内部各机构在生产经营过程中的资金需求，切实做好资金在采购、生产、销售等各环节的综合平衡，全面提升资金营运效率。企业应当充分发挥全面预算管理在资金综合平衡中的作用，严格按照预算要求组织协调资金调度，确保资金及时收付，实现资金的合理占用和营运良性循环。企业应当严禁资金的体外循环，切实防范资金营运中的风险。

定期组织召开资金调度会或资金安全检查，对资金预算执行情况进行综合分析，发现异常情况，及时采取措施妥善处理，避免资金冗余或资金链断裂。企业在营运过程中出现临时性资金短缺的，可以通过短期融资等方式获取资金。资金出现短期闲置的，在保证安全性和流动性的前提下，可以通过购买国债等多种方式，提高资金效益。

加强对营运资金的会计系统控制，严格规范资金的收支条件、程序和审批权限。企业在生产经营及其他业务活动中取得的资金收入应当及时入账，不得账外设账，严禁收款不入账、设立“小金库”。企业办理资金支付业务，应当明确支出款项的用途、金额、预算、限额、支付方式等内容，并附原始单据或相关证明，履行严格的授权审批程序后，方可安排资金支出。企业办理资金收付业务，应当遵守现金和银行存款管理的有关规定，不得由一人办理货币资金全过程业务，严禁将办理资金支付业务的相关印章和票据集中一人保管。

8.2 资金控制

8.2.1 资金控制的特征

资金控制需要建立相应的控制组织体系，在企业总部与分部之间进行权责配置，通过预算方式等对现金流实施控制等。

企业实施资金控制，实际上是对财务预算和实际执行过程进行监督和调节，从而有利于促进财务目标的实现。企业资金控制主要有以下几个特征。

1．资金控制的主体多层化

资金控制是一个多层次、多方位的系统控制。资金控制的主体首先是董事会，但在内部人控制的企业，经理人可能占据“首席”地位。董事会要定期检查企业的资金管理程序，如果管理人员存在舞弊动机，而且缺乏责任追究制度，则资金控制风险增大。

2．资金控制除了安全、合规性目标外，还要考虑财务风险

为实现资金控制目标，必须分析企业在寿命周期所处的不同阶段、目前及未来环境的变化，以采取不同的财务战略加以控制，防范财务风险。

3．控制活动存在于企业的各部门、各层面和各项作业中

企业应针对关键控制点制定批准、授权、核实、保护资产安全和职责分工等制度，关键控制点应从业务处理流程中加以寻找和确定。

8.2.2 资金控制的关注点

1．流量控制

企业价值最大化已成为被普遍接受的企业目标假设，同时也成为贯穿企业管理活动的一个基本思路，企业所有的管理活动都以创造价值为出发点，以实现企业价值最大化为最终目标。现金流量和利润是截然不同的两个概念。没有利润，企业可能还会正常运转，而没有现金流量的企业就会停业。现金流量管理是一种价值管理，其目标就是要使企业保持畅通的现金流转，在可控风险范围内实现长期、持续、稳定的现金流量。

现金流量的相关研究包括影响现金流量的因素分析，企业内外因素和企业营运对现金流量产生的影响，企业规模大小对企业现金流量的影响等。

在制定关于资本运用和来源战略时，最需要关注的是现金流。现金流对企业的生存和发展能够产生重大的、全局性的、长期的影响。因此，企业应该从战略的高度对待现金流。企业战略决定现金流流向，依据企业适应性战略模式的特点，可以划分为以激进型、保守

型和中庸型等为中心的几种战略管理实施模式。采取激进型战略的企业希望在变化的环境中寻找快速发展的机会，这类企业面临的主要问题是现金大量流出，企业的财务压力较大。保守型现金流战略管理模式主要应用于经营困难、财务状况不佳的企业，可采取资产剥离、出售子公司等措施，实现现金资源的重整；控制现金流出，并通过催收应收账款、加强存货控制等措施，提高现金流入量。采用中庸型战略的企业一般处在稳定的或即将衰退的市场中，经营环境比较简单而稳定，希望能在稳定的环境中保持一定的市场份额，强调重视现金流出的控制，改善现金流状况，现金资源主要应用在增强原有产品的竞争力上，而对新项目、新技术以及新市场的现金投入有限。

2．健全现金管理制度

建立必要的现金管理制度，可以保障现金的安全完整，发挥现金资产的效率。主要包括以下几项。

（1）建立不相容职务分离制度。不得由一人办理货币资金业务的全过程，应将同一项业务活动交由两个或两个以上的工作人员办理或执行，从而利用他们之间的相互牵制关系来防止差错和舞弊的出现。设定的不相容职务包括授权批准、资金业务经办、会计记录、财产保管、稽核检查等。例如，会计、出纳必须分设。

（2）岗位轮换制度，防止一个人在同一会计岗位上工作期限太长。轮岗可使隐蔽的违法犯罪活动暴露出来。

（3）保管支票簿的员工不能同时负责现金支出账和调整银行存款账，核对银行对账单和银行存款余额的人员应与负责记账的人员分离。企业应专设登记簿对票据、银行预留印鉴、财务公章、财务负责人名章进行记录管理。企业财务专用章应由授权的专人保管，个人名章必须由本人或其授权人员保管，严禁一人保管支付款项所需的全部印章。

（4）支出的审批人应同出纳员、支票保管员和记账员分离。禁止未经授权的机构或个人办理现金业务或接触现金。

（5）现金管理的信息反馈制度。一旦发现现金运转不灵，或者现金流出流入有变化，或者现金持有量低于企业最低限量，应及时把相关信息反馈给财务主管和管理当局，以便及时采取相应措施来达到理想状态，保证企业经营活动的正常进行。

（6）支付管理制度。企业资金的收入和支出要有合理合法的凭据，并应严格控制大额现金交易。对资金收入的控制，关键是针对资金来源渠道、到款金额、未到金额和未到款项等进行控制。企业的现金收入应由专人负责，及时全额入账，通过定期对账和稽核保证资金收付管理的有效性。

（7）现金的保管与盘点制度。由出纳人员每天或定期（如每周）将现金收入、支出和结余情况汇总，日清月结。企业每日的库存现金不能超过核定的库存现金限额，出纳人员应根据收付款凭证，逐笔顺序登记现金日记账，保证账款相符。企业应当定期和不定期进行现金盘点。盘点不能全部由现金经办人员自行完成，需定期和不定期每月由第三方参与盘点或监督盘点，保证现金账面余额与实际库存相符。对盘点中发现的现金账实不符，要及时查明原因，做出处理。

3．存款的管理与定期核对制度

所有银行存款户的开设和终止都需要有正式的批准手续。企业在选择开户银行时，要考虑该银行的信用状况，防止资金风险。

负责核对银行对账单和银行存款账面余额的员工不能同时负责现金收支或编制收付款凭证业务，以防止被银行披露的不正当支出，或者应记但未记入企业收入账的不正当行为被掩盖起来。银行存款至少每月核对一次，负责的员工应直接从银行取得对账单，并将其与银行存款日记账核对，编制银行存款余额调节表。核对时，不仅应注意到银行对账单的日期和金额，还应检查支票的签署和背书情况。对于银行存款账面余额与银行对账单不符的，应查明原因，及时采取行动调节差异。

4．严格预算管理

资金控制，就是通过全员的、全面的、全过程的价值和资金的控制，来提高资金的使用效率和安全性，达到资金流入流出之间的适当配合，实现资金的均衡流动。企业必须定期编制有关资金的预算计划，以便对一定期间内的企业资金收入和支出进行统筹安排。资金控制与财务预算联系紧密。资金控制是执行财务预算的手段，财务预算是资金控制的重要依据。预算通过目标导向发挥对组织各部门和业务流程的控制作用。在资金预算管理中应注意：财务部经理只有在授权的情况下，才可以处理业务性质明确、金额不大的日常业务；在提高资金管理效率的同时，要避免财务经理预算管理权力过度集中。

5．及时记录和反映资金变化

企业应对资金收支活动形成充分的文件记录，包括各种授权审批文件、资金收支记录、支票等票据存根、现金盘点记录、银行对账单、银行存款余额调节表等，同时制定适合本企业的会计制度，明确会计凭证、账簿和财务会计报告的处理程序，对企业资金的收付活动及时准确地入账，充分发挥会计的监督职能。企业经营过程所体现的价值流动主要是实物流、业务流及与其对应的资金流。各业务部门应在业务发生时，及时将有关信息提供给会计系统进行核算和反映。

下述珠海市博元投资股份有限公司的案例恰恰说明了如果一个企业的最基本的财务数据信息缺乏控制，就不能保证最起码的真实性，企业陷入困境是必然的结果。

*ST 博元年报真实性存疑 四因素致会计师出具无法表示意见

“涉嫌违规披露、不披露重要信息罪”，“股票实施退市风险警示”，“第一大股东变更”等消息的公布令*ST 博元成为市场的焦点。而近日，*ST 博元因出具无法表示意见审计报告而再次被市场所关注。

4 月 30 日，*ST 博元披露了 2014 年年报，该报告中，公司称“无法保证年度报告内容的真实、准确、完整”。为此，*ST 博元还收到了监管机构的《关于对珠海市博元投资股份有限公司采取责令改正措施的决定》和《关于对珠海市博元投资股份有限公司定期报告有关事项的问询函》。

据*ST 博元 5 月 4 日晚间公告显示，公司新聘任的大华会计师事务所表示：“我们无法通过其他程序就管理层运用持续经营假设编制财务报表的合理性获取充分、适当的审计证据，因此无法判断公司管理层继续按照持续经营假设编制财务报表是否适当。”

值得注意的是，本已面临退市危机的*ST 博元，其年报无法保证内容真实、准确、完整会否成为公司退市的隐忧呢？

对此，北京威诺律师事务所主任杨兆全律师向《证券日报》记者表示，“如果公司董事会成员不能保证年报和季报的真实性，则该报告不具有法律效力，也不能作为投资者判断公司价值的依据，这可能会成为公司直接退市的理由”。

公司称，由于本届董事会、监事会及高级管理人员于 2015 年 1 月 23 日及之后才开始履职、由于公司聘请的审计机构大华会计事务所对 2014 年年度报告发表无法表示意见的审计结论，且公司新的董事会、监事会及高级管理人员组织人员对涉及往年较多数据核查尚未核实清晰，故本届董事会、监事会及高级管理人员申明做出了无法保证 2014 年年度报告、2015 年第一季度报告内容的真实、准确、完整、不存在虚假记载、误导性陈述或重大遗漏，并不承担个人和连带的法律责任的陈述。

据了解，*ST 博元第八届董事会、监事会全部成员系经 2015 年 1 月 23 日召开的公司第一次临时股东大会选举产生，除监事徐旅、程靖、周辉朋外，其余人士作为候选人此前均未曾在公司履行任何职务，总经理陈栩、财务总监李红系本届董事会成员，董事会秘书何进系经本届董事会第一次会议决议通过并完成相关程序经公司聘任后方开始履职。

*ST 博元解释称，徐旅、程靖为外部监事，没有在公司任职，根据向其 2 人问询，之前公司由于治理问题，实际上诸多事宜其 2 人也不清晰。

此外，公司新聘请的会计师事务所在核查中国证监会广东监管局责令公司说明的银行承兑汇票买入、背书情况时出现状况。

据了解，公司 2014 年 12 月 8 日收到监管机构《关于对珠海市博元投资股份有限公司采取责令公开说明措施的决定》。其中责令公司说明七项银行承兑汇票买入、背书。

*ST 博元表示，“由于记录的购买票据、票据背书事项，因截至 2014 年年末票据均已背书，我们包括审计机构查看了公司提供的 2011 年至 2014 年所有票据复印件，存在票据

信息不完整的情况，同时向银行申请查阅银行承兑汇票的完整背书信息，但未得到相关银行许可”。

*ST 博元解释称，由于客观原因导致无法查证相关信息，缺乏认定依据，故针对 2014 年年度报告所载上述对应内容，本届董事会、监事会及高级管理人员无法判断其是否真实、准确、完整；事实上在进行董事会决议时，已经有部分董事进行了弃权处理。

对此，有分析人士向《证券日报》记者分析，如果所查票据无法证实的话，存在两种情况，一是，该票据证实存在，但因缺失无法核查；二是，该票据可能是假的，所以无法查证。但一般来说，如果真有这个票据的话，应该可以在银行查到。

会计师事务所表示“无奈”

另据 5 月 4 日晚间公告显示，有四大因素导致大华会计师事务所（特殊普通合伙）为 *ST 博元 2014 年年度财务报告出具了无法表示意见的审计报告。

大华会计师事务所表示，其一是，公司持续经营能力存在重大不确定性。公告显示，截至 2014 年 12 月 31 日，公司逾期借款及利息为 4.13 亿元，2014 年度归属于母公司股东的净利润为-9 885.32 万元，流动负债大于流动资产 4.89 亿元，经营活动产生的现金流量净额为-4 638.99 万元，净资产为-3.87 亿元。

其二是，无法判断一项应收账款是否真实及其可收回金额；无法判断公司对某些单位的出资是否真实及其对财务报表的影响；还有公司投资的江苏金泰天创汽车销售公司因本期丧失控制权转为权益法核算，无法判断该公司 2013 年年末其他应收款账面价值 6 068.05 万元是否真实及其可收回金额。

其三是，2011 至 2014 年年度使用股改业绩承诺资金购买应收票据，累计形成利润 4 575.14 万元、递延收益 320.90 万元，其中 2014 年度形成利润 317.40 万元、递延收益 320.90 万元。截至 2014 年 12 月 31 日应收票据已全部背书转让，他们未能取得被背书方的询证函回函，未能获取应收票据出票银行的完整背书信息，因此无法判断应收票据及其置换业务的真实情况及其对财务报表的影响。

其四是，公司于 2015 年 3 月 27 日收到了上海证券交易所发来的《关于通报珠海市博元投资股份有限公司涉嫌信息披露违法违规案被中国证监会移送公安机关的函》，截至审计报告日，相关部门对博元投资立案调查尚未有最终结论，无法判断立案调查结果对博元投资财务报表的影响程度。

大华会计师事务所在报告中表示，由于存在上述情况，同时他们也无法通过其他程序就管理层运用持续经营假设编制财务报表的合理性获取充分、适当的审计证据，因此无法判断博元投资管理层继续按照持续经营假设编制财务报表是否适当。

对此，*ST 博元独立董事表示认同，同时表示“希望公司董事会认真研究，尽早解决公司目前面临的问题，维护公司和全体股东的利益”。

资料来源：矫月.*ST 博元年报真实性存疑四因素致会计师无法出具意见[N].证券日报，2015-5-5.

8.2.3　企业总部与分部之间的资金控制

总部与分部之间的资金控制是一种“综合管理、战略管理”。资金控制要树立“大资金”观念，整个企业资金管理不是各经营部门的资金管理，而是一种战略管理。资金的集中控制能够实现四大目标：出资者监控到位，及时了解资金的流向、安全和效益；集团整体资源有效配置，解决多头开户及资金的盈余与短缺并存，实现专家理财；风险的集中定义与控制，实现风险预警、风险的分散与对冲；信息集成，为集团战略发展提供及时有效的信息支持。

采用结算中心方式的企业，在总部（集团）设立结算中心，统一拨付各成员单位业务所需要的资金，并监控其资金的使用。结算中心通常设立在财务部门内，同时还办理各成员单位间的往来结算，核定其日常留用现金量等。

8.2.4　担保业务风险控制

企业对外提供担保存在重大的财务风险，需要重点关注。企业办理担保业务至少应当关注下列风险：一是对担保申请人的资信状况调查不深，审批不严或越权审批，可能导致企业担保决策失误或遭受欺诈；二是对被担保人出现财务困难或经营陷入困境等状况监控不力，应对措施不当，可能导致企业承担法律责任；三是担保过程中存在舞弊行为，可能导致经办审批等相关人员涉案或企业利益受损。

企业应当依法制定和完善担保业务政策及相关管理制度，明确担保的对象、范围、方式、条件、程序、担保限额和禁止担保等事项，规范调查评估、审核批准、担保执行等环节的工作流程，按照政策、制度、流程办理担保业务，定期检查担保政策的执行情况及效果，切实防范担保业务风险。

1. 调查评估与审批

企业应当指定相关部门负责办理担保业务，对担保申请人进行资信调查和风险评估，评估结果应出具书面报告。企业也可委托中介机构对担保业务进行资信调查和风险评估工作。企业在对担保申请人进行资信调查和风险评估时，应当重点关注以下几个方面。

（1）担保业务是否符合国家法律法规和本企业担保政策等相关要求。担保申请人的资信状况，一般包括基本情况、资产质量、经营情况、偿债能力、盈利水平、信用程度、行业前景等。应评估担保申请人用于担保和第三方担保的资产状况及其权利归属。企业要求担保申请人提供反担保的，还应当对与反担保有关的资产状况进行评估。

（2）企业对担保申请人出现以下情形之一的，不得提供担保：① 担保项目不符合国家法律法规和本企业担保政策的。② 财务状况恶化、资不抵债、管理混乱、经营风险较大的。③ 已进入重组、托管、兼并或破产清算程序的。④ 与本企业已经发生过担保纠纷且仍未妥善解决的。⑤ 不能及时足额缴纳担保费用的。⑥ 与其他企业存在较大经济纠纷，面临法律诉讼且可能承担较大赔偿责任的。

（3）企业应当建立担保授权和审批制度，规定担保业务的授权批准方式、权限、程序、责任和相关控制措施，在授权范围内进行审批，不得超越权限审批。重大担保业务，应当报经董事会或类似权力机构批准。经办人员应当在职责范围内，按照审批人员的批准意见办理担保业务。对于审批人超越权限审批的担保业务，经办人员应当拒绝办理。

（4）企业应当采取合法有效的措施加强对子公司担保业务的统一监控。企业内设机构未经授权不得办理担保业务。企业为关联方提供担保的，与关联方存在明显经济利益或近亲属关系的有关人员在评估与审批环节应当回避。对境外企业进行担保的，应当遵守外汇管理规定，并关注被担保人所在国家的政治、经济、法律等因素。被担保人要求变更担保事项的，企业应当重新履行调查评估与审批程序。

2. 担保的执行与监控

企业应当根据审核批准的担保业务签订相应的担保合同。担保合同应明确被担保人的权利、义务、违约责任等相关内容，并要求被担保人定期提供财务报告与有关资料，及时通报担保事项的实施情况。担保申请人同时向多方申请担保的，企业应当在担保合同中明确约定本企业的担保份额和相应的责任。企业担保经办部门应当加强担保合同的日常管理，定期监测被担保人的经营情况和财务状况，对被担保人进行跟踪和监督，了解担保项目的执行、资金的使用、贷款的归还、财务运行及风险等情况，确保担保合同有效履行。

担保合同履行过程中，如果被担保人出现异常情况，应当及时报告、妥善处理。对于被担保人未按有法律效力的合同条款偿付债务或履行相关合同项下的义务的，企业应当按照担保合同履行义务，同时主张对被担保人的追索权。企业应当加强对担保业务的会计系统控制，及时足额收取担保费用，建立担保事项台账，详细记录担保对象、金额、期限、用于抵押和质押的物品或权利以及其他有关事项。

企业财会部门应当及时收集、分析被担保人担保期内经审计的财务报告等相关资料，持续关注被担保人的财务状况、经营成果、现金流量以及担保合同的履行情况，积极配合担保经办部门防范担保业务风险。对于被担保人出现财务状况恶化、资不抵债、破产清算等情形的，企业应当根据国家统一的会计准则制度规定，合理确认预计负债和损失。企业应当加强对反担保财产的管理，妥善保管被担保人用于反担保的权利凭证，定期核实财产的存续状况和价值，发现问题及时处理，确保反担保财产安全完整。

建立担保业务责任追究制度，对在担保中出现重大决策失误、未履行集体审批程序或不按规定管理担保业务的部门及人员，应当严格追究相应的责任。企业应当在担保合同到期时，全面清查用于担保的财产、权利凭证，按照合同约定及时终止担保关系。企业应当妥善保管担保合同、与担保合同相关的主合同、反担保函或反担保合同，以及抵押、质押的权利凭证和有关原始资料，切实做到担保业务档案完整无缺。

不随意担保，是下述案例给我们的最基本的启示。

欠款人跑路，担保人怎么办？

家住沛县某镇的李庆是当地一名小学老师。在镇上，李庆有着极佳的口碑，众多村民对他的人品和师德都赞赏有加。

2013 年 6 月，刚放学回到家的李庆还没进门，就看到多年的好友张文提着几瓶好酒等在门口。张文是有事相求。

好友前来，李庆安排张文在家中吃饭。酒过三巡之后，张文把来意说明，原来他打算筹钱盘下一个工厂，但家里资金不足，想向家境比较富裕的王成君借款 20 万元，但王成君要张文提供担保。“老哥，你是咱这镇上有名的好老师，所以有个不情之请……”张文求助。可是，李庆怎么也没想到，他就是简简单单签了个字，却付出了惨重的代价。

碍于张文的情面，李庆同意为他担保，向王成君借贷 20 万元，半年后连本带息偿还。

“自从张文借到钱后，就再也没来我家坐过。”这让头一次为人做担保的李庆心里越想越不放心。

时隔两个月后，李庆决定去张文家问问情况。刚出门，他就碰上了来打听情况的王成君。“你真不知道假不知道，张文生意垮了，人跑了。”王成君正四处打听张文的下落。一听到这个消息，李庆顿时心里一惊，他怎么也不敢相信张文生意失败后会一跑了之，那借的钱怎么办？

王成君丢下的一句话更让李庆不寒而栗：“找不到张文，这钱就得你替他还。”当天，李庆就跑去张文的家一探究竟，果然早已人去楼空，拨打张文的手机，对方已是关机状态。这下，李庆相信张文真的躲债跑了。

李庆曾连续坐在张文家门口一个星期，但始终没打听到张文的消息。借钱半年的期限很快到了，王成君登上了李庆的家门：“这钱虽然不是你借的，但你是担保人，这笔钱只能向你要了。”王成君拿着当初李庆作为担保人签字的借条，向李庆讨债。

李庆觉得自己太冤枉，钱是张文借的，自己一分没捞到，怎么到最后要他去当这个冤大头？

李庆不还钱，王成君就将李庆告上了沛县法院。

今年 6 月，法院依法判决李庆与张文对于 20 万元借款负连带责任。在找不到张文的情况下，意味着王成君可以向李庆索要 20 万元借款。

庭审后记

像李庆这样的情况，在审判活动中经常遇到。这些人大部分都没有做担保人的经历，或者碍于面子给亲戚、朋友担保，因为关系亲近，所以在对对方的经济状况不甚了解的情况下，就草率地答应给予担保，这样很容易留下隐患。

资料来源：陈新颖. 欠款人跑路担保人如何“自保”[N].彭城晚报, 2014-7-28.

8.3 企业财务风险控制

财务风险是指在企业的各项财务活动中，由于受内外部环境及各种难以预计或无法控制的因素影响，在一定时期内企业的实际财务收益与预期财务收益发生偏离，以及到期债务不能偿还，从而蒙受损失的可能性。企业各项关联活动的失败最终都会诱发财务风险，导致财务危机。

8.3.1 财务风险控制方法

财务风险控制是企业内部控制活动的重要内容，是企业进行财务风险管理的基础，良好的财务风险控制体系是企业财务风险管理是否有效的前提。根据企业规模、风险程度以及生产经营的性质等，建立一个包括风险管理人员、一般专业人员、非专业风险管理人员和外部风险管理服务等在内的、规范的风险管理监控系统。风险管理体系一般采用以下方法进行风险监控和评价管理。

1. 综合评分法

综合评分法认为企业财务评价的内容主要是盈利能力，其次是偿债能力，再次是成长能力。它们之间大致可按 5：3：2 来分配相应的权重。盈利能力的主要指标分别是总资产利润率、销售净利率和净值报酬率，这三个指标可按 2：2：1 安排权重；偿债能力常用指标分别是自有资本比率、流动比率、应收账款周转率及存货周转率，一般选取四个比率的权重相同；成长能力有三个常用指标，分别是销售增长率、净利增长率、人均净利增长率，一般也按照权重相同来处理。除此之外，综合评分法在计分方法方面也按行业做了相应改进。标准比率应以本行业平均数为基础，适当进行理论修正；在给每个指标评分时，应规定上限和下限，以减少个别指标异常对总分造成不合理的影响。上限可定为正常评分值的 1.5 倍，下限定为正常评分值的 1/2；给分时不采用“乘”的关系，而采用“加”或“减”的关系来处理，以克服沃尔评分法用乘法可能导致以偏概全的缺点。按总分 100 分计分，评分标准分配如表 8.1 所示。

表 8.1 综合评分的计分标准

计分方法 财务比率	标准评分值	标准比率（%）	行业最高比率（%）	最高评分	最低评分	每分比率的差（%）
盈利能力：						
总资产利润率	20	10	20	30	10	1
销售净利率	20	4	20	30	10	1.6
净值报酬率	10	16	20	15	5	0.8

续表

财务比率 \ 计分方法	标准评分值	标准比率（%）	行业最高比率（%）	最高评分	最低评分	每分比率的差（%）
偿债能力：						
自有资本比率	8	40	100	12	4	15
流动比率	8	150	450	12	4	75
应收账款周转率	8	600	1 200	12	4	150
存货周转率	8	800	1 200	12	4	100
成长能力：						
销售增长率	6	15	30	9	3	5
净利增长率	6	10	20	9	3	3.3
人均净利增长率	6	10	20	9	3	3.3
合计	100					

注：每分比率的差是评分每增加 1 分时比率的增加值。由于标准分对应的是标准比率，所以每分比率的差值=（行业最高比率–标准比率）/（最高评分–标准评分）。

2. 杜邦分析法

杜邦分析法又称杜邦财务分析体系，是利用各主要财务比率指标之间的内在关系，通过建立一套财务指标的综合模型，来综合、系统地分析和评价企业财务状况及其经济效益的一种方法。利用杜邦分析法进行综合分析时，通常是以所有者权益报酬率为综合指标，以总资产报酬率、权益乘数为核心，进行层层分解，让分解后的各个指标彼此发生关联构成一个完整的财务指标体系，从而表明企业的财务状况。从杜邦体系可以看出企业的盈利能力涉及企业经营活动的方方面面。需要说明的是，杜邦财务分析体系不是另外建立新的财务指标，而是对现有财务指标的分解。具体的分析案例可以参阅相关的文献资料。

3. 基于非财务指标的预警

非财务指标预警方法认为财务比率只是各种因素作用的结果，管理行为指标先行于财务比率，财务比率恶化是因管理不当造成的实际后果。使用非财务信息可以构建预测模型，一些经济事件有一定的前置时间，如破产前几年企业通常有到期票据不能及时支付、银行贷款不能及时偿还及高层管理人员出售公司股票、管理制度执行不力、治理机制失效等，这些事件可以用作模型的变量。公司治理的优劣对财务状况也有重要影响：良好的公司治理结构在财务上的表现很大程度上是健康的，而弱化的公司治理结构其财务表现是趋于恶化的。非财务指标预警的局限性体现在两个方面：

一是管理行为可以不断分解，行为很多，缺乏量的控制，因素主次难以区分，无法分解出关键变量；

二是总能找到不当的管理行为，但不当的管理行为并不一定导致危机，管理行为判断财务风险更依赖于分析者的经验。

4．财务危机预警

财务危机预警方法有“Z”计分模型、神经网络方法、逻辑回归分析、多元概率比回归模型、主成分分析法、联合预测模型等。本书主要介绍“Z”计分模型和神经网络方法。

（1）“Z”计分模型。通过选定企业样本，把会计变量按流动性、收益率、稳定性、支付能力、活动比例五项标准比率分类，再从最初的变量表选定预测破产最有用的五个为变量，在分析有关变量间相互依存关系、观察各变量判断正确性的基础上，将开发样本资料回代入判别函数，即可得到不同企业的 Z 值，然后根据结果就可以判别企业是否会面临财务失败或破产。阿特曼（Altman，1968）利用多变量分析技术对企业财务危机进行判别分析，利用线性多元区别分析法建立判别函数，即“Z”计分模型。“Z”计分模型在实践中得到了广泛应用，构建模型所用多变量分析方法对后续研究产生了深远的影响。“Z”计分模型的判别函数为：

$$Z=1.2X_1+1.4X_2+3.3X_3+0.6X_4+1.0X_5$$

其中：X_1=营运资金/总资产=（流动资产–流动负债）/总资产；X_2=留存收益/总资产=（未分配利润+盈余公积）/总资产；X_3=息税前利润/总资产=（税前利润+利息费用）/总资产；X_4=资本市值/债务账面价值=（每股市价×股数）/总负债；X_5=销售额/总资产=主营业务收入/总资产。

“Z”计分模型从企业的资产规模、变现能力、获利能力、财务结构、偿债能力、资产利用效率等方面综合分析预测企业的财务状况，进一步推动了财务危机预警模型的发展。阿特曼通过对“Z”计分模型长期的研究分析提出该模型的判断标准为：$Z>2.675$ 时，企业财务状况良好、稳健，发生破产的概率很小，面临的破产风险较小，属于低风险的公司；$1.81<Z<2.675$ 时，企业财务状况不稳定，为“灰色区域”；$Z<1.81$ 时，企业财务失败可能性非常大，破产概率大，面临的破产风险分界点 Z 计分值较大，为高风险的公司。

原始的“Z”计分模型后来又进行了扩展，建立了第二代“Z”计分模型，目的是创建一种能够反映公司破产问题研究最新进展的度量指标。“Z”计分模型在破产前 5 年即可以有效地区分出将要破产的公司，其中破产前 1 年的判定准确度大于 90%，破产前 5 年的准确度大于 70%。“Z”计分模型具有较高的判别精度，但是这种方法也存在一系列自身难以克服的缺陷：

第一，这种方法只适用于组内分布为近似正态的情况，而且要求组内的协方差矩阵相等。而在实际的判别分析中，收集到的数据大都来自非正态分布的总体，在这种情况下所得到的预测结果可能是有偏的。

第二，在这种判别方法下所得到的结果是针对每个个体的分值，通过分值的比较可以得到一个序数等级，从而判别其所在的类别，但分值本身并没有任何经济意义。

第三，财务困境组与控制组之间一定要进行配对，配对标准的确定是一个难题。

大多数以财务比率构建的预警模型将因时间推移而改变，区别效果也会退化，在构建模型时可考虑使用长期性或宏观性的经济指标，如将利率、通货膨胀率、景气变动指标、产业与经济之间关系等作为构建模型的变量。

（2）神经网络法。神经网络方法包括人工神经网络法和 BP 神经网络法两种。

1）人工神经网络法。人工神经网络系统是 20 世纪 40 年代后出现的，它由众多的神经元可调的连接权值连接而成，具有大规模并行处理、分布式信息存储、良好的自组织自学习能力等特点，在信息处理、模式识别、智能控制及系统建模等领域得到越来越广泛的应用。人工神经网络法模仿生物大脑神经网络的学习过程，无须考虑其是否符合常态性假设，而且可以处理非量化的变数，具有高度并行计算能力、分布式存储和处理、自组织、自适应和自学习能力和容错能力，适用于同时需要考虑许多因素和条件的、不精确和模糊的信息处理问题。该方法在研究财务状况时，一方面利用其映射能力，另一方面利用其泛化能力，即在经过一定数量的带噪声的样本的训练后，神经网络可以抽取样本所隐含的特征关系，并对新情况下的数据进行内插和外推以推断其属性。它克服了传统分析过程的复杂性及选择适当函数形式的困难，是一种自然的非线性建模过程。人工神经网络具容错能力和处理资料遗漏或错误的能力，可以克服统计方法的局限。同时，还具有学习能力，可随时依据新的数据资料进行自我学习，并调整内部的储存权重参数，以应对多变的企业环境。

人工神经网络通常由输入层、隐藏层和输出层组成。用于财务危机判定与预测的人工神经网络模型一般利用一组案例（系统输入与输出所组成的数据）建立系统模型（输入与输出间的关系）。这一过程具体是：人工神经网络模型接收一组输入信息并产生反应，然后与预期反应相比较。如果错误率超过可以接受的水平，需要对权重做出修改或增加隐藏层数目并开始新的学习过程。经过反复循环，直至错误率降低到可以接受的水平，即降至最大许可预测错误率之下，此时，不断反复的训练过程才停止，学习过程结束并锁定权重。训练阶段结束后，人工神经网络就可以发挥预测功能了。这种处理过程与传统回归模型基本相似，不同之处在于权重是经过反复试错而得到的。

2）BP 神经网络法。BP 神经网络法，即误差反向传播算法（Error Back-Propagation Training，BP），它可以逼近任意连续函数，具有很强的非线性映射能力，而且网络的中间层数、各层的处理单元数及网络的学习系数等参数可根据具体情况设定，灵活性很大，所以它在许多应用领域中起到重要作用。为了解决 BP 神经网络收敛速度慢、不能保证收敛到全局最点，网络的中间层及它的单元数选取无理论指导及网络学习和记忆的不稳定性等缺陷，提出了许多改进算法。

基于 BP 模型的财务预警的基本思路是：将财务预警的基础指标作为人工神经网络的输入单元向量，将财务状态作为输出单元向量，组成响应的神经网络，称为财务预警的反向误差传播模型（简称财务预警 BP 模型）。然后，以足够多的样本，运用 BP 模型学习算法来训练这个神经网络，训练好的网络所持有的那组权重系数就是所要确定的财务预警指标权重。这是网络经过自适应学习得到的网络内部信息的一种本质的、集成的表示，也是财务预警系统信息的一种全息式的、分布式的存储方式。最后，将目标企业财务预警指标的具体值作为训练好的生存风险输入 BP 模型，就可得到目标企业的财务状态。具体 BP 模型的运用可以参阅有关的书籍文献。

8.2.2 财务风险预警机制

企业财务风险预警机制的建立可以从以下两个方面着手：从控制现金流量的角度建立短期财务风险预警系统；从综合评价获利能力和偿债能力等角度建立长期财务风险预警系统。

1. 建立短期财务风险预警系统

企业能否偿还短期和即期负债，并不完全取决于账面利润的多少，而主要取决于企业是否有足够的现金和现金等价物。建立短期财务风险预警系统最重要的任务是编制现金流量预算。现金流量预算通过对现金持有量的合理安排可以使企业在保持较高的盈利水平的同时保持资金具有一定的流动性，并根据企业资产的运用水平来决定负债的种类结构和期限结构。准确的编制年度现金流量预算，可以为企业提供预警信号，使经营者能够及早采取措施。在编制现金流量预算时，还应分析预收账款、预付账款、非正常经营活动对现金流量的影响，以及承兑汇票（非现金等价物）和筹集短期借款对企业支付能力的影响。企业应建立内部控制机制，确保财务风险预警和监控制度健全有效，筑起防范和化解财务风险的第一道防线。

2. 建立长期财务风险预警系统

长期财务风险预警模型由盈利能力、偿债能力、经营效率和发展潜力四个模块构成。四个模块所组成的指标体系的多目标、多层次，使得对企业进行直观的财务风险综合评价并不容易。盈利能力和偿债能力是公司财务评价的基本部分，而经营效率高低又直接体现了企业的经营管理水平，企业发展潜力尤其值得重视。在具体预警指标的选择方面，还应考虑到各指标间既能相互补充，又不重复，尽可能全面综合地反映公司运营状况。财务风险、资金链断裂往往是公司倒闭的主因。

本章小结

本章阐述了企业资金活动与财务风险控制的基本理论和方法。企业资金活动包括筹资、投资和资金运营，并对现金流、银行存款、资金预算、公司总部与分公司之间的资金控制进行了分析和探讨。财务风险控制重点介绍了综合评分法、杜邦分析法、非财务指标预警以及财务危机预警等方法和模型。

复习思考题

1. 选择题

（1）证券投资的分析方法主要有（　　）。

A. 基本分析　　B. 技术分析　　C. 收益分析　　D. 演化分析

（2）企业在营运过程中出现临时性资金短缺的，可以通过等方式（　　）获取资金。

A. 发行长期债券　　B. 发行股票

C. 短期融资　　D. 长期贷款

（3）现金流量管理是一种（　　）。

A. 过程管理　　B. 目标管理　　C. 价值管理　　D. 战略管理

（4）企业财务风险主要包括（　　）。

A. 筹资风险　　B. 投资风险　　C. 资金管理风险　　D. 违约风险

（5）企业财务风险预警机制的建立可以从（　　）建立短期财务风险预警系统。

A. 利率风险角度　　B. 控制现金流量的角度

C. 投资收益角度　　D. 收支平衡角度

2. 判断题

（1）担保合同履行过程中，如果被担保人出现异常情况，应当及时报告、妥善处理。（　　）

（2）长期财务风险预警模型由盈利能力、偿债能力、经营效率和发展潜力四个模块构成。（　　）

（3）人工神经网络通常由输入层、隐藏层和输出层组成。（　　）

（4）杜邦财务分析体系不需要另外建立新的财务指标，而是对现有财务指标的分解。（　　）

（5）担保合同履行过程中，如果被担保人出现异常情况，应当及时报告、妥善处理。（　　）

3. 简述企业现金管理制度。

4. 简述企业如何进行担保风险控制。

5. 简述企业财务风险控制的方法主要有哪些。

6. 简述企业资金控制的目的。

7. 企业如何进行融资、投资？

第9章 企业信息风险与控制

【引言】

信息风险控制指为确保信息及时性、相关性和可靠性进行的控制。它有两层含义：一是关于委托人和代理人之间的信息不对称问题；二是如何建立信息系统，对信息进行加工和运用。同时，它分为两个层面：一是公司治理层面，涉及信息控制权的配置、股东为首和利益相关者与经营者之间的信息不对称问题，主要是财务报告的内部控制；二是经营管理层面，由经营者和业务人员利用业务流程信息对经营活动进行控制，即业务流程的信息控制。

9.1 信息传递与控制

信息传递与信息风险控制涉及从降低信息不对称，到信息沟通、信息技术运用等多个领域。重要信息应当及时传递给董事会、监事会和经理层，从而降低信息不对称的风险，及时做出科学决策。

9.1.1 信息传递与沟通

企业可以通过行业协会组织、业务往来单位、市场调查、来信来访、网络媒体以及有关监管部门等渠道，获取外部信息。对于获得的相关信息应该按照职责权限在企业内部各管理级次、责任单位、业务环节之间，以及企业与外部投资者、债权人、客户、供应机构、中介机构和监管部门等有关方面之间进行沟通反馈。信息沟通过程中发现的问题，应当及时报告并加以解决。

促销信息误导消费者最高罚款3万元 杭州要为网购立规

骚扰、威胁消费者修改商品或服务评价最高罚2万，促销信息误导消费者、任意变更促销信息最高罚3万。

对网购商品不满意，给商家一个“差评”，却不断受到卖家的电话、短信骚扰乃至威胁，为的就是让买家修改服务评价……电商时代，“给差评被骚扰”事件层出不穷，且消费者深受其扰，投诉无门。

今后，如果有杭州地区的卖家再发生骚扰、威胁消费者，强迫其修改商品或服务评价的行为，除了由市场监管部门责令改正，还可能被处以最高2万元的罚款。

《杭州市网络交易管理办法》适用于杭州范围内的网络交易，除了销售商品，还包括了第三方交易平台服务、支付结算、物流、信息搜索、信用认证等营利性服务。

7种行为是网络交易中经营者禁止从事的，分别是：

（一）擅自使用知名网站、知名网店、知名应用特有的域名、名称、标识，或者使用与知名网站、知名网店、知名应用近似的域名、名称、标识，与他人知名网站相混淆；

（二）擅自使用、伪造政府部门或社会团体电子标识；

（三）对他人经营的商品和服务进行不正当评价或诋毁，或者进行虚假投诉或举报；

（四）恶意实施批量购买、批量退货、拒绝收货等行为，损害他人利益；

（五）虚构网络交易，知道或应当知道为虚构交易行为而为其提供便利；

（六）利用技术手段干扰搜索、排名结果，或者发布虚假商品或服务信息；

（七）其他损害国家利益、公共利益、他人合法权益的行为。

网络交易违法行为，由发生违法行为的经营者住所地的市场监管部门管辖。违反上述规定，将由市场监管部门责令改正，并处以1万元以上3万元以下罚款。如网络交易经营者行为违反法律、法规规定，将由相关行政管理部门依法予以处罚。

促销信息误导消费者最高罚款3万元　消费者个人信息不得披露使用

网络交易常常会碰到“促销”，无论是“双11”这样的大型促销活动，还是店家自行举办的小促销，稍有不慎，就容易造成买卖双方理解上的误区。

办法提出，网络交易经营者进行促销时，发布的促销信息应当明确促销方式、促销规则、促销期限、促销商品或服务的范围、价格、数量以及相关限制性条件。促销活动未包括全部商品或服务的，不得宣称全场促销。在促销期间内，不得任意变更促销信息；促销商品售完时，应当即时明示。

如果经营者的促销信息不符合规定要求，误导消费者；或者在促销期间任意变更促销信息损害消费者利益的，将由市场监管部门处以1万元以上3万元以下罚款。

网络交易，也难免会碰到用户个人信息问题。按照办法，网络交易经营者对收集的消费者个人信息和经营者商业秘密的数据信息应当严格保密；非经信息提供者同意，不得披露、使用或允许他人使用。

电商平台7天内处理消费争议　终止服务须提前3个月公示通知

网络交易离不开第三方交易平台，也就是我们通常讲的“电商平台”。

鼓励电商平台经营者为交易当事人提供公平、公正的信用评价服务，对经营者的信用情况客观、公正地进行采集与记录，建立信用评价体系、信用披露制度。在平台页面或平台内经营者页面上公示经营者违法失信行为记录。

鼓励电商平台经营者设立消费者权益保证金。如消费者权益保证金以现金、冻结资金等方式向卖家收取，平台经营者应和卖家就保证金数额、管理、使用等做出明确约定，并定期公开使用情况。

电商平台应当建立消费争议和解、调解制度，设立消费争议处理机构。消费者与网络交易经营者发生消费争议的，可以要求电商平台经营者调解。平台经营者应当自收到消费者请求之日起 7 个工作日内予以处理。未在规定期限内处理消费争议的，将处以 1 000 元以上 1 万元以下罚款。

电商平台如终止提供平台服务，应当在终止之日 3 个月前在网站主页面醒目位置予以公示，并通知网络交易经营者和消费者。

资料来源：张梦月. 促销信息误导消费者最高罚款 3 万元杭州要为网购立规[N]. 浙江在线, 2014-12-6.

9.1.2 信息的内部报告

根据发展战略、风险控制和业绩考核要求，企业内部要形成科学规范不同级次内部报告的指标体系，采用经营快报等多种形式，全面反映与企业生产经营管理相关的内外部信息。内部报告指标体系的设计应当与全面预算管理相结合，并随着环境和业务的变化不断进行修订和完善。设计内部报告指标体系时，应当关注企业成本费用预算的执行情况。内部报告应当简洁明了、通俗易懂、传递及时，便于企业各管理层级和全体员工掌握相关信息，正确履行职责。

关注市场环境、政策变化等外部信息对企业生产经营管理的影响，广泛收集、分析、整理外部信息，并通过企业内部报告传递到企业内部相关管理层级，以便采取应对策略。企业要积极拓宽内部报告渠道，通过落实奖励措施等多种有效方式，广泛收集合理化建议。企业应当重视和加强反舞弊机制，通过设立员工信箱、投诉热线等方式，鼓励员工及企业利益相关方举报和投诉企业内部的违法违规、舞弊和其他有损企业形象的行为。

制定严密的信息内部报告流程，充分利用信息技术，强化内部报告信息集成和共享，将内部报告纳入企业统一信息平台，构建科学的内部报告网络体系。企业内部各管理层级都应当制定专人负责内部报告工作，重要的信息及时上报，并直接可以报告高级管理人员。企业应当建立内部报告审核制度，确保内部报告信息质量。

过去由于没有集成信息和自动生成评价结果的软件资源支持，难以及时提供多视角的评价报告；现在可以从产品维度、区域维度、经营板块、公司治理维度要求等进行评价，提供报告。将信息技术与制度创新有机地融合，建立三个组件。

（1）战略定义与映射组件。对两种对象进行描述，资源对象涉及财务制度、信息分类规范、权限等；行为对象涉及战略执行的各类流程与控制机制，如财务审批、信息传递、控制等。实现集团战略的共享与共识，通过战略定义组件构建统一的会计核算体系，包括会计科目的统一、客商代码统一、会计政策统一等。

（2）信息收集与监控组件。支持不同层级子公司获得经营活动信息，按照管理的不同维度和法人实体、业务群组、经营板块等要求，形成多视角的财务信息。通过映射组件将战略分解，落实到子公司，通过信息收集组件将战略执行信息上报，集团随时监控子公司战略实施情况。

（3）战略分析与评价组件。将集团设计好的战略预警规则、财务分析和战略评价指标等通过该组件的定义保存在战略评价规则数据库中。根据各类信息，按照战略评价规则数据库中定义的规则生成各种战略评价报告，通过网络动态发布。

9.1.3　信息控制权

企业应当加强信息的内部报告管理，全面梳理内部信息传递过程中的薄弱环节，建立科学的内部信息传递机制，明确内部信息传递的内容、保密要求及密级分类、传递方式、传递范围以及各管理层级的职责权限等，促进内部报告的有效利用，充分发挥内部报告的作用。

制定严格的内部报告保密制度和内部报告评估制度，明确保密内容、保密措施、密级程度和传递范围，防止泄露商业秘密；定期对内部报告的形成和使用进行全面评估，重点关注内部报告的及时性、安全性和有效性。

信息处理或加工问题的出现是由于个人存在有限理性。对信息处理的安排就涉及控制权的分配。通信成本的存在是因为代理人需要时间来吸收其他方发送的新信息，个人处理信息能力的有限性决定了需要多人参与。企业可以通过专门处理特定类型的信息来解决这些问题，当专门处理信息的收益超过通信成本时，组织中多个代理人的合作就是有效率的。

信息处理需要组织中的很多成员来共同完成，因而信息的处理也是组织结构的重要决定因素，需要使用大量的资源：一方面，分散化的信息处理会产生管理上的成本，如通信成本或对各个经理进行协调而产生的成本；另一方面，分权也会减少信息处理上延迟，一个经理可听从下属的汇报，这些汇报可能来源于下属对很多信息的整理，这样这个经理就可以省略掉很多对初级信息的处理工作，从而加快决策的速度。

9.1.4　多渠道的信息来源

为了防止信息传递过程中信息真实性下降，防止信息垄断在少数人手中，或者避免某环节委托人与代理人之间的串通，应采用多渠道信息控制方式。例如，一些大型企业设计了不同的信息来源渠道，从不同方面发出信号。通过几个渠道获得信息、上报信息，降低了各地区业务执行信息的不对称性，也杜绝了审计方与被审计方的串通。

9.2 财务报告的内部控制

财务报告是指反应企业某一特定日期财务状况和某一会计期间经营成果、现金流量等信息的书面文件。在评价财务报告质量时，通常是从使用者的需求来考察企业财务报告的。使用者都希望财务信息可靠、相关。

组织编制、对外提供和分析利用财务报告，至少应当关注下列风险：一是提供虚假财务报告，误导财务报告使用者，造成决策失误，干扰市场秩序；二是编制财务报告违反会计法律法规和国家统一的会计准则制度，可能导致企业承担法律责任和声誉受损；三是不有效利用财务报告，难以及时发现企业经营管理中存在的问题，可能导致企业财务和经营风险失控。

9.2.1 财务报告内部控制概述

财务报告内部控制在美国"安然事件"（2001）后受到监管机构和企业的重视。美国证券交易委员会在 2002 年发布的 33-8138 号提案中指出，财务报告内部控制的日的是确保上市公司设计的控制程序能为下列事项提供合理的保证：公司的业务活动经过合理的授权；公司的资产没有被未经授权或不恰当地使用；公司的业务活动被恰当地记录并报告，从而保证公司的财务报告符合公认会计准则的编制要求。

财务报告内部控制的定义为："由公司的首席执行官、首席财务官或公司行使类似职权的人员设计或监管的，受到公司的董事会、管理层和其他人员影响的，为财务报告的可靠性和满足外部使用的财务报表编制符合公认会计准则提供合理保证的控制程序。"

在相互制衡的公司治理结构下，股东大会、董事会、监事会关注财务信息，以此作为评价委托代理责任履行情况的重要依据，并通过法律、准则等一系列措施来保证财务报告质量，从而形成内在约束力。财务报告欺诈的责任主体是管理者。管理者具备应有的职业道德，是保证企业维持良好的控制环境的首要前提。如果管理者有意进行欺诈或粉饰财务报告，总会有盈余操纵的空间。财务报告信息失真的现象总是出现，"财务报告展示出来的是，些人们不感兴趣的地方，而人们感兴趣的地方可能被遮了起来"。财务分析建立在财务报告真实、正确的基础上。

9.2.2 财务报告内部控制理论与法律法规

1. 代理理论

代理理论认为，委托人和代理人之间的目标多数是不一致的，代理问题的根源是当事人之间的信息不对称。委托人要求代理人提供必要的信息，来判断代理人是否努力或评价其经营业绩，财务报告作为反映经营成果的最重要的信息，便是委托人对代理人实施监督的最有效手段。但代理人为了自身利益有可能粉饰自己的业绩，控制信息的输出。委托人面临着多种代理风险，如在签约时代理人利用私人信息进行“逆向选择”的风险；合同执行过程中代理人拥有自然状态的私人信息所引起的“隐藏信息”的风险，以及与代理人事后行动的不可观察性相关的“道德风险”。外部董事应该承担对财务报告的监督责任，不应与企业的高管层共谋来损害股东的利益。

2．有关法律法规对财务报告内部控制的要求

美国 2002 年颁布《萨班斯-奥克斯法案》的目的是改善公司治理、提高财务报告质量。该法案第一次对财务报告内部控制的有效性提出了明确的要求，涉及内部控制的主要有：需要评价公司的内部控制政策和程序是否包括详细程度合理的记录，以准确公允地反映公司的资产交易和处置情况；内部控制是否合理保证公司对发生的交易活动进行了必要的记录，以满足财务报告编制符合公认会计原则的要求；内部控制是否合理保证公司管理层和董事会对公司的收支活动进行了合理授权。公司首席执行官和财务官应当对所提交的年度报告签署书面保证，对财务报告的内部控制进行报告。

我国的相关规定明确提出了财务报告内部控制的要求：企业应当加强对财务报告编制、对外提供和分析利用全过程的管理，明确相关工作流程和要求，落实责任制，确保财务报告合法合规、真实完整和有效利用。具体包括两个方面的内容。

（1）财务报告的编制。企业编制财务报告应当重点关注会计政策和会计估计，对财务报告产生重大影响的交易和事项的处理应当按照规定的权限和程序进行审批。企业在编制年度财务报告前，应当进行必要的资产清查、减值测试和债权债务核实。企业应当按照国家统一的会计准则制度规定，根据登记完整、核对无误的会计账簿记录和其他有关资料编制财务报告，做到内容完整、数字真实、计算准确，不得漏报或随意进行取舍。企业财务报告列示的资产、负债、所有者权益金额应当真实可靠。各项资产计价方法不得随意变更，如有减值，应当合理计提减值准备，严禁虚增或虚减资产。各项负债应当反映企业的现时义务，不得提前、推迟或不确认负债，严禁虚增或虚减负债。

所有者权益应当反映企业资产扣除负债后由所有者享有的剩余权益，由实收资本、资本公积、留存收益等构成。企业应当做好所有者权益保值增值工作，严禁虚假出资、抽逃出资、资本不实。企业财务报告应当如实列示当期收入、费用和利润。各项收入的确认应当遵循规定的标准，不得虚列或隐瞒收入，推迟或提前确认收入。各项费用、成本的确认应当符合规定，不得随意改变费用、成本的确认标准或计量方法，虚列、多列、不列或少列费用、成本。

附注是财务报告的重要组成部分，对反映企业财务状况、经营成果、现金流量的财务报表中需要说明的事项，做出真实、完整、清晰的说明。企业应当按照国家统一的会计准则制度编制附注。企业集团应当编制合并报表，明确合并报表的合并范围和合并方法，如实反映企业集团的财务状况、经营成果和现金流量。企业编制财务报告，应当充分利用信息技术，提高工作效率和工作质量，减少或避免编制差错和人为调整因素。

（2）财务报告的分析利用。企业应当重视财务报告分析工作，定期召开分析会议，充分利用财务报告反映的综合信息，全面分析企业的经营管理状况和存在的问题，不断提高经营管理水平。企业财务报告分析会议应吸收有关部门负责人参加。总会计师或分管会计工作的负责人应当在分析和利用工作中发挥主导作用。企业应当分析企业的资产分布、负债水平和所有者权益结构，通过资产负债率、流动比率、资产周转率等指标分析企业的偿债能力和营运能力，了解和掌握企业规模和净资产的不断变化过程。

分析各项收入、费用的构成及其增减变动情况，通过净资产收益率、每股收益等指标，分析企业的盈利能力和发展能力，了解和掌握当期利润增减变化的原因和未来发展趋势。分析经营活动、投资活动、筹资活动现金流量的运转情况，重点关注现金流量能否保证生产经营过程的正常运行，防止现金短缺或闲置。定期的财务报告分析应当形成分析报告，构成内部报告的组成部分。分析报告结果应当及时传递给企业内部有关管理层级，充分发挥财务报告在企业生产经营管理中的重要作用。

9.2.3 财务报告内部控制的特点

1．财务报告内部控制的责任主体——管理者

经理人市场的形成能够激励、约束经理人员，但经理人作为代理人，相对于委托人来讲，更了解公司内部实际的运作和资金情况，也就更有机会进行“暗箱操作”。各国内部控制相关法律法规大多要求经理人对财务报告质量承担责任，企业负责人对报告的真实性、完整性负责。

企业内部控制的声明可以如下所示。

内部控制审计管理层声明书

致：立信会计师事务所（特殊普通合伙）及××注册会计师

本声明书是针对贵所执行的本公司20××年12月31日财务报告内部控制审计而提供的。内部控制审计的目的是对财务报告内部控制有效性发表意见，以确定是否按照《企业内部控制基本规范》和相关规定在所有重大方面保持了有效的财务报告内部控制。

我们所知，并在做出了必要的查询和了解后，我们确认：

一、内部控制

1. 我们确知建立健全内部控制并保持其有效性是本公司管理层的责任，本公司业已建立了该制度，其目标是保证实现本公司的战略目标；提高经营效率和效益；规范本公司会计行为、保证会计资料真实、完整和财务报告及管理信息的真实、可靠和完整；保护公

司财产安全完整；遵循国家法律和法规。

2. 我们已经按照《企业内部控制基本规范》《企业内部控制应用指引》和《企业内部控制评价指引》的规定对内部控制的有效性做出自我评价。在进行评价时，我们没有利用你们实施的审计程序及其结果作为自我评价的基础。基于我们的内部控制自我评价工作，我们认为，截至 20××年 12 月 31 日，本公司按照《企业内部控制基本规范》和相关规定在所有重大方面保持了有效的财务报告内部控制。

3. 我们已向你们披露识别出的所有内部控制缺陷，并单独披露其中的重大缺陷和重要缺陷。

4. 对于你们在以前年度审计中识别的重大缺陷和重要缺陷，我们已经采取措施予以解决。

5. 在内部控制自我评价基准日后，本公司内部控制没有发生重大变化，或者存在对内部控制具有重要影响的其他因素。

6. 其他任何事项（注册会计师认为恰当的）。

二、提供的信息

1. 我们已向你们提供下列工作条件：

（1）允许接触我们注意到的、与内部控制相关的所有信息（如记录、文件和其他事项）；

（2）提供你们基于审计目的要求我们提供的其他信息；

（3）允许在获取审计证据时不受限制地接触你们认为必要的本公司内部人员和其他相关人员。

2. 所有交易均已记录并反映在财务报表中。

3. 我们已向你们披露了由于舞弊可能导致的财务报表重大错报风险的评估结果。

4. 我们已向你们披露了我们注意到的、可能影响本公司的与舞弊或舞弊嫌疑相关的所有信息，这些信息涉及本公司的：

（1）治理层、管理层；

（2）在内部控制中承担重要职责的员工；

（3）其他人员（在舞弊行为导致财务报表重大错报的情况下）。

5. 我们已向你们披露了从现任和前任员工、分析师、监管机构等方面获知的、影响财务报表的舞弊指控或舞弊嫌疑的所有信息。

6. 我们已向你们披露了所有已知的、在编制财务报表时应当考虑其影响的违反或涉嫌违反法律法规的行为。

7. 我们已向你们披露了我们注意到的关联方的名称和特征、所有关联方关系及其交易。

8. 其他必要的事项（注册会计师认为恰当的）。

公司（盖章）：

所有董事签名（或后附董事会决议）

法定代表人（签名）：

财务负责人(签名):

20 年 月 日

资料来源:百度文库。

2. 财务报告内部控制的内部屏障——董事会

财务报告内部控制与公司治理密切相关，董事会的建设又是重点。管理者编制财务报告，董事会负责监督，是及早发现财务报告问题的第一道屏障。无论是董事会的结构，独立董事的规模，还是审计委员会的设立，都与财务报告内部控制相关。早期的学者们认为，董事会应该包含若干名内部董事，因为他们是董事会的重要信息来源。内部董事参与公司的日常管理，更了解公司经营状况，能提高董事会的决策效率。

一个股东占多数的董事会并不是最佳的董事会结构，解决办法就是引入外部董事，因为董事会中有较多的外部董事能使董事会更有效地监督和限制管理者的机会主义行为，降低经理们串通的可能性。威康姆森认为，经理担任董事很容易把董事会变成管理阶层的工具，引入外部董事可以保证董事会对公司的控制关系不因管理阶层的介入而受到影响。

中证解读：昌九生化否认信息误导 称部分股民曲解

伴随着断崖式的下跌，昌九生化的投资者可谓损失惨重。而投资者的怨气大多撒在赣州国资委身上，指其利用“稀土注入”传闻做局，然后高价套现，“坑害股民”。

其中，被指责最多的是昌九生化 2012 年 12 月 28 日发布的一份公告，该公告引述赣州国资委对稀土资产注入问题的复函，称市属国有稀土企业的产业结构、资产质量等方面还不具备整合上市的条件，因此没有注入昌九生化的考虑。但这样的表述却被市场解读为“现在没有，以后可能有”，投资者认为该公告“信息披露含混不清”，有故意误导之嫌。

此外，昌九生化 2013 年 7 月备受争议的股权拍卖，舆论认为赣州方面利益群体利用“稀土归属”为诱饵，设下了一个庞大的“连环局”。

在舆论的巨大压力之下，昌九生化不得不于 11 月 15 日在上海证券交易所 e 互动平台召开了投资者说明会。

说明会上，针对 2012 年 12 月 28 日公告的问题，昌九生化认为，在发布公告前，公司股价短期涨幅巨大。为保障投资者利益，赣州工投向赣州市国资委请示，并作为信息披露义务人利用公司的信息披露平台披露赣州市国资委的相关回复，因此，程序上并无不妥。

昌九生化指出，各大媒体对 12.28 公告的解读和报道中，都认为赣州市国资委否定了稀土注入昌九生化的传闻。12.28 公告出来后，立即遏制住了股价飙涨的势头。这很好地印证公告明确传达的稀土资产不注入的信息，不存在投资者所说的公告误导、推高股价之说。

赣州国资委新闻发言人谢斌则表示，赣州市国资委在赣州稀土不注入昌九生化问题上态度是明确的、前后一致的，“部分股民对公告文字进行过度解读，甚至曲解意思，我们表示遗憾”。

对于网友关于“现在赣州的官方意见认为昌九生化今年上半年的高股价是恶炒造成的，股权拍卖时为何却参考了当时的股价？”的问题，赣州工投副总经理黄郁梅称，股票拍卖评估价是由法院按程序委托评估机构进行评估确定的，我们无权干涉过问。

昌九集团董事长姚伟彪也表示，股权拍卖估价是由法院根据法定程序委托专业机构出具的评估报告确定的，他们的评估是独立客观的，他们需对自己的评估承担法律责任。

还有网友质疑姚伟彪董事长在 7 月 6 日昌九股权拍卖时所说“18.7 元底价是物超所值”是误导投资者，但姚伟彪回应称，其从未说过此话，质疑者可向赣州中院申请拍卖视频证实。

资料来源：姚轩杰.中证解读：昌九生化否认信息误导称部分股民曲解　明年或被 ST[N]. 中国证券报, 2013-11-15.

审计委员会是董事会下设的监督机构，向董事会负责并报告工作，审计委员会在财务报告内部控制方面发挥着主要功能，如在监督财务报告欺诈方面扮演着重要角色，其职责通常被要求在公司章程中予以明确规定。在实务中，一些公司规定审计委员会成员可以进入举报信息系统，直接获得相关的重要信息。

3. 股东行为对财务报告内部控制产生影响

在存在控制性股东的情况下，股权结构对财务报告内部控制将产生相反的效应。当控股股东担任公司的管理职务时，经营权和管理权实质上是合二为一的，不存在所有者和经营者之间的利益冲突。当经营者不是股东本人时，控股股东就有足够的动力去监管代理人的行为。但是控股股东与其他股东的利益不是一致的，控股股东侵占小股东的问题时有发生。例如，与管理层合谋损害中小股东的利益，还通过“隧道挖掘”（tunneling）的方式侵占其他股东的利益。在这种情况下，控股股东和公司管理层为了掩饰侵占行为会导致财务信息失真。在股权高度集中的情况下，应关注控制性股东与中小股东之间的信息不对称问题。

9.2.4 财务报告内部控制风险及防范

企业在出现财务报告欺诈前，通常会表现出一些异常现象，我们称为财务报告内部控制失效的风险信号，如表 9.1 所示。研究发现，实施欺诈的公司在欺诈前的几个会计期间往往发生亏损，或者正接近损益平衡点的位置，财务困境使得这些公司有动力进行欺诈性活动。72%的案例中首席执行官涉嫌欺诈行为；43%的案例中首席财务官涉嫌财务报告欺诈；25%的案例中公司没有审计委员会；65%的案例中审计委员会成员在会计方面没有专业资格，甚至没有从事过主要的会计或财务工作的经历；约 60%的案例中董事是内部人或“灰色董事”，公司的创始人和现任首席执行官往往是同一个人，许多不相容职务没有分离。大部分的欺诈都不仅仅涉及一个会计年度，许多欺诈行为至少涉及两个会计年度，包括季报和年报。

表 9.1 财务报告控制失效的风险信号

关键信号	财务报告舞弊风险
非财务业绩指标显变化	各个行业都有其关键信号，关键信号与财务结果显著不一致
存货周转期延长	存货周转期延长可能意味着产品积压、企业面临财务困境
销售增长超过行业水平	行业内其他企业销售下降，而本企销售处于增长状态，且不能被合理证明
年末或季末收入激增	收入经常在期末被操纵以达到收益目标，包括未结清账户和提前确认下期收入、虚假销售、平滑收益等
应收账款回收期增加	应收账款回收期显增加或显高于行业水平
现金流量	销售收入和盈利能力表现好，但经营现金流量较低或为负数
资产负债率显著变化	财务压力是重要的舞弊风险信号
毛利率异常	没有记录全部费用、重复开出发票、虚假销售、产品质量下降等
结账后销售退回增加	可能意味着产品或服务质量问题、虚假销售等

有研究机构对美国 603 件舞弊事件进行研究，通过员工举报、偶尔发现、内部控制、内部审计等内部方式发现舞弊的比例达 69.8%；通过客户举报、匿名举报、供应商举报等外部关系人发现的比例达 17.6%；通过外部审计、执法检查发现财务舞弊的比例只占 12.6%。具体分布为：员工举报发现 140 个、偶尔发现 100 个、内部控制发现 99 个、内部审计发现 82 个，内部方式发现共计 421；客户举报 46 个、匿名举报 33 个、供应商举报 27 个、外部审计 67、执法检查 9 个。企业在内部控制以外，还应该给客户举报、供应商举报等外部关系人的举报创造条件，让这些信息直接送达有关方面，这也是防范舞弊的重要举措。

为了指导管理当局和审计人员，美国会计监管公共委员会对内部控制缺陷做出说明，认为重大缺陷是指这种缺陷可影响公司按公认会计准则可靠地建立、记录、处理、报告外部财务数据的能力。重大缺陷可以由单个缺陷或多个缺陷结合构成，这些缺陷不能防止或发现重大财务报告问题。可以从控制环境、道德准则、关联方交易、公司治理、审计委员会、内部审计、举报制度等方面关注公司财务报告内部控制的执行效果，如表 9.2 所示。

表 9.2 公司治理与财务报告内部控制

影响因素	考察内容
控制环境	公司如何激励管理层和员工？是否存在收益目标的压力？员工如何理解其个人对内部控制的责任？评价领导能力的标准是什么？如何处理发生的错误？等等
道德准则	建立道德准则并遵循；不存在违反准则的情况；公司资产被恰当地使用

续表

影响因素	考察内容
关联方交易	制定关联方交易政策。该政策是否有效？公司是否定期进行关联方交易？向审计人员和董事会进行充分披露关联方交易情况。存在关联方交易的重要经济动机是否能够证明关联方交易的存在
公司治理	董事会保持独立性，董事会会议经常讨论潜在的问题，董事长与管理层关系适当；管理层对下级未施加不正当影响，如从不向关键人员明示或暗示账项调整
审计委员会	开展活动，跟踪内部和外部审计发现的问题，在没有管理层参与的情况下与审计人员会面
内部审计	设立内部审计部门，内部审计章程与"最佳的实践"保持一致；内部审计部门的预算由董事会或审计委员会审批；内部审计的范围涉及所有活动，如控制评价、财务审计、经营审计、监督公司道德准则的遵循情况；内部审计的建议被采纳和贯彻；内部审计人员能够胜任工作，能及时揭示出控制失败从而能采取纠正措施
举报制度	建立举报制度，并与责任人保持独立性，有足够的权力和经费追究问题；举报信息提供给管理层、审计委员会和内部审计部门

9.3 业务流程的信息控制

业务流程的信息控制主要针对业务流程过程中的信息传递与风险进行控制，除了解决组织中经营决策、协调与控制、战略绩效评价等问题外，业务流程信息也具有分析问题、考察复杂目标与开创新产品的作用。在一个完整的信息系统中，将物流、资金流、信息流整合在一起。企业利用信息系统实施内部控制至少应当关注下列风险：一是信息系统缺乏或规划不合理，可能造成信息孤岛或重复建设，导致企业经营管理效率低下；二是系统开发不符合内部控制要求，授权管理不当，可能导致无法利用信息技术实施有效控制；三是系统运行维护和安全措施不到位，可能导致信息泄露或损失，系统无法正常运行。

9.3.1 业务流程信息系统

信息系统是一种程序集合，程序是一种能够执行循环往复、一贯控制的作业规则，因此，信息系统的控制可视为一种作业控制。信息系统与内部控制之间是部分作业控制和整体控制的关系，是子集和全集的关系。随着对管理规则的认识逐渐深入和信息技术的不断发展，后者将不断转化为前者。在信息系统的不断演化过程中，曾经需要管理人员亲力亲为的控制，将不断成为自动化的业务控制，融入到信息系统之中。管理人员则可将更多的精力集中到计算机无法胜任的活动上，更好地完成信息系统无法模拟的控制。

根据企业内部控制要求，结合组织架构、业务范围、地域分布、技术能力等因素，制定信息系统建设整体规划，加大投入力度，有序组织信息系统开发、运行与维护，优化管理流程，防范经营风险，全面提升企业现代化管理水平。

信息系统内部控制对组织业务目标的实现非常重要，促使企业考虑如何进行管理和控制。COBIT（Control Objectives for Information and related Technology）模型是信息系统管理和控制的一个开放性标准，即信息及相关技术控制目标，这是国际上公认的安全与信息技术管理和控制标准。该标准由信息系统审计与控制协会（Information System Audit and Control Association, ISACA）的 IT 治理学会（IT Governance Institute，ITGI）开发和推广，该标准辅助管理层进行有效的信息系统内部控制，以指导这些组织有效利用信息资源，有效地管理与信息相关的风险。

ERP（企业资源规划）系统是指建立在信息技术基础上，以系统化的管理思想，为企业决策层及员工提供决策运行手段的管理平台。它是从 MRP（物料需求计划）发展而来的新一代集成化管理信息系统，它扩展了 MRP 的功能，其核心思想是供应链管理。它跳出了传统企业边界，从供应链范围去优化企业的资源。ERP 系统集信息技术与先进管理思想于一身，成为现代企业的运行模式，反映时代对企业合理调配资源、最大化地创造社会财富的要求，成为企业在信息时代生存、发展的基石。它对于改善企业业务流程、提高企业核心竞争力具有显著作用。

9.3.2 信息系统的建立

企业应当根据信息系统建设整体规划提出项目建设方案，明确建设目标、人员配备、职责分工、经费保障和进度安排等相关内容，按照规定的权限和程序审批后实施。企业信息系统归口管理部门应当组织内部各单位提出开发需求和关键控制点，规范开发流程，明确系统设计、编程、安装调试、验收、上线等全过程的管理要求，严格按照建设方案、开发流程和相关要求组织开发工作。企业开发信息系统，可以采取自行开发、外购调试、业务外包等方式。选定外购调试或业务外包方式的，应当采用公开招标等形式择优确定供应商或开发单位。

企业开发信息系统，应当将生产经营管理业务流程、关键控制点和处理规则嵌入系统程序，实现手工环境下难以实现的控制功能。企业在系统开发过程中，应当按照不同业务的控制要求，通过信息系统中的权限管理功能控制用户的操作权限，避免将不相容职责的处理权限授予同一用户。企业应当针对不同数据的输入方式，考虑对进入系统数据的检查和校验功能。对于必需的后台操作，应当加强管理，建立规范的流程制度，对操作情况进行监控或审计。企业应当在信息系统中设置操作日志功能，确保操作的可审计性。对异常的或违背内部控制要求的交易和数据，应当设计由系统自动报告并设置跟踪处理机制。

企业的营运规划、控制和决策需要多种多样的信息，虽然大部分为财务信息，但是还有一部分并非来自会计系统。例如，产品市场需求变化、整体经济状况或银行利率等信息，对企业的决策和控制有重大影响。业务流程信息包括客户信息、员工的满意度信息、金融市场信息、商品或原材料/服务市场信息、生产信息、业务运营信息、预算实施信息、标准成本系统信息、人力资源信息等，这些信息有的可以进入管理信息系统（如商品信息、客户信息），有的无法进入管理信息系统或进入成本高（如员工满意度信息）。企业需要对业务信息进行控制，以保证流程的效率和效果。

9.3.3　信息系统的运行与维护

企业应当加强信息系统运行与维护的管理，制定信息系统工作程序、信息管理制度以及各模块子系统的具体操作规范，及时跟踪、发现和解决系统运行中存在的问题，确保信息系统按照规定的程序、制度和操作规范持续稳定运行。企业应当建立信息系统变更管理流程，信息系统变更应当严格遵照管理流程进行操作。信息系统操作人员不得擅自进行系统软件的删除、修改等操作；不得擅自升级、改变系统软件版本；不得擅自改变软件系统环境配置。

企业应当根据业务性质、重要性程度、涉密情况等确定信息系统的安全等级，建立不同等级信息的授权使用制度，采用相应技术手段保证信息系统运行安全有序。企业应当建立信息系统安全保密和泄密责任追究制度。委托专业机构进行系统运行与维护管理的，应当审查该机构的资质，并与其签订服务合同和保密协议。

企业应当采取安装安全软件等措施防范信息系统受到病毒等恶意软件的感染和破坏。企业应当建立用户管理制度，加强对重要业务系统的访问权限管理，定期审阅系统账号，避免授权不当或存在非授权账号，禁止不相容职务用户账号的交叉操作。企业应当综合利用防火墙、路由器等网络设备，漏洞扫描、入侵检测等软件技术以及远程访问安全策略等手段，加强网络安全，防范来自网络的攻击和非法侵入。

企业对于通过网络传输的涉密或关键数据，应当采取加密措施，确保信息传递的保密性、准确性和完整性。企业应当建立系统数据定期备份制度，明确备份范围、频度、方法、责任人、存放地点、有效性检查等内容。企业应当加强服务器等关键信息设备的管理，建立良好的物理环境，指定专人负责检查，及时处理异常情况。未经授权，任何人不得接触关键信息设备。

凌志（Lexus）是丰田汽车公司的顶级豪华轿车，公司保证为车主提供最好的服务。公司依赖顾客信息系统提供服务，通过系统数据识别轮胎有问题的车辆，一旦发现问题，公司会邮寄 400 美元或更高金额的支票给车主去更换轮胎。但这时就出了问题，有些支票寄给了非凌志车的车主；有些寄给了曾经拥有、但现在已经更换汽车的车主，这些数据都来源于丰田公司的顾客信息系统，但这个信息系统此时已经失效了。因此，企业不仅要建立信息系统，同时还要进行后续控制。

9.3.4 内部报告的使用

企业各级管理人员应当充分利用内部报告管理和指导企业的生产经营活动，及时反映全面预算执行情况，协调企业内部相关部门和各单位的运营进度，严格绩效考核和责任追究，确保企业实现发展目标。企业应当有效利用内部报告进行风险评估，准确识别和系统分析企业生产经营活动中的内外部风险，确定风险应对策略，实现对风险的有效控制。企业对于内部报告反映出的问题应当及时解决；涉及突出问题和重大风险的，应当启动应急预案。

本章小结

本章阐述了企业信息传递以及信息风险控制问题。在大数据时代，信息的作用日益加强，信息的产生、传递过程都可能出现人为的干扰从而出现信息失真，影响企业的决策和选择。对信息的使用和控制，可以通过建立内部信息系统、建立内部报告制度等，来防范企业的信息风险。

复习思考题

1. 选择题

（1）一个股东占多数的董事会并不是最佳的董事会结构，其解决办法最好是（　　）。

A. 扩大董事会规模　　B. 增加监事人数

C. 设立 CEO　　D. 引入外部董事

（2）财务报告风险的信号包括（　　）。

A. 存货周转期延长　　B. 年末或季末收入激增

C. 资产负债率显著变化　　D. 人员数量骤减

（3）MRP 是（　　）。

A. 物料需求计划　　B. 企业资源计划

C. 制造资源　　D. 公司治理

（4）财务报告内部控制的责任主体是（　　）。

A. 财务经理　　B. 管理者　　C. 审计经理　　D. 董事会

（5）信息处理或加工问题的出现的主要原因是（　　）。

A. 抄袭　　B. 信息失真　　C. 个人的有限理性　　D. 其他因素

2. 判断题

（1）企业可以通过行业协会组织、业务往来单位、市场调查、来信来访、网络媒体以及有关监管部门等渠道，获取外部信息。（　　）

（2）企业应当建立内部报告审核制度，确保内部报告信息质量。（　　）

（3）企业应当加强内部报告管理，全面梳理内部信息传递过程中的薄弱环节，建立科学的内部信息传递共享机制。（　　）

（4）信息处理不需要组织中的很多成员来共同完成。（　　）

（5）为了防止信息传递过程中信息真实性下降，防止信息垄断在少数人手中，或者避免某环节委托人与代理人之间的串通，应采用多渠道信息控制方式。（　　）

3. 如何理解信息的不对称？

4. 如何理解财务报告内部控制？

5. 简述财务报告内部控制的特点。

6. 简述企业如何进行业务流程信息控制。

第10章　供应链风险管理

【引言】

供应链是介于市场和企业的中间性组织，其风险比单个企业更多、更复杂。认识供应链风险首先要从认识供应链开始，供应链风险存在于供应链内外部两个方面。正确认识和处理供应链风险在今天的市场环境中尤为重要。

10.1　供应链概述

10.1.1　供应链的概念

供应链起源于人们对物流发展的认识。美国的史蒂文斯（Stevens）认为："通过增值过程和分销渠道控制从供应商的供应商到客户的客户的流就是供应链。"伊文斯（Events）认为："供应链管理是通过前馈的信息流和反馈的物流以及信息流，将供应商、制造商、分销商、零售商，直到最终用户连成一个整体的模式。"哈里森（Harrison）进而将供应链定义为："供应链是执行采购原材料、将它们转换位中间产品和成品，并且将成品销售给用户的功能网链。"马士华（2003）认为："供应链是围绕核心企业，通过对信息流、物流和资金流的控制，从采购原料开始，制成中间产品以及最终产品，最后由销售网络把产品送到消费者手中的将供应商、制造商、分销商、零售商，直到最终用户连成一个整体的功能网链结构。"

从上面有代表意义的专家学者对于供应链的概念界定可以看出，尽管尚没有被广泛接受的供应链概念，但是，大家都认可供应链是一个系统，一个包括了物流、信息和资金流的前后相继的网络结构，在这样一个联系既松散、又密切的网络结构中，存在供应商、生产者、分销商，以及最终的消费者。图10.1是基于核心企业的供应链的基本模型。

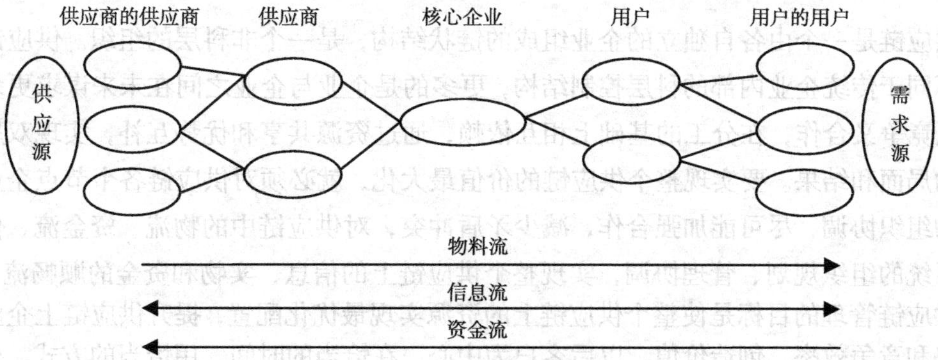

图 10.1　供应链的基本模型

10.1.2　供应链的特征

从供应链的结构模型可以看出，围绕核心企业，供应链是由多级供应商、多级用户组成的功能结构。链上的每个企业都是一个节点，节点企业与节点企业形成需求供应关系。供应链具有以下特征。

1．复杂性

供应链是由多个、多种类型的企业构成，不同的企业有不同的性质，所以供应链结构模式比单个企业的组织模式要复杂得多。企业与企业是独立的法人资格，有各自的经济利益诉求，在供应链上企业与企业的关系更加复杂。

2．动态性

供应链想在竞争中取胜，要面对不断变化的市场，必须不断地调整自身的运作策略、运营模式和组织部分等，从而使得供应链具有明显的动态性。供应链上成员的竞争合作关系也会随着节点企业的自身实力和规模发生相应的变化，成员间的关系也是动态调整的。

3．客户需求导向

随着技术的变化与客户成熟度的提高，市场环境发生了很大变化，客户的需求也瞬息万变，任何一个想成功的企业都必须以顾客为出发点。供应链也是这样，在这个链上的企业必须密切关注下游企业的需求，坚持需求导向才能具有竞争力，从而才能成功。

4．层次性

构成供应链的节点企业在整个供应链上的作用不同，地位也有差异，因此供应链具有很明显的层次性。供应链上处在不同层次的企业在资源掌控、对其他企业的影响等方面的作用也不尽相同，体现出了层次差异。

10.1.3 供应链管理的目标

供应链是一个由各自独立的企业组成的链状结构，是一个非科层的组织。供应链管理显然不同于传统企业内部的科层控制结构，更多的是企业与企业之间在未来谋求更多的利益，既竞争又合作，在分工的基础上相互依赖，通过资源共享和优势互补，实现双赢甚至多赢的局面和结果。要实现整个供应链的价值最大化，就必须对供应链各个节点企业进行有效的组织协调，尽可能加强合作，减少矛盾冲突，对供应链中的物流、资金流、信息流进行系统的组织规划、管理协调，实现整个供应链上的信息、实物和资金的顺畅流动。

供应链管理的目标是使整个供应链上的资源实现最优化配置，提升供应链上企业的竞争优势和竞争效率，创造价值。以后客户为中心，在恰当的时间，用恰当的方式，生产恰当的数量和质量的产品，交到恰当的客户手中。

因为供应链管理没有达到目标，上海福喜事件发生后，许多麦当劳和肯德基餐厅都受到了影响。

日本麦当劳 Q3 因福喜事件亏损 8 200 万美元

北京时间 2014 年 11 月 7 日凌晨消息，麦当劳日本控股公司周四发表财报称，7 月到 9 月期间有 94 亿日元（8 200 万美元）的净亏损，并确认销售额因为肉类供应商福喜集团使用过期产品的丑闻而大幅下降。

这与麦当劳的日本业务在 2013 年的第三季度实现的 18 亿日元净利业绩形成了鲜明对比。麦当劳预计，日本业务在 2014 年全年会有 170 亿日元（1.56 亿美元）的亏损，将是 11 年以来的首次年度亏损。公司在福喜事件曝光之前对日本业务还有年度净利 60 亿日元的积极预期。

麦当劳在 7 月时已经大幅降低了 2014 年的利润预期，以体现食品安全丑闻对销售的影响。周四的报告指出，第三季度的日本销售额是 512 亿日元，全年的销售额预期被降低 15%，至 2 210 亿日元。

日本是以餐厅数量计算的麦当劳全球第二大市场，麦当劳美国公司持有这部分业务的一半权益。日本控股公司首席执行官萨拉·卡萨诺瓦（Sarah Casanova）表示，除了销毁未售出的福喜肉制品供应之外，公司还额外投资 27 亿日元以改善其质量管理。新的措施包括了对供应商的突击审计，并向顾客发放更多食品质量的宣传品。

麦当劳日本业务在福喜丑闻曝光之后停止从中国进口鸡肉，并将供应来源转移到泰国。麦当劳日本计划从 2015 年开始从巴西进口鸡肉。

资料来源：孔军. 日本麦当劳 Q3 因福喜事件亏损 8 200 万美元[N]. 腾讯财经，2014-11-7.

10.2　供应链风险概述

10.2.1　供应链风险的概念

对供应链风险的界定有很多，有的从供应链上的个体出发，认为供应链风险是指对一个或多个供应链成员产生不利影响或破坏供应链运行，使其达不到预期目标甚至导致供应链失败的不确定性因素或意外事件。

有的把供应链风险定义为供应链的脆弱性，供应链风险因素的发生通常会降低供应链运行效率，增加成本，甚至导致供应链的破裂和失败。有效的供应链风险管理将使供应链运行安全，降低成本，提高供应链的运行绩效。

还有的强调供应链风险是一种供应链潜在的威胁，会导致供应链系统的脆弱性，对供应链系统造成破坏，给上下游企业以及整个供应链带来损失和损害。供应链上的各环节是环环相扣的，彼此依赖，相互影响，任何一个环节出现问题，都可能波及其他环节，影响整个供应链的正常运作。

综上所述，结合风险的定义，本书定义供应链风险是供应链运营存在的各种不确实性，这些不确定性可能会给供应链的正常运营带来影响。

10.2.2　供应链风险的来源

根据常见的两分法，供应链风险的来源可以分为内部因素和外部因素两大类。

1．内部因素

内部因素，是指供应链本身的原因，包括企业的经营问题、企业之间的合作问题、信息处理、利益冲突等。

（1）信息的不确定性。供应链的成功，只有依赖上下游企业密切的合作，才能对客户快速响应。由于在供应链中节点企业数目众多、结构复杂，要实现对最终用户需求的快速反应，信息的共享必不可少。由于供应链上的企业都是理性的，为了保证自己的利益最大化，他们会隐匿一部分关键商业信息，将相关信息当作商业秘密加以封闭，不愿意与上下游企业共享，结果导致整个供应链的信息不够准确及时。另外，供应链上企业多依据毗邻企业的需求进行独立决策，缺少和其他成员进行协商的机制和积极性，从而产生所谓的“牛鞭效应”。

（2）经营的不确定性。供应链具有动态性，各个节点企业也处在不断的变化过程中，所拥有的核心能力也不会永远占有优势。特别是随着科技的进步、技术的更新加快，当竞争对手采用新技术或新方法使效率大大提高时，若某些企业仍满足于维持原状，能力未及时更新，原先的优势可能不再突出甚至消失，肯定会出现不能快速响应下游客户需求的情况。与此同时，供应链中的企业在长时间的相互合作中形成了大量的专用性投资，从而限制了供应链对市场需求变换的反应速度和对市场的敏感性。这都增加了供应链风险，特别是供应商风险发生的可能，最终制约了供应链的发展。

（3）利益分配方面的不确定性。供应链系统是一个利益共同体，节点企业为了获得更多的利益而形成了供应链。但它们都有各自不同的背景与不同的利益要求，都有追求自身利益最大化的原始动力和要求。供应链上的各企业在技术能力、管理水平、人员素质等方面存在差异，这些差异会不同程度地影响各个合作企业的获利水平和获利能力，企业间的平衡决定着供应链的稳定与否。另外，节点企业之间的协调主要是通过信息共享和战略合作这种软约束性的制度安排来实现的，成员之间也许有协议，但这种协议往往不具备法律约束力，联盟也缺乏监督与惩罚机制，合作的成功主要依赖于相互之间的信任。在如今的微利时代，创造有效利润空间难度的加大导致了供应链风险更为突出。

（4）企业文化差异方面的不确定性。供应链上的企业为了获取高利润，供应商、客户的来源一般不会局限于某一固定的区域，特别是随着技术进步导致物理空间距离的缩小。全球化进程的加快，供应链中的各个环节在地理位置上跨度很大，处在不同的国家和地区已经成为了普遍现象。这些不同的企业，特别是不同地域的企业，文化差别很大，它既表现在企业经营理念和文化制度上，也表现在员工的职业素养和敬业精神、行为方式等方面。不同的企业文化会导致对相同问题的不同看法，从而采取有差异的处理手法，甚至会产生不同的结果。如有的地区企业诚信度高，有的则相对很差；有的企业员工的职业素养和敬业精神比较高，有的则很差。这些文化差异会导致企业供应链产生不确定性，从而导致风险的产生。

2．外部因素

外部因素，是指外界的不确定性因素，主要存在于整个供应链之外，是供应链运作的外部环境。这些因素常常具有不可预测性和抗拒性。主要包括下列几个方面。

（1）自然灾害。自然灾害包括地震、火山爆发、火灾、洪水等。自然灾害，或者导致供应源中断，整个供应链因不能持续的供应而无法正常运行；或者使交通、通信系统瘫痪，致使原材料、成品物资难以调运，不能及时送达；或者破坏生产，引起生产中断，无力供应产品；或者直接摧毁企业，使链上的企业无力履约。

目前，人类对环境的巨大影响，使得自然灾害爆发的频率越来越高，因此由自然灾害导致的供应链风险问题越来越突出，危害也越来越大。

（2）政治动荡、意外的战争和恐怖主义。政治动荡和战争每年在全球范围内都会不定期地发生，近几年的恐怖主义活动时有发生，给货物和商品的流通造成了很大的冲击。现代战争强调打击敌人后勤，往往通过轰炸道路、桥梁、机场、铁路、仓库、输油管线等基础设施，车辆、飞机、搬运机械设备，以及能源动力等生产基地，致使对方无法得到急需的物资等，从而达到不战而胜的目的。这无疑导致了更多供应链的中断。

（3）政策的不确定性。政策是一个国家或地区统领经济和社会事务的总的原则和方针。当一个国家的经济政策发生变化时，往往会对供应链的资金筹措、投资以及企业经营方向产生极大影响，使供应链经营风险增加。对政府经济政策的预期会影响供应链中上下游实体之间的策略行为。例如，当产业政策调整时，对受到鼓励支持的产业可能会带来更多的机会，而对限制的产业可能带来巨大的损失。

（4）市场需求的不确定性。供应链的运作是以市场需求为导向的。企业目标的实现最终取决于其产品市场价值的实现。面对日益激烈的竞争，供应链如何识别并及时以合理的成本满足最终顾客的需求是整个供应链管理成功的关键。供应链中的生产、销售、运输、仓储等环节，都有赖于对市场需求的准确预测。然而由于供应链自身的客观实际，最终产品与最终顾客需求之间总会出现偏差，市场的需求内容、需求量等随时会发生变化，这就是市场的不确定性。由于市场不确定性的存在，一旦出现不可预料的不利因素就可能导致市场出现逆转，销售下滑、货物积压、资金周转困难等，企业间的正常运营就会受到影响，供应链出现问题。

（5）社会信用机制的缺失。机会主义行为屡禁不绝，某些企业见利忘义、恶意违约的也不在少数，对市场经济秩序的负面影响不断增加。尽管大家普遍把失信行为看作企业的个体行为，但实际上失信更是一种社会行为，是一个社会问题，是与当前社会环境息息相关的。从根本上讲，目前我国企业恶意违约的主要原因就是违约成本太低。当节点企业违约带来的收益大于违约成本时，就有违约倾向。信息不对称问题使恶意违约更加肆无忌惮，从声誉方面大大降低违约成本。而完善信用机制将会减少信息不对称现象，从声誉上大大增加违约成本；同时，健全的法律法规也将会大大增加违约成本。

10.2.3 供应链风险的类型

按照不同的划分标准，从不同的角度，供应链风险可以划分为不同的类型。

1. 按照供应链风险的起因划分

按照供应链风险的来源因素划分，可以将供应链风险分为外部风险和内部风险。

（1）外部风险。外部风险是指由供应链所处的外界的不确定性因素导致的风险，这些风险是不以人的意志为转移的客观存在，一般是难以控制和预测的，也被称为环境风险。

1）自然界风险。主要包括源于地震、火山爆发、洪水、台风等以及其他各种不可抗拒的自然灾害原因，给供应链成员带来的风险。

2）社会冲突、恐怖事件和社会动荡风险。主要指由于社会冲突、恐怖事件和社会动荡的存在，给企业的正常生产经营带来危害或障碍，增加了许多供应链上企业的不确定性，导致了更多供应链的中断。

3）社会信用风险。主要包括由于社会信用机制的缺失，导致社会信息流通不畅，企业恶意违约的成本不大而带来的风险。

4）政策风险。主要包括宏观经济政策对全社会的生产、分配和消费都存在相当的影响，政策的巨大变动会急剧影响产业的发展变化。同时对政府经济政策的预期会影响供应链中上下游实体之间的策略行为，也有增加节点企业风险的可能。

5）市场风险。市场就是顾客，市场风险是由于顾客需求的变化导致的供应链上的企业产品积压、新产品研发滞后等经营困难。

（2）内部风险。

1）信息风险。源于信息不完全或信息失真导致的企业经营出现问题而带来的风险。

2）经营风险。供应链上的企业在日常的经营战略选择、经营业务处理等方面出现的偏差导致的经营失败而带来的整个供应链的损失和不确定性。

3）利益分配风险。主要由于供应链上的企业在利益分配机制上的冲突导致的利益分配矛盾，使企业之间的合作由于利益分配不均导致的风险。

4）企业文化风险。主要包括源于企业经营理念、文化制度、员工的职业素养和敬业精神等方面的差异导致的风险。

2．按供应链管理的目标划分

供应链管理的目标分为三种，成本目标、时间目标和质量目标，对应于这三种目标可以将风险划分为如下三种类型。

（1）成本风险。供应链管理的根本目标是在保证服务水平的前提下降低供应链的总成本。供应链的总成本包括原材料的供应成本、制造费用、管理费用、存货成本、物流运输费用等；还包括供应商之间的协调成本、控制费用等。供应链的成本风险是指链上的各个节点企业、各个环节在成本处理上控制得不够好，导致成本过高，使供应链运作困难或受损的风险。

（2）时间风险。供应链管理要实现在恰当的时间将恰当的数量的恰当产品送达恰当的客户手中。涉及此方面的风险即时间风险。时间风险一般来说都是由于获取信息的不及时、不对称或错误新消息引起的供应链蒙受损失的可能性。

（3）质量风险。经过供应链最终交付给顾客的产品或服务必须满足顾客的质量要求，因此在采购环节、加工环节、运输配送环节以及售后服务环节等都必须保证质量，才能最终确保到客户手中的产品和服务质量是满意的。任何一个环节出现质量问题，都会影响到最终客户的满意度，都会对下游企业造成直接影响。

3．按照供应链系统的构成划分

按照供应链的系统构成，供应链风险可以分为系统环境风险、系统结构风险、行为主体风险以及协作风险。

（1）系统环境风险。系统环境风险是由于环境因素导致的风险。一般环境风险包括自然灾害、政治风险、经济风险、技术风险和社会文化风险等。

（2）系统结构风险。系统结构风险是由于供应链设置得不合理，如过多或过少的供应商、节点企业的设置、配送网络的建设等。

（3）行为主体风险。行为主体风险，顾名思义，就是参与供应链的企业由于自身的活动给自己或整个供应链造成的风险。参与供应链的供应商、生产商、批发商、零售商以及其他服务的参与者，由于自身的利益需求和利益冲突，会选择机会主义行为，从而会损害整个供应链的整体利益，使供应链产生风险。

（4）协作风险。协作风险是由于供应链的参与主体之间由于协作关系变化而产生的风险。供应链是一个复杂的系统，依赖相互的沟通协调、协作才能取得期望的结果。如果，上下游企业之间不能很好地沟通协作，就必然产生冲突，从而影响供应链的正常运转。

4．按照行为主体的不同划分

供应链是一个多参与主体、多环节的复杂系统，参与供应链活动的行为主体，包括提供原辅材料和服务的供应商、生产商、批发商、零售商以及物流服务商等。按照行为主体的不同，供应链风险又可划分为供应商风险、生产商风险、批发商风险、零售商风险、物流服务商风险等。

5．其他划分

（1）按照风险因素的后果，可以将供应链中的风险分为纯粹风险和投机风险。

（2）按照风险是否可管理，可以将供应链中的风险分为可管理风险和不可管理风险。可管理风险是指可以预测并通过相应措施加以控制的风险，如对供应商的道德风险是可以预测并通过相应的奖惩机制加以控制的。不可管理风险是指无法预测或控制的风险，如自然灾害等。

（3）按照风险影响的范围，可以将风险分为全局风险和局部风险。全局风险是对整个供应链造成影响的风险，如某个节点企业的问题导致的供应链的多米诺效应。局部风险是只影响供应链上部分节点企业的风险。当然，局部风险和全局风险是相对的，即某一局部风险可能由于处理不当导致转化为全局风险。

10.2.4　供应链风险的特征

除具有一般风险所具有的特征外，供应链风险还具有以下特征。

1．传递性

传递性是供应链最显著的特征，并且是由其组织结构决定的。供应链从产品开发、原材料供应、生产制造到流通过程，是由多个企业参与完成的。由于这一结构环环相扣，彼此关联，互相影响，任何一个环节出了问题，都会影响其他环节的企业，从而影响整个供应链的运作。这种传递性强调的是不确定性在供应链上节点企业之间的传递，由于供应链的紧密联动、互相依赖得以传递和放大，给上下游企业带来损失。

2．多样性和复杂性

供应链本身是一个复杂结构，参与其中的企业众多，面临的更多样化的内外部因素，既有人的因素，也有物的因素；既受时间的影响，也受信息的左右；还因企业信用、文化传统不同而不同等，都会影响供应链的正常运作，供应链风险比单一企业风险类型更多、范围更广，复杂程度也更高。

3．此消彼长性

供应链风险来源于内外部因素，链上企业互相影响，互为需求供应关系，一个节点企业风险的增加可能会导致相邻节点企业风险的减少或减缓。例如，库存，如果某企业库存增加，对其上游企业是好事，上游企业的产品得以消化；对其下游企业，则供应有了保障，同时下游的存货成本可以降低，实现了风险分担的此消彼长。

4．局部运作性

供应链风险的外部风险是客观存在的，而内部风险因素引起的风险，如合作风险、道德风险、企业文化风险、信息传递风险以及利益分配风险等，都是由于供应链在运作过程中产生的，本质上都属于运作风险。只有企业之间以供应链方式运作时才会产生这些风险，所以，供应链风险本质上是运作性的。

10.3　供应链风险管理与防范

供应链风险管理也要遵循一般风险管理的基本流程，包括风险识别、风险评估、风险管理与防范等。

10.3.1　供应链风险识别

供应链风险识别是供应链风险管理的基础。供应链风险识别是管理者在掌握供应链各种类型风险的特征的基础上，通过实时监控各种数据、信息，充分了解供应商、客户的动态变化，认清供应链中存在的各种风险因素和发展变化。供应链风险识别是供应链风险管理的前提和基础，只有充分认识供应链发展变化的种种信号，才能对风险进行有效的管理和防范。

供应链风险既有表现明显的风险，也有潜在的风险，明显的风险易于识别，潜在的风险则需要花费更多的时间和努力才能识别出来，所以潜在的风险危险更大，更需要加以仔细甄别。

识别供应链风险，就是要把供应链运作的内外部因素的变化进行仔细分析甄别，明确是否有异常变化，从而进行下一步的评价估量。一般而言，供应链风险的识别途径有两类，一是依赖企业自身的力量，利用内部数据和信息来识别供应链风险；二是利用外部力量，包括保险机构、咨询公司以及相关研究机构等，来独立地开展供应链运营内外部因素的分析和评价。

识别的因素包括上下游企业的供应情况，需求、财务指标（付款及时、呆坏账率、存货等）、外部环境、宏观政策、产业政策的变化情况等。

供应链风险识别一般依赖的主要方法包括情境分析法、历史事件分析法、流程分析法、环境扫描法、问卷法以及财务报表法等。

10.3.2　供应链风险评估

供应链风险评估是对供应链所面临的风险进行度量。通过风险识别，风险管理者发现了供应链存在的问题，但这些问题的严重程度如何，会不会演变成供应链的风险，发生的概率有多大，发生了之后能造成多大的损失，这都要通过供应链风险评估来完成。供应链风险评估要给出两个结论：一是供应链风险发生的概率有多大；二是如果供应链风险实际发生了，那么造成的损失程度如何。一般来说，人们常常把供应链发生的概率和造成损失的程度都划分为五个等级，如表 10.1、表 10.2 所示。

表 10.1　供应链风险发生的概率分类

等　级	等级评估	等级描述
1	不可能	发生概率非常小
2	不太可能	发生概率小
3	中度	发生概率一般
4	可能	发生概率 50%以上
5	很可能	经常发生

表 10.2　供应链风险发生造成损失的程度划分

等　级	等级评估	等级描述
1	基本没有损失	造成损失的可能性较小
2	损失较小	有一定损失
3	中度损失	导致短期内的困难

续表

等　级	等级评估	等级描述
4	严重损失	导致长期的困难
5	灾难	供应链断裂，产生严重后果

前面已经指出，风险的大小可以用方差来表示，而供应链的损失期望可以用概率和损失乘积来表示。

风险评估首先要确定供应链的某种风险发生的概率大小，根据历史数据和评估者本人的经验，对概率加以估算；其次要估算一旦风险发生之后可能造成损失的大小，预测风险发生的次数、损失的严重程度等，来综合估算供应链风险和损失。

前面已经指出，决策问题分为确定型、不确定型和风险型三种，因此对供应链风险的评估也要考虑供应链风险的不同类型。确定型风险和知道概率的风险类型，可以按照前面讲述的方法进行决策；对于不确定型的风险，由于各种状态发生的概率没有相对稳定的数据，对于此种类型的风险估计，可以采用案例推理方法或基于模糊数学的计算方法。这两种方法可以参照相关的书籍文献，在此不再赘述。

10.3.3　供应链风险管理与防范策略

1. 供应链风险管理策略

制定供应链风险的规避策略是供应链风险管理的核心，包括减小风险发生的概率、改变风险后果、减轻风险的影响等。具体而言，供应链风险管理包括风险预防、减缓、转移、避免、自担等。

（1）风险预防。预防风险的实质是防患于未然，从可能导致风险的因素入手，减少风险发生的可能。针对各种可能引发风险的因素采取一定措施，如为防止产生缺货，可以根据市场预测，适当调整供应频次和采购模式，建立适度规模的供应商群等。通过预先的防范工作，从而使供应链风险发生的概率降到最低。

（2）风险减缓。预防风险是针对所有可能出问题的方面提前准备，防患于未然。减缓风险则是针对已知的风险或可预测的风险，采取措施或改变风险发生的可能性（概率），或者减少风险发生造成的损失，如针对已经发生的缺货，可以采取立即重新订货，或者按照与客户的协商，在给予优惠的基础上延迟交货等，减缓风险的发生。

（3）风险转移。和前面分析的一样，供应链风险转移就是根据供应链风险的性质、可能损失的大小、企业能够承受损失的大小等因素来确定是否将风险进行转移，以及转移给谁。一般而言，要明确风险转移所需要的成本，从而转移给可以胜任的机构和组织。转移供应链风险的形式包括出售、外包，如交通运输，签订责任合同等。

（4）风险避免。供应链风险避免是指当供应链出现风险或问题发生的可能性较大、后果相对比较严重时，采取主动改变方案，避免不确定性产生。例如，供应链上的生产企业预测到市场需求的急剧变化时，可以采取放弃某一块业务的方法，从而加快转型。当然，风险避免本身是消极的决策行为，前面已经论述，在此不再赘述。

（5）风险自担。对供应链存在的一种不确定性，其造成损失的可能性小，而且即使发生了，损失本身也不大，企业能够承受，此类风险可以选择自担。例如，允许客户按一定的量退货，这种举措可以使供应商增加进货量和销售量。尽管允许退货会增加生产商的成本，分销商也可能会有一些存货，但总体上能够减轻供应链的总风险。另外，通过衡量风险全部自担的损失大小和转移的损失大小，当转移的成本超过自担时，风险自担也是合理的选择。

2．供应链风险防范策略

（1）供应链风险扫描。供应链风险扫描就是根据供应链运营的具体环节过程，对内外部各种因素进行实时监控。其目的有二，一是监控供应链风险因素的发展变化，二是监督评价供应链风险的预防、应对措施有没有达到预期的目的，获得反馈信息，以便未来的风险管理更符合实际、更有成效。

供应链风险扫描，一是对环境的监控，其中包括一般环境和具体环境。一般环境是供应链运营所涉及的政治、法律制度、经济、社会、技术环境等；具体环境涉及与供应链上企业直接相关的供应商、生产商、分销商、零售商和客户等，包括了物流信息、市场信息和销售信息等。二是对供应链上相关的产品或服务的质量、时间、成本目标和工作状态的扫描。当发现问题时，要启动风险识别和评价机制，积极应对供应链风险。

（2）供应链风险预警。供应链风险预警体系对供应链风险的监测不仅要具有预测未来的价值，而且要具有分析风险趋势的作用。它把供应链经营活动视为一个动态的过程，在分析过去的基础上，把握未来的发展趋势，即风险预警监测应是一种动态的分析监测，而不是一种静态的反映。

1）供应链风险预警的构成。建立供应链风险预警系统的目的就是利用各种分析方法，对供应链各种风险进行监测，使供应链管理者或经营决策者了解和掌握风险信息，并为其风险决策提供可靠信息，以便采取风险防范措施，为提高供应链经济效益服务。供应链风险预警体系由供应链风险信息警源、供应链风险预警指标体系、供应链风险预警专家小组、供应链风险预警制度体系和供应链风险预警信息辅助决策系统五个部分构成。

供应链风险信息警源的主要职能是采集导致或可能导致各种风险的因素，并辨析风险种类，估计不同风险的大小和评价其可能产生的后果。

供应链风险预警指标体系是一系列用于反映供应链整体以及各组成单元的风险指标集合，它的主要功能是为评价供应链风险提供一个标准和尺度。

供应链风险预警专家小组根据采集到的风险数据，对照供应链风险预警指标体系，参考供应链风险预警信息辅助决策系统产生的结论，发出供应链风险预警，并制定相应的风险管理方案。

供应链风险预警制度体系包括一整套能够保证预警体系正常运转的制度。这些预警制度主要由组织管理体系、技术标准体系、安全教育体系、预警预案体系组成。

供应链风险预警信息辅助决策系统是目前迅速发展起来的新型计算机人机交互系统，它以现代信息技术为手段，综合运用计算机技术、管理科学、经济数学、人工智能技术等多种科学知识，针对供应链风险预警所出现的某一类型的半结构化决策问题，通过提供背景材料、协助明确问题、修改完善模型、列举可能方案等方式，为管理者做出正确决策提供帮助。

2）供应链风险预警体系的运作。供应链风险预警体系是在供应链核心企业一把手的统一领导下，由计划、财务、生产、营销等部门参加的，运用预测、预审、预报、预控等措施，及时掌握产生供应链风险的诱因，预防和处理各类突发事件的工作机制，是供应链管理工作的重要组成部分。

预测是供应链日常风险预警的首要环节。通过调查研究和信息的收集，科学地分析和把握供应链运行过程中的重点和难点问题。预测要全面、深入、细致。预测的主要内容应包括：国家和地方法律法规、政策的出台而引起利益关系调整中的热点和难点；市场上原材料或生产组件的质量、价格等变化趋势，供应商的生产能力以及可能发生的风险，生产过程中可能出现的问题以及找出不稳定原因；客户关系管理出现的问题以及产生问题的原因。

预审是供应链风险预警机制的关键环节。预审是对涉及供应链正常运行的协议和重大改革、经营方案等进行法律、法规、政策性的审核过程。通过审议，确定这些方案内容、程序是否符合法律和政策，防止由于信息不对称使企业的合法权益受到侵害。

预报是基层安全检查组织向上级安全检查机构反映本单位容易引发危机的不稳定因素的重要环节。通过信息渠道，使经营决策者及时掌握供应链企业经营的现状和发展趋势，以采取相应对策。预报要及时、准确，凡本单位出现影响供应链经营事件的苗头时，基层安全检查组织必须向上级安全检查机构报告。

预控是运用法律武器或经济杠杆等工具，通过规避、控制和承受等方法，化解矛盾，避免供应链整体利益受到侵害，确保稳定的必要措施。预控要标本兼治。要结合安全意识教育，对职工和经营者开展经常性的安全宣传教育，提高职工和经营者的风险危机意识。

（3）供应链风险控制。供应链风险控制过程与一般管理的控制过程类似。供应链风险控制也要实时关注供应链内外部因素和环境的变化，提前做出评判和预测，采取措施设法减少风险发生的可能，减轻风险后果的不利影响，尽可能保障供应链的正常运转。

根据实施控制措施相对于风险事件的先后，可以把供应链风险控制分为事前控制、事中控制和事后控制。

事前控制也称为主动控制、前馈控制，是指根据风险分析的结果，事先采取措施防止风险事件的发展演变，并准备相应的应对手段。例如，考虑供应商供货的稳定性，适当提高安全库存量，与合理的多个供应商合作；又如，为了防止牛鞭效应，可以采用多条渠道收集信息，综合研判未来发展变化趋势等。事先控制采取的措施多为预防措施。风险应对策略中的转移风险源、回避风险决策等，都属于事前控制。

事中控制也称为被动控制、保护性控制，是指密切关注供应链系统的运行，风险事件发生以后，积极采取措施对可能受到影响的企业和环节进行防控，努力减少风险造成的影响。根据风险的特征和成因，启动备用方案，组织后备资源，积极补救。例如，针对已经发生的供应商断货，把安全库存进行合理分配，同时积极寻找合适的替代供应商加快进货速度；和客户沟通，适当延长交货期等，都属于事中控制的措施。

事后控制，是风险过后的善后工作，采取的措施称为改进措施。首先要根据合同、协议等分清涉事企业的责任，维护权利；其次要根据风险事件发生的前因后果进行分析，制定改进的措施和策略，发现供应链中的薄弱环节，有针对性地加以改进管理；最后要认真总结供应链运营过程的资料数据，为以后制定供应链风险管理做好预案和积累。

本章小结

供应链风险是指由于供应链内外部的不确定性因素，包括外部的一般环境和具体环境，以及链上企业的行为等内部因素发展变化导致的供应链面临的潜在威胁，可能会给供应链带来影响和破坏。按照不同的标准，供应链风险有不同的类型划分。供应链风险具有传递性、复杂多样性、此消彼长性和局部运作性的特征。供应链风险管理包括了风险识别、风险评估、风险管理和防范等几个环节。

复习思考题

1. 选择题

（1）供应链风险的特征不包括（　　）。

A. 传递性　　B. 复杂性　　C. 此消彼长性　　D. 互动性

（2）供应链中的牛鞭效应属于（　　）。

A. 质量风险　　B. 信息风险　　C. 成本风险　　D. 时间风险

（3）供应链风险控制包括（　　）。

A. 事前控制　　B. 事中控制　　C. 事后控制　　D. 综合控制

（4）供应链上企业的机会主义行为导致的风险是（　　）。

A. 道德风险 B. 协作风险 C. 时间风险 D. 违约风险

（5）供应链风险预警体系包括（ ）等环节。

A. 预测 B. 预审 C. 预报 D. 预控

2. 判断题

（1）供应链是介于市场和企业之间的中间性组织。（ ）

（2）供应链风险是多样化的、复杂的。（ ）

（3）供应链风险自担是消极的应对方式。（ ）

（4）供应链风险控制强调事前控制、事中控制和事后控制的结合。（ ）

（5）供应链风险预警体系对供应链风险的监测不仅要具有预测未来的价值，而且要具有分析风险趋势的作用。（ ）

3. 如何理解供应链？

4. 供应链风险的主要来源包括哪些？

5. 供应链风险预警系统是如何构成的？

6. 供应链风险的管理应对策略包括哪些？

7. 供应链风险事前控制有什么优点？

8. 案例分析。阅读以下案例，回答相关问题。

在服装品牌近日发布的年报中，不少企业将改善、提高、优化供应链看作企业升级转型的一部分。随着消费者需求不断向个性化、多元化发展，服装企业亟待摆脱桎梏，从批量制造转向定制化生产。

一、小批量定制化生产

消费者对服装需求越个性化，越显示出服装生产需从批量生产转向品种多样、个性、特征鲜明的小批量、定制化生产的趋势。不过，小批量、定制化生产增加了服装企业供应链的匹配难度。

“上架周期缩短，生产周期加快。”在高强度的供应体系中，服装品牌需及时追踪目标消费客群、随时应对服装产品需求的不确定性，调整生产计划。服装企业在短时间内难以打破标准化的生产惯性，不过这却是服装品牌减少库存、提高效益最需经历的转型之痛。

二、提速生产配送

快时尚巨头ZARA以“款多量少”的生产模式，成为我国服装品牌竞相效仿的对象。据了解，ZARA的战略要求供应链各环节需持续地推出各类型、式样的新品。ZARA的高管在接受媒体采访时表示，ZARA经营的是“时装”，消费者可以从ZARA中找到最新、限量供应的新品。通过快速设计、快速生产、快速运送、快速上新，ZARA达到了7天的货品更新周期。

在实现了生产供应链的提速、改变后，服装企业能否将产品快速地分销到各区域市场上，取决于供应链的配送环节。事实上，ZARA的快使是建立于此。据了解，为确保各类款式服装不会在总部停留太久，ZARA服装在送达分销中心后，以每小时6万件的速度进行分拣，以1~2天时间运送至各零售终端。据统计，ZARA欧洲门店可在24小时内收到货物，美国门店需要48小时，日本门店则在48~72小时之内。

相比 ZARA 的快，本土服装品牌却一直安于缓慢的配送现状。据了解，本土服装品牌各环节配送需要经历数月时间。数据显示，在服装整个生产销售中，5%的时间用于加工制造，95%的时间却在等待加工、运输等。

三、设计零售两头抓

服装品牌的影响力、营销策略、设计研发以及终端销售决定了服装企业在生产过程中的销售量，供应链就是为了增大销售量、实现高业绩而优化、建设的。如果供应链不是从满足消费者的多元需求来建设，该供应链也就被视为无效。在太平鸟董事长张江平看来，优秀的服装企业需具备设计研发与供应链整合的双重能力。设计研发是根本，保证服装品牌在一年内推出千种新品；供应链整合则是关键，让服装企业在短时间低成本下实现最大化盈利。

（1）小批量定制成功的关键是什么？

（2）要确保该种模式的成功，供应链应该如何设计建立？

参考文献

[1] 康健. 我国中小企业全面风险管理体系探讨[J]. 中小企业管理与科技，2015.

[2] 姜虹. 企业集成风险管理范式构建：理论分析与运行架构[J]. 中国工业经济，2006（6）.

[3] 刘钧. 风险管理概论[M]. 北京：清华大学出版社，2013.

[4] 陈忠阳. 风险管理[M]. 北京：企业管理出版社，2013.

[5] 谢非. 风险管理原理与方法[M]. 重庆：重庆大学出版社，2013.

[6] 王农跃. 企业全面风险管理体系构建研究[D]. 河北工业大学博士学位论文，2008.

[7] Prakash A. Shimpi. 整合企业风险管理[M]. 王瑾瑜，译. 北京：机械工业出版社，2003.

[8] 严复海，张冉. 企业风险管理与业绩评价整合：基于平衡计分卡的研究[J]. 北京工商大学学报（社会科学版），2008（5）.

[9] 顾梦迪. 风险管理[M]. 北京：清华大学出版社，2010.

[10] 刘新立. 风险管理[M]. 北京：北京大学出版社，2013.

[11] 何庆光，王玉梅. 内部控制与企业风险的防范和化解[J]. 经济与社会发展，2004（2）.

[12] 李亚光. 春秋时期的救灾思想和防灾思想[J]. 长春师范学院学报，2004（2）.

[13] 秦嵩. 全面企业风险管理与风险容量决策研究[D]. 天津大学博士学位论文，2006.

[14] COSO. Enterprise Risk Management Framework Executive Summary[R]，2004.

[15] 王农跃. 论内部控制与企业风险管理[J]. 市场现代化，2008（7）.

[16] 保罗·霍普金. 风险管理：理解、评估和实施有效的风险管理[M]. 北京：中国铁道出版社，2014.

[17] 李蜡生. 不确定性、概率分布设定错误与风险管理方法研究[M]. 北京：经济科学出版社，2014.

[18] 崔军辉等. 基于 FCM 的事故成因预测方法[J]. 系统工程理论与实践，2015（12）.

[19] 程国平等. 供应链风险传导模式研究[J]. 武汉理工大学学报，2009（4）.

反侵权盗版声明